陇上学人文存

LONGSHANG XUEREN WENCUN

陇上学人文存

武文军　卷

武文军　著　韩晓东　编选

甘肃人民出版社

图书在版编目（ＣＩＰ）数据

陇上学人文存. 武文军卷 ／ 范鹏，王福生，陈富荣
总主编 ；武文军著 ；韩晓东编选. -- 兰州 ：甘肃人民
出版社,2020.10（2024.1 重印）
ISBN 978-7-226-05584-7

Ⅰ. ①陇… Ⅱ. ①范… ②王… ③陈… ④武… ⑤韩
… Ⅲ. ①社会科学－文集 Ⅳ. ①C53

中国版本图书馆CIP数据核字（2020）第200026号

责任编辑：肖林霞　马元晖
封面设计：王林强

陇上学人文存·武文军卷

范鹏　王福生　陈富荣　总主编
武文军　著　韩晓东　编选
甘肃人民出版社出版发行
（730030　兰州市读者大道 568 号）
德富泰（唐山）印务有限公司印刷
开本 890 毫米 × 1240 毫米　1/32　印张 12.375　插页 7　字数 312 千
2020 年 11 月第 1 版　2024 年 1 月第 2 次印刷
印数：1001~3000
ISBN 978-7-226-05584-7　定价：60.00 元
（图书若有破损、缺页可随时与印厂联系）

《陇上学人文存》第三辑

编辑委员会

《陇上学人文存》第六辑

编辑委员会

总 序

陇者甘肃，历史悠久，文化醇厚。陇上学人，或生于斯长于斯的本地学者，或外来而其学术成就多产于甘肃者。学人是学术活动的主体，就《陇上学人文存》（以下简称《文存》）的选编范围而言，我们这里所说的学术主要指人文社会科学研究。《文存》精选中华人民共和国成立以来，甘肃人文社会科学领域成就卓著的专家学者的代表性著作，每人辑为一卷，或标时代之识，或为学问之精，或开风气之先，或补学科之白，均编者以为足以存当代而传后世之作。《文存》力求以此丛集荟萃的方式，全面立体地展示新中国为甘肃学术文化发展提供的良好环境和陇上学人不负新时代期望而为我国人文社会科学事业做出的新贡献，也力求呈现陇上学人所接续的先秦以来颇具地域特色的学根文脉。

陇原乃中华文明发祥地之一，人文学脉悠远隆盛，纯朴百姓崇文达理，文化氛围日渐浓厚，学术土壤积久而沃，在科学文化特别是人文学术领域的探索可远溯至伏羲时代，大地湾文化遗存、举世无双的甘肃彩陶、陇东早期周文化对农耕文明的贡献、秦先祖扫六合以统一中国，奠定了甘肃在中国文化史上始源性和奠基性的重要地位；汉唐盛世，甘肃作为中西交通的要道，内承中华主体文化熏陶，外接经中亚而来的异域文明，风云际会，相摩相荡，得天独厚而人才辈出，学术思想繁荣发达，为中华文明做出了重要贡献。

近代以来，甘肃相对于逐渐开放的东南沿海而言成为偏远之地，反而少受战乱影响，学术得以继续繁荣。抗日战争期间作为大后方，接纳了不少内地著名学府和学者，使陇上学术空前活跃。新中国成立之后，人文社会科学领域的专家学者更是为国家民族的新生而欢欣鼓舞，全力投入到祖国新的学术事业之中，取得了一大批重要的研究成果，涌现出众多知名专家，在历史、文献、文学、民族、考古、美学、宗教等领域的研究均居全国前列，影响广泛而深远。新中国成立之后，人文社会科学几次对当代学术具有重大影响的争鸣，不仅都有甘肃学者的声音，而且在美学三大学派（客观派、主观派、关系派）、史学"五朵金花"（史学在新中国成立之后重点研究的历史分期、土地制度史、农民战争史等五个方面的重点问题）等领域，陇上学人成为十分引人注目的代表性人物。改革开放以来，甘肃学者更是如鱼得水，继承并发扬了关陇学人既注重学理求索又崇尚经世致用的优良传统，形成了甘肃学者新的风范。宋代西北学者张载有言："为天地立心，为生民立命，为往圣继绝学，为万世开太平"，此乃中华学人贯通古今、一脉相承的文化使命，其本质正是发源于陇原的《易》之生生不已的刚健精神，《文存》乃此一精神在现代陇上得到了大力弘扬与传承的最佳证明。

《文存》启动于中华人民共和国成立六十周年之际，在选择入编对象时，我们首先注重了两个代表性：一是代表性的学者，二是代表性的成果，欲以此构成一部个案式的甘肃当代学术史，亦以此传先贤学术命脉，为后进立治学标杆。此议为我甘肃省社会科学院首倡，随之得到政界主要领导、学界精英与社会各界广泛认同与政府大力支持，此宏愿因此而得以付诸实施。

为保证选编的权威性，编委会专门成立了由十几位省内人文社会科学领域著名学者组成的专家指导委员会，并通过召开专题会议研讨、发放推荐表格和学术机构、个人举荐等多种方式确定入选者。为使读者对作者的学术成就、治学特色和重要贡献有比较准确和全面的了解，在出版社选配业务精良的责任编辑的同时，编委会为每一卷配备了一位学术编辑，负责选编并撰写前言。由于我院已经完成《甘肃省志·社会科学志》（古代至 1990 年卷，1990 至

2000 年卷）的编辑出版工作，为《文存》的选编提供了坚实的基础和基本依据，加之同行专家对这一时期甘肃人文社会科学发展的研究，使《文存》能够比较充分地反映同期内甘肃人文社会科学的基本状况。

我们的愿望是坚持十年，《文存》年出十卷，到 2019 年中华人民共和国成立七十周年之际达至百卷规模。若经努力此百卷终能完整问世，则从 1949 至 2009 年六十年间陇上学人以"人一之、我十之，人十之、我百之"的甘肃精神献身学术、追求真理的轨迹和脉络或可大体清晰。如此长卷宏图实为新中国六十年间甘肃人文社会科学全部成果的一个缩影，亦为此期间甘肃人文社会科学学术业绩的一次全面检阅，堪作后辈学者学习先贤的范本，是陇上学人献给祖国母亲的一份厚礼。此一理想若能实现，百卷巨著蔚为大观，《文存》和它所承载的学术精神必可存于当代，传之后世，陇上学人和学术亦可因此而无愧于我们所处的伟大时代，并有所报于生养我们的淳厚故土。

因我们眼界和学术水平的局限，选编过程中必定会出现未曾意料的问题，我们衷心期望读者能够及时教正，以使《文存》的后续选编工作日臻完善。

是为序。

2009 年 12 月 26 日

目　录

地方发展问题研究

著作选编

编选前言

　　1940年3月，武文军先生出生于甘肃省静宁县威戎镇一个贫苦农家。少年时代饱尝生活的苦难，却刻苦学习，追求进步，矢志报国。中学时代酷爱文学，曾创办过油印文学刊物《鲜花》。1962年考入兰州大学中文系，1968年9月参加工作，曾先后在兰州市红古区农宣队、兰州五中、兰州市委宣传部、兰州市社会科学院、兰州市政协工作，先后担任教师、理论干事、兰州市委宣传部副部长、兰州市委讲师团副团长、兰州市社科院院长、兰州市社科联主席、兰州市政协副主席等职务。先生在担任行政领导职务的同时，还积极从事社会工作，承担了大量的社会兼职，组织开展了大量学术活动、理论研究和理论传播工作。他先后兼任甘肃省社会科学界联合会副主席、中国美国史研究会常务理事、甘肃伦理学会会长等职务，兼任兰州大学等多所高校客座教授，兼任甘肃省社科院等多所研究机构兼职研究员，曾在美国亚特兰大理工学院、俄罗斯莫斯科大学、日本太平洋大学、新加坡科学院、南斯拉夫贝尔格莱德大学、法国卢浮宫博物院进行学术考察和学术交流，以高超的能力、渊博的知识和勤勉敬业的精神，获得国内外同行的赞许。

　　从1985年创建兰州市社科院到2007年退休离岗，先生见证了我国改革开放和现代化建设的辉煌历史，见证了思想解放、理论创新和整个社会科学事业的蓬勃发展，也见证了新时期兰州市经济、文化、特别是哲学社会科学事业崛起的历程。在任期间，他紧紧把握时代脉搏，开展了卓有成效的社会科学研究，广泛开展学术交流，先后主办了多种期刊，为兰州市社会科学院的社科研究和理论教育工作提供了阵地和载体，也为兰州市、甘肃省乃至全国的理论界提供了学术园地。其中由先生创办的《兰州学刊》在当时是兰州市唯一一家公开发行的人文社会科学综合类学术期刊。如今，已发展成国内一流人文社科综合期刊。这是先生留给我们的宝贵的学术阵地和精神财富！

先生一生勤思好学，具有敏锐的理论思维和深厚的理论修养。他思想深刻，眼光独到，研究领域广泛，在马克思主义经济政治理论、哲学、经济学、社会学、人口学、历史与文化学等领域，都具有很高的建树。形成了丰硕的研究成果，在国内相关领域的研究中产生了较大的影响。他呕心沥血，笔耕不辍，共出版30余部专著、发表860多篇学术论文，为省市的改革开放做过1000多场辅导报告，共获得过40多项奖励。这是一个天才学者全部心血和创造力的结晶。其中，他参与撰写的著作《中国社会主义问题研究》获"五个一"工程一等奖。有18项成果获得省部级奖，主要有：《论思维方式》获全国讲师团优秀论文奖，《香港金融管理》获中国对外图书奖，《中国入关十大益》获中外产业经济文化丛书编辑部优秀奖，参与的《社会主义发展研究》获中宣部著作一等奖，《略论借鉴美国现代市场经济的成功经验》获中国美国史研究会优秀论文奖，《企业下岗职工就业的出路与对策》获中国城市社科院成果一等奖，《勤政廉政心经》获中国北方十省区优秀图书一等奖，《中国西部大开发和兰州对策研究》获中国西部大开发十一省区优秀论文奖，《甘肃城市社会治安综合治理研究》获甘肃省社会科学优秀成果二等奖，等等。还有30项成果获市级奖项。丰硕的学术成果在当代兼任行政工作的学者中堪称第一而无他人可比。

（一）先生的学术研究饱含对马克思主义的坚定信仰。青年时期，他虽然就读于兰州大学中文系，但他并不满足于文学的浪漫与缥缈，而是更青睐于政治经济学类的书籍，他曾苦读马克思的《资本论》七遍，对《资本论》《德意志意识形态》等马克思主义经典著作的内容了然于心，为他一生的学术研究打下了坚实的理论基础，也奠定了他一生学术研究的理论高度。他娴熟地运用马列主义、毛泽东思想和邓小平理论写文著书，为解放思想、深入贯彻中国特色社会主义理论大声呼号，为陇原大地的经济政治社会文化建设部署出谋划策。

先生的学术生涯以马克思主义理论研究为起点。其中，《资本论》研究是他早期从事社会科学研究工作的重要领域。改革开放初期，他以对《资本论》的系统研究为核心，对马克思主义经济理论进行了深入的研究，先后发表了《〈资本论〉中经济范畴的运动形式问题》《马克思的级差地租理论与我国当前土地面积的合理运用》《马克思的再生产理论与社会主义经济工作》等一批学术论文，并于马克思逝世 100 周年之际正式出版了资本论研究专著《〈资本论〉创作史话》。这是先生第一部重要著作，是他长期研究马克思主义经济理论和《资本论》的重要成果，在国内《资本论》研究领域占有一定的地位，也是甘肃省《资本论》研究方面填补空白之作。先生认为，《资本论》作为"马克思全部心血和创作力的结晶"涉及马克思的一生，《资本论》的产生不是偶然的，而是时代的产儿。《〈资本论〉创作史话》真实地记述了"马克思站在历史运动的最前哨"，"总结工人运动的经验，批判继承人类优秀文化遗产"，发现和运用唯物史观，创作《资本论》的历史过程。先生以清新流畅的文字记述了马克思"早年的求索"，及青年马克思的思想发展过程，并沿着马克思的方向，说明了《资本论》成书的整个过程，阐扬了《资本论》的立场、观点、方法和它照亮人类前进道路的伟大意义。

从 20 世纪 90 年代初开始，先生把邓小平建设有中国特色社会主义理论作为重要的研究课题。专著《中国特色的社会主义概论》追溯了中国特色社会主义理论的形成过程，全面介绍了其基本内容，深入探讨了这一理论的科学方法及在实践中的作用。随着邓小平理论体系的不断完备和现代化事业的新进展，先生的研究也随之不断深化、拓展，编写了一批邓小平理论通俗读物，一系列的研究专著相继出版。《马克思主义理论的重要贡献——〈邓小平文选〉第三卷对马克思主义的发展》是先生研究邓小平理论的代表性成果之一。他先后 6 次研读《邓小平文选》第三卷，深入分析了邓小平同志对马克思主义的继承和发展，阐释了中国特色社会主义、社会主义市场经济理论、马克思主义生产力学说、"一国两制"、和平与发展、南方讲话等邓小平建设有中国特色社会主义理论的精髓。总结了邓小平理论的科学方法、科学体系、基本观点和重大的理论与实践意义。

党的十五大第一次明确提出"邓小平理论"这一新概念，并确定这一理论是当代中国的马克思主义，是马克思主义在中国的第二次飞跃。从这一认识出发，先生用马克思主义立场观点研究邓小平理论，完成了《历史性的课题——论高举邓小平理论伟大旗帜》这部理论著作。书中深刻分析了邓小平理论的产生，阐明了邓小平理论的历史地位和高举邓小平理论伟大旗帜的重大意义，并就如何学习邓小平理论提出了可行性的指导意见。

（二）先生深深扎根于养育了自己的陇原大地，满怀虔诚的反哺之情，为甘肃省和兰州市的改革开放摇旗呐喊，建言献策，破解思想难题。他以理论研究为基础，以前瞻性、战略性研究为重点，以服务于省、市政府的科学决策为目的，坚持实事求是的科研作风，紧密联系实际，围绕省市大局，服务于地方中心工作。他的每一部专著，每一篇论文，每一项课题研究成果都以问题为导向，具有很强的针对性，并针对如何解决问题提出了具有可行性的对策建议。

1985 年 7 月，先生在《经济日报》发表论文《黄河上游经济区开发研究》。他首次提出"黄河上游经济区开发研究"这一课题，受到于光远等著名经济学家的充分肯定。课题研究中他带领课题组数十人先后赴甘、青、宁、陕、新、内蒙古等地实地开展系统调研。历时一年多，获取几百万字的资料，形成了包括 5 篇研究报告、20 余篇论文、共计 40 余万字丰富的成果。项目对"黄河上游经济区"进行了科学的界定，对区内各地区的自然状况、经济发展、社会风貌、历史沿革进行了全面地分析，提出了未来发展思路和方向，制定了经济区的发展规划和发展战略。大量的第一手资料和研究成果，对后来的省内外区域经济研究产生了较大的影响，对区内有关政府部门的决策也提供了一定帮助。

西部大开发战略是我国实现现代化整体战略的重要组成部分，是关系到中华民族复兴的伟大事业。先生全面研究西部大开发的政策、理论和实践，完成了著作《西部大开发读本》。全书力图引导公众对实施西部大开发的若干重大问题做出理性的思考和科学的判断。对西部大开发的历史背景、战略决策、西部面临的历史机遇与巨大挑战等，从历史、自然生态、综合资源、经济条件、社会发展等方面做了系统和科学的分析，指出了西部的比较优势和劣势，进而对西部大开发的战略、重点领域及开发方略、政策措施等提出了理论性、政策性及实际操作性很强的对策和建议。著作兼具理论指导性和实践应用性，既为干部群众学习西部大开发的知识提供了简明的读本，又为研究人员提出了一些可供深究的研究选题。

"西北少数民族地区引进国内资金与国际资本研究"是教育部百家人文社科重点研究基地——兰州大学西北少数民族研究中心2001年的研究项目。先生带领课题组工作人员历时数月先后奔赴新疆乌鲁木齐市、喀什地区、库尔勒市、巴音郭楞蒙古族自治州、生产建设兵团，宁夏银川市、固原地区，青海西宁市、海南藏族自治州，甘肃临夏回族自治州进行实地考察，还考察了广州、上海浦东、深圳、福州、温州、厦门等沿海发达地区的招商引资情况。在此基础上，对西北少数民族地区人口与环境特征、经济实力、引进国际国内资本的现状做了科学的分析和评估，设计了西北少数民族地区引进国内国际资本战略，提出了有创造性的思路，并详细分析和研究了其中的关键性问题。这项研究突破了地域的局限性，注重理论应用和理论创新，提出了许多新颖的招商引资构想，对西北少数民族地区深化改革、扩大开放，有效地利用国内资金和更多地引进国际资本，具有重要的实践意义。这项研究最终形成了14万字的《西北少数民族地区引进国内资金与国际资本研究咨询报告》。

党的十六大提出关于全面建设小康社会战略后，先生和课题组成员历时8个月，先后到甘南藏族自治州、临夏回族自治州、天祝藏族自治县、长家川回族自治县、东乡族自治县、肃南裕固族自治县等地，实地深入考察调研民族地区经济社会发展状况和小康建设水平，获得了大量反映甘肃民族地区经济、社会、文化发展的第一手资料。根据党的十六大的战略决策和甘肃省委省政府关于全面建设小康社会的基本思路，先生着重研究和系统分析了甘肃少数民族地区经济社会发展的基本特征和小康建设中的成就、问题、差距。基于此，提出了甘肃少数民族地区小康建设的基本要求、战略目标、战略步骤、建设方式和重点任务。这项研究的最终成果是专著

《甘肃民族地区小康建设之路》。

　　针对兰州经济社会文化发展，先生设计、完成了百余项课题，涉及到兰州历史文化、地理、工业、农业、商业、科技、精神文明建设、教育、企业文化、城市建设、城市居民扶贫等各个领域，从高科技园区的现代化企业，到黄土梁峁上的穷乡僻壤，先生的足迹遍布兰州的山山水水；从政府部门的决策，到商家企业的咨询，都有先生的智力服务。他用理性和智慧之笔书写了兰州的历史和发展进程。如，"兰州地区大中型国有企业向现代企业制度转轨的对策研究"是兰州市科委 1994 年软科学重点课题之一。在研究过程中，先生先后组织了理论骨干 30 余人，对兰化公司、兰炼总厂、兰钢集团、三毛集团、兰石总厂等 20 余家大中型企业进行认真的调查研究，共完成 22 个分报告和一个总体研究报告，共计有 40 万字。对当时兰州地区大中型企业的现状、转轨过程中存在的问题和对策，都作了全面地分析和深层研究，研究报告通过了专家评审验收，受到高度好评，为当时政府部门的决策提供了有价值的对策建议。

　　根据理论的发展和实践的需要，先生后来继续深化了对国有大中型企业的研究，并产生了许多新的成果，其中最重要的有两项：第一项是 27 万字的《国有大中型企业负债问题研究报告》。该成果对当时国有大中型企业负债问题作了全面地分析，对负债严重企业今后的经营和发展以及政府宏观管理决策提供了参考和指导，具有较高的使用价值和理论价值。第二项是《兰州国有大中型企业转型研究综合报告》。这项研究注重理论研究和调查分析的有机结合，在调研初期开展了深入的理论研究；为开阔思路，还特地赴兰外大型企业考察，获得了许多珍贵资料和经验。对兰州地区国有大中型企业的发展与转型状况、转型中的主要问题、转型的基本方略进行系统研究，提出了精辟的见解。

（三）先生曾担任中国美国史研究会常务理事，活跃在中国美国史研究会的大型学术活动中，多次为美国史研究学会大会提交高水平学术论文，极大地提高了兰州市社科事业的理论层次，也为当代中国的社会科学事业做出了自己的贡献。

1982 年，中国美国史国际学术讨论会在苏州召开，先生提交了《评摩尔根的历史观》一文。路易斯·亨利·摩尔根是美国 19 世纪杰出的民族学家和历史学家。马克思和恩格斯曾经肯定他是通过自己独立的研究过程发现了唯物史观。然而，长期以来，我国理论界一些人把承人不承认阶级斗争做为判断历史人物是否历史唯物主义的主要标志，不少人因此给摩尔根戴上了"历史进化论"和"历史唯心论"的帽子。先生在论文中对摩尔根唯物史观的特点和他走上历史唯物主义道路的社会条件进行了初步分析，就摩尔根的历史观进行了重新评价，肯定摩尔根是一个历史唯物主义者。论文具有很高的学术价直，被收入中国美国史研究会编辑的《美国史论文集》第二集。亥文集 1983 年 12 月由生活·读书·新知三联书店出版，新华书店发行，在国内史学界产生过较大影响。

1993 年 8 月，中国美国史研究会在山东威海举行了"美国现代化历史经验国际学术讨论会"。先生向会议提交了题为《略论借鉴美国现代市场经济的成功经验》的论文，文章以翔实的资料、深刻的观点，深入分析了美国的市场经济及其主要特征，并提出了如何根据我国国情，借鉴美国市场经济经验，对我国社会主义市场经济体制改革有很强的参考价值。论文被大会评为优秀论文收入论文集。同年 12 月，论文集《美国现代化历史经验》一书，由东方出版社出版。这本书是中国美国史研究会编写的第三部论文集，收录了这次研讨会提交的优秀论文。

（四）以史为鉴可以知兴替。先生切身经历了 20 世纪 60 年代的全国性大饥荒，深知百姓疾苦。他以百姓心为己心，以为国为民立鉴的学者担当秉笔直书那段不堪回首的历史。用先生自己的话说就是 "将实情告诉人民"。

从 2001 年起，他对发生在我国 20 世纪 60 年代的全国性大饥荒这一重要历史问题开始考证研究。在研究过程中，先生为求资料的翔实、可靠，历经三载，行程万里，先后到甘肃、宁夏、青海、内蒙古、陕西、山西、河南、安徽、四川、云南、福建、浙江、山东、广西等省区的图书馆、档案馆、地方志办、党史办及其他文献收藏单位，查阅了大量的档案、方志文献原件和国内外的研究资料，在许多单位进行了调查，访问了数百名亲历者。从大饥荒发生的国际背景、国内政治因素、领导层的指导思想，到大饥荒的内在因素、饥荒蔓延的范围、严重程度，以及对后来国民经济的影响，都进行了全面地考证、分析、研究，研究成果为两部专著《甘肃六十年代饥荒考证》《中国六十年代大饥荒考》，2001 年以《兰州文史资料选辑》第 20 辑、第 22 辑的形式编印。这项研究是武文军先生研究中国社会主义建设史的重要成果，是国内学术界第一次对大饥荒进行全面考察研究，填补了中国当代史研究的一项空白。其内容丰富、史料翔实、涉及面广，具有很强的史料性和历史意义，是一部先生亲身考究的 "信史"，受到了国内学术界的好评，特别是受到中央和省委有关领导同志的关注。这两部著作的问世，有助于促进人们对当代历史的深刻反思，总结经验教训，为后世提供了可借鉴的历史资料。

（五）中华学术是中华民族最宝贵的文化财富，是中华民族精神的灵魂，具有永恒的传承力和持久的扩散力。中国学术史研究要求广度和深度并举，如果没有过人的个人学养条件，没有充足的文献史料，没有强烈的研究热忱，一般人难以企及。先生以渊博的知识基础和弘扬民族文化的创造精神，"力图再振中华学术文化传统，以我历代中华精英的学术成就和风范，活化民族精神，完善当代学术文化生态"（先生在中华史学术导论中语）。他用三年时间查阅和研究了千余部中华学术典籍，考量了百余位国学大师的重要思想理论和著作，查阅了万余篇国内外学者研究中华学术的成果，采用前人关于学术研究的文献法、考古法、辨伪法、自然科学法及交叉科学方法，纵横捭阖、贯通古今，以极大毅力完成了皇皇巨著——《中华五千年学术史纲》。这是我国学术史研究的又一部新成果，是先生一生厚积而发的心血之作、扛鼎之作。先生秉持客观、科学、礼敬的态度，不复古泥古，不简单否定，坚持古为今用、推陈出新、去其糟粕，坚持了学术批评的方法，对重要学术流派和学术大师的学术思想观点都进行了厘清比较，提出了诸多学术新见。中国社科院研究员、原《马克思主义研究》主编，著名学者孙连成在为此著作序中称道："这是一个篇幅恢宏、立意高远、富有特色的独创性很强的学术史著作。"

五千年中华学术博大而精深，浩如烟海的学术典籍难读难解。先生的《中华五千年学术史纲》在学术风范上，特别注重简明易懂，所引典籍章句，难涩之处必有解释，"问题"之处必有评论。这部大著章节整齐具细，标题简约醒目，行文练达平实，叙述条理清晰，为广大读者研读学术著作和学术史创造了便利条件，为传播弘扬中华五千年文明，振奋民族精神、提高全民族的自豪感和凝聚力，都发挥了积极作用，功不可没。著名史学家刘汉成称此书"把中国学术史研究请出了象牙塔，使更多的读者能够欣赏到中华学术光辉灿烂的成果。"

（六）先生是一位永不停歇的思考者。他在如何更好地认识宇宙世界、更好地认识人类社会和更好地认识自我人生方面，做出了自己的回答。

1995 年由甘肃教育出版社出版的《天体与人生——对天体、人生、社会、思维现象的哲学思考》，是先生从认识论、方法论上研究人如何看待宏观世界、微观世界、人生价值、社会行为及思维方式的哲学著作。它不是系统研究一般的自然哲学和社会哲学问题的，不是一部教程，而是对自然、社会和思维中某些特殊现象加以研究，是若干哲学问题、社会问题和思维问题的专论集。每篇专论都针对现实的需要解决的问题。本书对马克思经济范畴进行了大胆分类，提出了"内在的""外在的"和"中间型"范畴，并用自然、社会和经济关系中的大量例证，充分探讨了形变与质变的关系，揭示了形变引起质变现象的客观存在及其条件。在人的创造性研究中提出了许多新观点，其中有人与动物在三个层次上的区别，而创造性是最高层次的区别，从而把创造性作为文明人的本质特征加以论述，而对人的创造在生命历程中的作用、职业选样中的作用作了充分探讨，并且把人类文明的档次同各历史阶段人的创造性水平联系起来，揭示了创造性递增水平对推动人类文明的动力作用。专论微观其微部分，对基本粒子物理学新发展带来的认识论上的革命进行了充分评价，对我国长期占统治地位的那种"实体"唯物主义的机械性进行分析，正告人们重视中微子质量为零的现象及质量转化为能量的物质转换形态，不断探索未知世界之谜。这本著作阐述的许多问题，在当时国内理论界、知识界和实业界得到了认同。著作的出版，对在更广泛领域探讨各类社会实践问题和人生价值问题产生了积极影响。

在《今世与来世——人类生死观浏览》这本专著中，先生在一个极为广阔的思维空间里，以博大的视野，探讨和评价了人类社会中不同角色对生死的看法，以便引导人们在生死问题上树立科学的理念，从而把人们的生命意识和死亡境界引向最高点。他体察古今，贯通中西，博采众长，展示了各种各样的生死信仰、生死观点、生死理论和生死意识。有历史上伟大思想家的生死见解，有一代科学巨匠的主死信条，有革命元勋的生死价值观，有平凡百姓的生死信念，有不同宗教派别神学的生死观，有科学技术对生死的最新解析。先生以积极进取的态度，为生存的价值、死亡的意蕴、生命的延续谱出了一部美好的畅想曲，为人们消除生死意识的冲突，弹奏了一部协奏曲。

（七）回望先生的学术人生，勤奋的钻研和永不停息的独立思考，使他成为一位睿智的学者。虽为文人学者，却勇于探究自然科学。中学时代也就潜心研读过《自然辩证法》及许多自然科学读物，大学期间自学天文学读物，共研读过 35 本天文学著作和五百余篇天文学论文。1986 年为了研究人的创造性问题，他阅读了110 多位诺贝尔奖获得者的传记及其有关科学成就的介绍文献。后来在干部学习科技知识的形势下，他又认真地阅读了诸如《原子核物理学》和新材料、新能源、生物工程、系统科学方面的读物。先生秉持终身学习的态度，活到老，学到老，并学以致用。正是这种对学习的热忱和思考的专注使他总能在上至天体，下及百姓苍生的广阔领域里文思迸发。从艰涩的《资本论》到深奥的摩尔根历史观，从难懂的劳动价值论到枯燥的人口学理论，从繁复的西方贸易规则到庞杂的现代自然科学，从大饥荒历史悲剧到光辉灿烂的学术史，一生涉猎之广令人叹服。

他的一生勇于创新、攻坚克难，许多研究成果具有很强的开创性。他是省内第一个系统研究《资本论》并出版专著、在国内马克思主义研究领域产生重要影响的人，是第一个提出黄河上游经济区设想、并运用现代经济理论研究西北区域经济发展的人，是第一个把世界贸易组织理论和规则介绍给兰州干部群众的人，是第一个独立完成"中华五千年学术史"皇皇巨著的甘肃学者。在他研究的每一个领域，都有独到的见解、不菲的成绩。他博闻强记，洞若观火，陇上学人鲜见出其右者。

他的一生博览马列经典，钻研科学理论。他怀着对马克思主义的高度信仰和对社会主义的坚定信念，全身心地投入到工作中；他热情地宣传马克思主义理论和中国特色社会主义理论，深入研究改革和现代化建设中的重大理论和实践问题；他以知识分子的独立之精神探究历史灾难，以高度的文化自信重解中华五千年学术。他以具有理论建树和应用价值的数百万字的理论著作，为社会留下了一份宝贵的精神财富。他将他的一生，献给了党的理论事业，献给了陇原大地的改革和发展。如今他的学术成果入选《陇上学人文存》是对先生信仰为墨、理想当砚的肯定，更是对先生毕生笔耕不止的赞誉。时光如驹，转眼先生离开我们已整整十年。可是他的追求、他的毅力、他的学识、他的品德和他留下的宝贵精神财富是永存不灭的，将永远为后人所敬仰！

韩晓东

2020 年 1 月 4 日

马克思主义研究

有马克思主义信念是中国共产党真正的优势

邓小平同志在全国党的代表会议上提出了一个极为重要的观点，就是我们党的"真正优势"，是"因为我们有马克思主义和共产主义的信念"。他号召全党新老干部都要学习马克思主义理论，运用马克思主义的基本原则和基本方法，"积极探索解决"我国社会主义现代化建设中的新问题。那么，为什么说有马克思主义信念就是我们党的真正优势？如何在现代化建设中发挥这个优势？现就这个问题谈些个人的见解。

一、从几个比较关系看马克思主义在我们党内的优势

有人说我们党的优势在于已经拥有四千多万党员，领导着十亿多人口，党员多、人口多，这是我们的优势；又有人说，我们党处在执政党的地位，管理着一个地大物博的国家，拥有着丰富的资源，这是我们的优势；还有人说，我们党有着艰苦曲折的斗争历史，形成了一套优良传统和作风，这是我们的优势。是的，这些说法并没有多少错误，也不存在言过其实的地方。但是，问题在于，在这许多优势中什么是本质的优势，最大的优势？我们的回答是：马克思主义信念。

为了说明这个问题，我们把党的马克思主义信念与其他几个问题做些比较分析。其一，我们党的马克思主义指导思想与资产阶级政党的指导思想对比。任何一个政党都要找一个指导思想，资产阶级政党也山不例外，他们为了维持自己的统治，发展自己的势力，曾乞怜

于这个学说，那个学说。法国资产阶级政党曾经以孔德（1798—1857）的实证主义作为自己的理论指导，把历史的发展解释成纯粹思想、认识的发展，把资本主义看成合乎理性的，永世不变的东西。德国资产阶级政党包括纳粹党在内，把叔本华（1788—1860）和尼采（1844—1900）的唯意志论作为理论指南。把自然界和社会的一切事物，说成是意志的产物或受主观意志任意摆布的，历史就是无止境的屠杀、掠夺和欺压，为侵略、扩张辩护。美国的民主党也好，共和党也好，他们一度曾奉行詹姆士（1842—1910）和杜威（1859—1952）的实用主义，认为一切事物是由"纯粹经验"构成的，真理就是对我们有用，就是获得"功效"。为资产阶级政党的剥削、冒险制造理论根据。此外，欧、美和日本的资产阶级政党曾经寻找过许多理论做指导，如新康德主义、新黑格尔主义、凯恩斯主义、柏格森的生命哲学、新实证论等等。这些"主义""理论"的确在一段时间内，为资产阶级政党的发展和推行他们的政策、策略起过作用。但是，这些理论最后都破产了。这些理论终久挽救不了资产阶级政党和资本主义制度"只是近黄昏"的厄运。

同国外资产阶级政党在寻找理论指导的穷途末路相比，中国共产党自她问世，始终如一地坚信马列主义，用马克思主义指导中国革命和建设，这个理论越来越显示了其强大威力。中国共产党已有66年的历史，在这66年中，只有一个主义，马克思主义；一个目标，为共产主义奋斗的目标；一个基本的方法论和历史观，辩证唯物主义和历史唯物主义。中国共产党从来没有换什么主义，就在马克思主义指导下，度过人类罕见的苦难岁月和曲折道路，使中国由黑暗变光明，使中国人民由苦难的深渊步入了幸福的康庄大道。中国共产党的历史表明，马克思主义的基本理论和原则是科学的、正确的，是放之四海皆准的普遍真理。尽管时代在发展，马克思主义的学说也在发展，而这个学说在实践中经得起了考验。马克思主义经济学说中剩余价值理论、资本主义经济危机理论、社会再生产理论、生产劳动理论,仍然完全能够解释现代资本主义的发展。马克思辩证唯物主义揭示的三大自然规律,历史唯物主义关于生产力与生产关系、经济基础与上层建筑的关系以及存在决定意识、群众创造历史等理论,仍然是我们认识自然、社会和人类思维现象的科学根据。尽管现代技术日新月异,信息论、控制论、系统论等新理论不断出现。但些新理论、新科学只能进一步证明和补充马克思主义,并没有推翻马克思主义。中国共产党人正由于掌握和运用这个理论,才能够摆脱困难和失误,立于不败之地。而资产阶级政党敌视马克思主义,追求的是反映资产阶级狭隘利益和偏见的各种理论,所以他们不可能离开迷宫,不可能从根本上按照历史发展的必然规律行动。他们经常为资产阶级某个派别的区区小利所驱使,在世界各地冒险和碰壁。可见,有马列主义信念,这是我们比国际上资产阶级政党最优越的地方。

其二,我们党的马克思主义指导思想与我国近现代史上的其他思潮相对比。说掌握马克思主义是我们党的优势,这不仅表现在同国外资产阶级政党的理论指导的对比上,而且也表现在同我国百年来各种思潮失败破产的对比上。鸦片战争以来,中国的志士仁人,曾在实践上和理论上都寻找过医治中国的经验和理论,出现过各种思潮,在中国近代史上,首推的一个思潮是洋务思潮。是封建地主阶级内部一些较开明的人士,面对着清政府的腐败无能,帝国主义列强对中国的剥削欺凌,提出了学习外国资本主义科学技术以振兴中国的主张,林则徐、魏源的"师夷长技"的思想,后来一些清官吏提出"借法自强""中体西用",其实质是借用或搬用西方的先进科学文化改造落后的中国现状。这种思潮后来发展成清朝地主阶级官吏的洋务运动,洋务思潮虽有其进步作用,但它是对封建社会的改良思潮,其中有些人发展到崇洋媚外,当帝国主义的买办,所以这个思潮不得不破产。继之而起的有维新改良思潮。康有为、梁启超、谭嗣同一伙具有爱国热情的知识分子 面对饿殍枕藉、政治腐败、列强宰割的社会现实,宣传改良思潮,发走了改良运动。他们痛恨腐朽的封建制度,把西方资本主义的经济、政治制度作为改革中国封建社会的楷模。他们认为西方国家"惟出一令而举国奉之若神明,立一法而举国循之若准绳,君与民相联若项颈,名与实相副若形影"①。他们奢望把西方的一套经济、政治制度,搬到中国来,振兴中国。他们继续宣传"中学为体,西学为用"的观点,他们提倡引进国外先进技术,对外自由贸易,他们反对对外妥协,主张自强,反抗外来侵略。他们不主张用革命手段推翻帝制,而把全部希望广在所谓有作为的"圣君"光绪皇帝身上。其结果,百日维新运动被以慈禧太后为首的封建顽固派残酷镇压。维新改良思潮也宣告破产。中国民主主义的先行者孙中山先生,针对半封建半殖民的旧中国的腐败,接受了西方资产阶级文化和民主思想的熏陶,也研究了中国的国情,提出了民生、民族、民权"三民主义"的学说,并且以巨大的革命勇气,领导了辛亥革命,推翻了清朝政府,结束了两千多年的封建帝制。但是, 由于资产阶级屈服于帝国主义和封建势力的压力,政权落到二洋军阀头子袁世凯手里,辛亥革命失败了。孙中山的"三民主义"看来也挽救不了旧中国社会的败局。

在各种思潮节节败阵的情况中,马克思主义传到了中国。马克思主义和中国工人运动结合起来产生了中国共产党。从此,中国革命的面貌焕然一新 中国共产党运用马克思主义理论研究中国的实际问题,战胜了党内非马克思主义思潮的影响和外部敌人的压力,领导中国革命取得了胜利。在我国社会主义建设时期,在党内曾经出现过非马克思主义和反马克思主义思潮, 特别是主观唯心主义和政治上的

---

①段本洛:《谭嗣同》,江苏人民出版社,1983 年,第 12 页。

"左"的思潮对我们党的事业破坏很大。但是,我们党内一大批掌握了马克思主义的革命家,及时识破了各种错误的、反动的思潮,用马克思主义武装了全党,战胜了各种错误思潮。特别是党的十一届三中全会以后一系列正确路线和政策的制定,是马克思主义在我国的又一胜利。毋庸置疑,我们党是真正掌握了马克思主义的党,马克思主义是百战百胜的思想武器。

其三,马克思主义信念与我们党在国内的其他优势相比较。我们党领导着十亿人口,这自然是一个优势。但没有马克思主义指导,人口多并不一定是优势。我国自清康熙、乾隆年起,人口就一直猛增,居世界之首,但仍然处在贫困、落后、被奴役、被宰割中。人口离开一种科学的理论做指导,其本身的发展也会同社会经济的发展形成对立。新中国成立后一度片面宣传所谓"人手论",鼓励多生,结果造成了人满为患的后果。只是在"文化大革命"之后,又以马克思主义的人口论作为计划生育的指导思想,才使人口得到有计划地控制,初步做到人口增长与经济增长的协调。可见,只有运用马克思主义这个优势,人口的优势才能形成,离开马克思主义,人口不可能自发地形成优势,在某些情况下还会转化为劣势。我们党领导和管理着960万平方公里的土地,山川秀美,资源丰饶,看来这是个优势。但是,历史经验告诉我们,没有马克思主义作指导,国土资源、矿产资源、水力资源、生物资源等,其优势也不会得到发挥和利用。在大跃进和"文化大革命"期间,我们党的政策一度离开了马克思主义,违反马克思主义关于生产关系适应生产力发展的规律、商品经济的规律和各种自然规律,搞冒进和瞎指挥,结果,资源不但没有得到有效开发和利用,而且造成了资源破坏、经济凋零的局面。只有在三中全会以后,我们党按照马克思主义的基本理论和方法制定了一系列方针、政策和发展战略时,我国丰富的自然资源才能开发,自然优势才变成经济优势,人民生活由贫穷走向温饱。有人还说,社会主义制度是我们党的优势。这个说法也是一个莫糊的观念。我们党现在固然在社会主义制度下工作,而且领导着社会主义现代化建设。但是要知道,我国社会主义实践是在马克思主义与科学社会主义学说指导下进行的。没有马克思主义武装的党就不成为真正的共产党,没有共产党的领导就不能有社会主义制度,共产党不用科学社会主义思想作指导,就不可能有真正的社会主义制度。这一切说明,在我们党所占据的优势中,唯有马克思主义是真正的优势,是烈火金刚,是战无不胜的思想力量。

二、发挥具有马克思主义信念的优势

尽管我们党具有马克思主义信念是一个重大优势,而且在马克思主义的指导下,我们取得了各方面的成绩。但是,决不能认为我们对具有马克思主义信念这个优势发挥得很好了。目前,我们的干部中熟悉马克思主义的还占少数;对于马克思主义从教条主义方面去理解的也大有人在;局部地方学习马列的风气并不浓厚,且有少数人怀疑马列;在实践中应用马克思主义和发展马克思主义的现象并不普遍。如此等等,正是对有马克思主义信念这个优势发挥得不够的证明。我以为,要发挥这个优势,大体上应从下面几个方面入手:

第一,普及马克思主义,使更多的人掌握马克思主义这个思想武器。目前,竟有80%的干部和90%的公民缺乏马克思主义的基本知识。许多青年干部,特别是青年学生,因为没有受过马列主义基本理论的训练,他们的人生观、世界观,自发地受着各种其他思潮的影响,"人不为己,天朱地灭"的人生哲学,片面性、机械论的思想方法,渗透到了他们的头脑,处处犯错误,出问题。而我们的一些老干部,因为长期凭经验办事 也缺乏马克思主义理论武装,所以思想不适应形势发展,往往会陷入僵化。可见,普及马克思主义应该说是当务之急。

第二，研究中国的新情况，解决新问题。马克思主义的重要特征之一就是它的实践性。马克思主义的生命力在于它的应用程度。我们党三中全会以后的一系列正确的方针、政策，就是马克思主义理论与中国具体实际相结合的产物。我们党依据马克思主义的基本理论，提出了建设有中国特色的社会主义的一整套政策、措施，充分显示了马克思主义的生命力。

要运用马克思主义研究新情况解决新问题，在学习掌握马克思主义上要解决一个方法问题，就是重在学习马克思主义的基本精神、观点和方法，而不应当死记硬背某些词句。要研究马克思主义的任何一个原理，它们产生的历史背景，它的针对性，它对我国的社会现实有什么指导意义，这些原理的哪些部分需要用新材料加以补充。与此同时，我们要深入细致地详查中国的实际问题，从现实中寻找事物发展的规律，总结制定解决中国实际问题的政策、方案和办法。

第三，发展马克思主义理论本身，是发挥马克思主义这个优势的又一个重要途径。我们党在发展马克思主义问题上，是有很多经验教训的。（党内曾出现的"左"的思潮，后来又出现了林彪、四人帮这些把左的思潮推向极端的野心家。他们主张摘引词句，反对发展，把对马克思主义的补充和发展一概斥为修正主义。曾在党内把马列的片言只语，尤其对毛主席的片言只语当宗教教条宣传。与此同时，他们把自己的一些谬论解释成"发展"。这就大大降低了马克思主义的威信，把马克思主义真正变成了僵死的教条。）十一届三中全会以后，马克思主义其所以恢复了生机，就在于我们党依据实践是检验真理的唯一标准，发展了马克思主义。正由于我们党发展了马克思主义，所以我们的政策才适应我国的国情，才解决了中国的许多具体问题。

马克思主义经典作家有许多关于社会主义革命的论述，而对社会主义建设的论证就比较少，这就更需要我们社会主义建设者在实

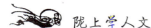

践中探索社会主义建设的规律,发展社会主义建设的理论。特别是在中国这样曾经是半殖民地半封建的国家,目前人口多底子薄的国家,如何建设社会主义,更难以在马列经典中找现成结论,就更需要下工夫研究社会主义建设的马克思主义理论。

第四,吸收世界各民族的先进科学文化战果,马克思主义是人类优秀文化成果的集大成。

我国在宣传马克思主义上的一个沉痛教训就是在很长时间内,排斥中外优秀的科学文化成果,把国外和古代的各民族文化一概斥之为"封、资、修"黑货,把马列主义歪曲成与一切古今中外文化成果不相容的东西,从而把马列主义歪曲为民族虚无主义。这个教训我们应当牢牢汲取的。

世界经济和科学技术发展十分迅速。其中科学技术的发展接近于按几何级数增长。马克思主义经典作家预料不到的许多新事物出现了。我们不应当把这些东西看成异己的、马克思主义的对立物,而应当看成马克思主义继续发展的条件。

马克思主义是普遍真理,它是没有民族界限的,任何一国的经验不能补充马克思主义的全部内容。中国一个国家的实践经验是有限的,要真正发展马克思主义,必须吸收一切民族的优秀文化成果,取长补短。在这个问题上,要摈弃各民族文化中的糟粕,接受其中的精华。中国共产党人,既能够重视研究自己的实际,又能吸收世界先进文化成果,我们就能够发展马克思主义,充分发挥马克思主义的优势。

原载于《理论学习》,1986 年第 3 期

毛泽东同志的实践观和实践方法

毛泽东同志在实践问题上，系统地继承和发展了马克思主义的认识论。毛泽东同志有关实践的一系列论述是我们党和人民的极其宝贵的财富。今天进一步学习研究毛泽东同志的实践观点和实践方法，对端正广大干部的思想方法和工作方法，对正确地进行四化建设，都是十分有益的。

一、毛泽东同志的实践观是对马克思主义认识的继承和发展

马克思在《关于费尔巴哈的提纲》中，用能动的革命的反映论批判旧唯物主义消极的直观的反映论，指出一切旧唯物主义（包括费尔巴哈的唯物主义在内）的主要缺陷，就在于它的直观性，不了解社会实践活动的意义，同时阐明了实践是辩证唯物主义认识论的基础这一根本观点。毛泽东同志在《实践论》一文中深刻地揭露了马克思以前的唯物论的根本缺陷，指出："马克思以前的唯物论，离开人的社会性，离开人的历史发展，去观察认识问题，因此不了解认识对于社会实践的依赖关系，即认识对于生产斗争和阶级斗争的依赖关系。"由此可见，马克思主义以前的唯物主义哲学，虽然在人类对物质的认识史上做出了重大贡献，但是始终未能科学地解释认识论的问题。辩证唯物主义哲学在这一点上和旧唯物论者根本不同，恩格斯用马克思主义的实践观点，在《路德希·费尔巴哈和德国古典哲学的终结》一文中指出："一切哲学上的怪论的最令人信服的驳斥是实践，即实践和

工业。"恩格斯以煤焦油提炼茜素、哥白尼的太阳系学说被证实的具体事例,说明实践是驳斥唯心论的最有力的武器。列宁在《唯物主义和经验批判主义》一书中指出:"生活、实践的观点,应该是认识论的首先的基本的观点。辩证唯物主义把实践的观点引入认识论,把实践作为认识论的基础,这不仅彻底地批判了唯心主义和不可知论,而且克服了旧唯物主义认识论的缺陷,这是马克思主义哲学在认识论上实现的根本变革,是马克思主义在哲学上的一个伟大贡献。

毛泽东同志根据辩证唯物主义的基本原理,在《实践论》《矛盾论》《人的正确思想是从哪里来的?》等著作中,进一步论述了马克思主义关于哲学基本问题的理论和认识论的实践第一的观点。指出:"人的正确思想,只能从社会实践中来……人的社会存在,决定人们的思想。而代表先进阶级的正确思想,一旦被群众掌握,就会变成改造社会、改造世界的物质力量。"毛泽东同志提出了"物质可以变精神,精神可以变物质"的光辉思想,并且把马克思主义认识论运用于革命实践,指导中国革命和建设不断地取得胜利,从而,系统地发展了能动的革命的反映论。

在中国共产党的历史上,尤其是在 1931 年至 1934 年这个期间,曾经有一部分教条主义的同志,他们背离了实践出道理,认识来源于实践这条原理,他们不了解或者反对理性认识来源于感性认识,感性认识来源于实践这个原理,而把理性认识看作是脱离实际的主观自生的东西。因此,他们不肯从实际出发,无视中国社会的经济、政治特点,轻视农民力量,照搬俄国的经验,搞中心城市的总罢工、总起义,推行"左"倾冒险主义路线。当时,毛泽东同志及时分析了中国的政治形势和经济形势,分析了敌我双方力量的对比,认为在敌强我弱的情况下,占领中心城市已不可能,党的工作重点必须从城市转入农村,在农村保存、恢复和发展革命力量,否则革命就没法前进。在革命成败的关键时刻,毛泽东同志引兵井冈山,率领起义军向敌人力量薄弱的农村进发,开始了从城市到农村的伟大的战略转移。在第五次反"围剿"时,由于王明"左"倾机会主义路线占据统治地位,排斥了毛泽东同志的正确领导,提出"不让敌人蹂躏一寸苏区"等不切实际的口号,使中央根据地全部丢失,迫使红军不得不进行战略大转移。还有一部分经验主义的同志,长期拘守于自身的片断经验,不了解理论对于实践的需要性,他们在工作中只见树木,不见森林,辛苦地但却是盲目地工作,这两类同志的错误思想,特别是教条主义思想,使得中国革命遭受了极大的损失。

毛泽东同志认真地总结了中国革命斗争的经验和教训,在《实践论》一文中,他深刻地揭露了"左""右"倾机会主义者在认识论上的主要特征,指出:"唯心论和机械唯物论,机会主义和冒险主义,都是以主观和客观相分裂,以认识和实践相脱离为特征的。"并教育广大党员和干部,在实际工作中,要坚持辩证唯物主义的认识路线,要克服经验主义,特别要克服教条主义,要把马克思主义的理论和中国革命的具体实践结合起来,去制定路线、方针和政策,指导中国革命。由于毛泽东同志始终坚持把马克思主义的基本原理同中国革命的具体实践相结合的这一原则,在抗日战争时期,全党克服了"左"、"右"倾机会主义的干扰,正确地处理了西安事变,建立了抗日民族统一战线,从而挽救了国家和民族危亡。

新中国成立后,以毛泽东同志为首的党中央,从中国的实际出发,灵活地、巧妙地制定了一系列适合中国国情的方针、政策、步骤和具体方法,对农业、手工业和资本主义工商业进行了社会主义改造,创造性地开辟了一条适合中国特点的社会主义道路,取得了伟大的成功。今天,在伟大的历史转折时期,毛泽东同志的重要著作和教导,辩证唯物主义的基本原理,仍然是我们克服教条主义和经验主义的有力武器,是我们建设高度的物质文明和精神文明的强大动力。

二、毛泽东同志的实践观

毛泽东同志对中国革命建设和国际共产主义运动的丰富经验做了高度的哲学概括,在他一系列不朽的哲学论著中,生动、具体地阐明了他的实践观,把唯物辩证法提到了一个新的高度。其主要内容是:

毛泽东同志认为:在社会的生产斗争、阶级斗争和科学实验三项实践中,生产实践"是最基本的实践活动,是决定其他一切活动的东西。"①生产实践,就是人们制造并使用生产工具改造自然对象以谋取物质生活资料的活动。恩格斯说:"人们首先必须吃、喝、住、穿,然后才能从事政治、科学、艺术、宗教等等;所以,直接的物质的生活资料的生产,因而一个民族或一个时代的一定的经济发展阶段,便构成为基础,人们的国家制度、法的观点、艺术以至宗教观念,就是从这个基础上发展起来的,因而,也必须由这个基础来解释,而不是像过去那样做得相反。"②可见,物质资料的生产是整个人类社会生存和发展的基础,是人们从事其他一切活动的前提,也是人的认识发展的基本来源,不论是在无阶级社会还是在阶级社会,每一个人都必须从事生产活动以解决人类物质生活问题。阶级斗争是社会实践的一种形式,是社会斗争的重要内容。科学实验是发展自然科学的重要源泉和动力之一,是人们认识自然,探索自然,检验自然科学理论的重要活动。三项实践的关系是辩证统一的。生产实践是基础,是中心。生产力的发

①见《实践论》。

②《马克思恩格斯选集》第3卷,第574页。

展是人类社会发展的最根本的原因，生产实践决定和影响着社会斗争和阶级斗争，科学实验是在生产实践基础上产生，同时又受社会斗争、阶级斗争制约。毛泽东同志关于生产实践是基础、是中心的观点，鲜明地体现了改造自然与改造社会的辩证统一。

毛泽东同志认为：人类的实践都受社会条件和历史条件的制约。实践是社会的历史的活动，任何实践活动都是由隶属于一定阶级，一定社会集团的人在一定的历史时期和一定的社会关系中进行的，都要受到历史条件和人们的阶级地位的制约，不同历史时期，不同阶级的人们在一定的生产关系形式内从事生产实践或其他活动。"人的本质并不是单个人所固有的抽象物。在其现实性上，它是一切社会关系的总和。"①因此，实践不是个人的孤立活动，它本质上是人民群众的实践，劳动人民是社会实践的主体。这是因为各个阶级和社会集团都按照自己的特殊利益进行着实践活动，但是，只有人民群众，特别是劳动群众改造自然和改造社会的实践，才是推动生产发展和社会进步的力量。实践既受历史条件的制约，又随着历史的发展而发展，并有其继承性。人们总是在前人实践的基础上，有所发明，有所创造，不断将实践提高到新的水平。在一定的历史时期内，实践的能力和水平都是有限的，而人类社会实践的发展则是无限的，随着人类的繁衍，实践的水平不断地由低级向高级发展，将永无止境。

毛泽东同志认为：实践是检验真理的唯一标准。马克思主义把实践引入认识论，第一次科学地解决了检验真理的标准问题。马克思说："人应该在实践中证明自己思维的真理性，即自己思维的现实性

①马克思：《关于费尔巴哈的提纲》《马克思恩格斯选集》第1卷，第18页。

和力量,亦即自己思维的此岸性。"①毛泽东同志用亲身经历的革命斗争的实践发展了这一观点,他指出自然科学和社会科学的真理都是靠实践来检验的。意识是对客观外界的反映,这个反映是否符合外界,这在意识范围内是得不到证明的,意识、理论等也不能在自身范围内随意地规定客观外界,因而也不能用自身去验证自身。另外,客观外界自身也不能直接回答人的认识是否正确。要检验主观认识是否正确,必须通过实践,因为只有实践才能将主、客观联系起来,它受命于人的思维又作用于客观外界的活动,是一种既受人的主观思想指导,本质上又不以人的意志为转移的客观活动。要检验认识是否正确,只能使这种认识回到社会实践中去,在指导社会实践的过程中,看能否达到预期的效果,尽管社会现象千变万化,但检验真理的唯一标准只能是实践。实践作为检验真理的标准,既是绝对的,又是相对的。实践标准的绝对性,是指认识正确与否,只能用实践检验,此外再无别的标准;实践的相对性,是指实践是历史的、发展的,每一阶段上、每一次实践活动都有其局限性,因而它不能完全地证实或驳倒人类社会的任何表象。随着实践能力和水平的提高,对真理的检验也表现出不同的效果。某一历史阶段的实践对真理的检验都较之前一阶段的实践来得深刻,而较之未来实践的检验又有局限性。

毛泽东同志认为:先进思想指导下的实践有利于发现真理。任何阶级的人对社会现象的研究、理解和解释,都是由他们的阶级地位所决定的,他们为维护本阶级的利益而进行实践。无论是对自然还是对社会的认识,都是在实践需要的推动下进行的,任何学说的提出,都必须适应一定的阶级斗争的需要。剥削阶级的学者创造了千百种社会

---

① 《关于费尔巴哈的提纲》《马克思恩格斯选集》第 1 卷,第 16 页。

学说,对社会做了形形色色的解释,其根本目的是为了论证本阶级的统治的合理合法性,并使之永存。无产阶级由于自己的根本利益同社会发展的客观要求相一致,承认物质第一性,意识第二性,所以敢于正视客观,尊重客观,并且积极能动地去改造客观世界,所以在无产阶级先进思想指导下的实践有利于发现真理。毛泽东同志说:"社会的发展到了今天的时代,正确地认识世界和改造世界的责任,已经历史地落在无产阶级政党的肩上。"①无产阶级在其政党领导下,不但敢于拿起批评和自我批评的武器,改造客观世界也改造主观世界,而且当某一客观过程已经从某一发展阶段向另一发展阶段推移转变的时候,善于使自己和革命群众在主观认识上也跟着推移转变。当前,我们党的工作重点已经转移到现代化建设上来,这是我国革命道路上又一个更伟大、更深刻的历史性转变,也是摆在每一个革命者面前的突出任务。

毛泽东同志认为:实践是感性认识和理性认识的桥梁。人们在实践过程中,开始只看到各个事物的表面现象,看到各个事物之间的片面和它们的外部联系。这种认识是对事物的感觉和印象,也就是感性认识。随着实践的反复和深入,人们的感性认识发生了突变,产生了概念,抓住了事物的本质、事物的全体、事物的内部联系,这就是理性认识。概念和感觉有质的区别,这种由感性认识上升为理性认识的过程,是在实践的基础上产生和实现的,是在经常反复的实践中推移的。感性认识和理性认识二者的性质不同,但又不是互相分离互相排斥的,而是在实践的基础上统一起来的。理性认识对感性认识的依赖关系通过实践表现出来,感性认识发展到理性认识也只有通过实践来完成,这就是辩证唯物论的认识论。认识从实践开始,经过实践取

①见《实践论》

得理论的认识,理论认识必须回到改造世界的实践中去,并在实践中不断检验、完善、提高自己,完成认识的另一个飞跃。由此可见:感性认识通向理性认识,理性认识通向感性认识的唯一桥梁就是实践。

三、毛泽东同志的实践方法

人们都在进行各种不同的实践活动,然而,有些人在实践活动中能取得巨大成果,认识真理;有些人则在实践中一败涂地,对客观世界还会提出歪曲的解释。其原因之一,就是实践的方法不对头。毛泽东同志的实践方法是科学的方法,它对我们从事各种实践活动的人都有指导作用。

从具体到抽象或从现象到本质是毛泽东同志实践方法的重要内容,科学研究的方法是从具体到抽象的方法,毛泽东同志的实践方法,也是从具体到抽象、从现象到本质的方法。毛泽东同志指出,人们在实践活动中首先观察和收集具体事物的材料,要了解事物发展过程中的现象,了解事物之间的外部联系,也就是进行对事物的感性认识。然而,掌握感性材料,达到感性认识,并不是社会实践的目的。而人们进行社会实践,旨在揭示科学真理,揭示事物运动的本质和规律,用科学的理论再指导人们的社会实践。这就要求人们,要把感性认识推进到理性认识,也就是要对具体的事物进行科学的抽象,上升到理论。

有些人在实践中不懂得这一方法,或者只掌握一堆现象,不懂得把这些现象上升到理论,或者忽视掌握全面的情况,往往从仅得的一鳞半爪的现象中虚妄地作些结论,这都是社会实践中应加以避免的。

既要重视直接实践又要重视间接实践。毛泽东同志指出,我们所说的实践主要指直接实践,就是要亲身参加改造世界的各种斗争。"一切经验是从直接经验发源的"。如果人们要知道某个事物,就得参加变革某种事物的实践。然而,毛泽东同志又十分重视间接实践,即他人或前人的实践经验。他指出"人不能事事直接经验,事实上多数的知识都是间接经验的东西,这就是一切古代的和外域的知识"。所以,每个人要认真学习别人的或前人的经验。

在实践中不断修正,完善过去的结论,由相对真理走向绝对真理,这是毛泽东同志重要的实践方法。毛泽东同志指出,人们的认识是不能够一次完成的,而要在实践中不断地修正和完善。事物的发展是无穷无尽的,人们的认识也不断地向前推移。认识落后于实际情况是经常发生的,人们的思想、理论、计划、方案往往同客观情况会不一致的, 这就需要不断地得到修正和补充。我们既要反对左翼空谈主义,因为他们的想法超越了实际,又要反对右倾机会主义,因为他们的思想落后于客观实际,都是以主观和客观相脱离为特征的。人们在一定阶段认识的真理是相对真理,无数相对真理的总和才构成绝对真理,这就需要人们不断修正自己实践中的结论。

实践方法的另一个重大问题是,在改造世界中认识世界。马克思主义以前的唯物论把人和客观世界的关系只看成认识和被认识的关系,没有看成是改造和被改造的关系。马克思指出:哲学家在思考世界, 重要的问题在改造世界。毛泽东同志发挥了马克思这一伟大思想,特别强调在实践中改造世界,他指出;无产阶级和革命人民既要改造客观世界也要改造自己的主观世界。又说:人类都能够自觉地进入到改造自己和改造世界的时候,世界就到了共产主义世界。

由此可见,我们说的实践是积极的,改造世界的实践,不是消极的被动的实践。这是毛泽东同志实践方法的极其重要内容。

原载于《兰州学刊》,1982 年第 1 期

和平与发展的新时代观

——学习《邓小平文选》第三卷关于时代特征的论述

我们所处的时代有什么基本特征，如何从世界形势的新变化出发，认识我们的时代，从而为我国制定正确的对外政策和发展国际合作的战略，为世界新秩序的形成提供理论依据。《邓小平文选》第三卷回答了这个问题，在这方面邓小平同志从理论到实践都做出了重大贡献。

一、马克思主义时代观的演变及评价

关于时代的特征和主流问题，是马克思主义一贯重视的问题。马克思主义创始人和继承人曾根据自己所处的国际环境和世界局势对时代作过一些重要论断。战后，我们的时代发生着巨变，但对时代的理论分析都滞后，传统的时代观影响着新型国际关系的建立，这里有必要对过去的时代观及其演变作些分析。

1. 自由资本主义与无产阶级革命开始的时代。马克思、恩格斯一贯关注时代问题，他们运用自己创立的唯物史观，对当时的时代及其发展趋势作过精彩的分析，沉重打击了资产阶级学者粉饰资本主义现实，把资本主义视为千年王国的说教。

在《共产党宣言》中，马克思、恩格斯以分析资本主义的社会基本矛盾和阶级矛盾出发，认为资本主义的工业化和生产的社会化愈发展，生产的无政府状态和人民的贫困同样发展起来，其基本矛盾发展

到激烈对抗地步。资本主义生产关系本质存在着对抗性矛盾,资本主义生产方式造成了两个对抗的阶级,即无产阶级与资产阶级,而现在正是无产阶级通过革命而加速资本主义灭亡的时期。《宣言》这样讲:"资产阶级生存和统治的根本条件,是财富在私人手里的积累,是资本的形成和增殖,资本的生存条件是雇佣劳动,雇佣劳动是完全建立在工人的自相竞争之上的。资产阶级无意中造成的而又无力抵抗的工业进步,使工人通过联合而达到革命的团结代替了他们由于竞争而造成的分散状态。于是,随着大工业的发展,资产阶级赖以生产和占有产品的基础本身也就从它的脚下被挖掉了。它首先是它自身的掘墓人。资产阶级的灭亡和无产阶级的胜利是同样不可避免的"。①由此马、恩得出结论:时代已经进入到无产阶级革命时代。在这个时代,最革命的阶级是无产阶级,其他阶级或者同资产阶级有着千丝万缕的联系,或者是一些只图眼前利益,看不到长远利益的小生产者。无产阶级革命的对象是资产阶级,革命的目的是消灭资本主义的雇佣剥削制,建立社会主义制度。他们明确宣布"用暴力推翻全部现存制度",同一切传统的所有制关系和所有制观念彻底决裂。

在《资本论》中马克思创立了剩余价值理论,并运用这个理论分析了当时的时代特征,指出历史已经进入资本主义的雇佣剥削制度走向全面反动,无产阶级革命时代已经到来的时期。马克思认为资本主义的生产是剩余价值的生产,为了摄取最大利润,资产阶级将采用加强劳动强度,延长劳动时间或改进生产技术等手段,不断提高剩余价值率,加强对工人阶级的压榨,使资产阶级一方财富迅速增长,使劳动人民一方贫穷日益增长。特别是在马克思所处的时代,由于资本

①《马克思恩格斯选集》第一卷,第263页。

家之间的竞争,资本的日益国际化,资本的集中和集聚不断发展,从而垄断的趋势已经产生。在马克思看来垄断的产生会更增强资本主义生产方式的对抗性,加深工人阶级的苦难。这个时候,资本主义的丧钟已经敲响,无产阶级革命时马克思写道:

"随着那些掠夺和垄断这一转化过程的全部利益的资本巨头不断减少,贫困、压迫、奴役、退化和剥削程度不断加深,而日益壮大的、由资本主义生产过程本身的机构所训练、联合和组织起来的工人阶级的反抗也不断增长。资本的垄断成了与这种垄断一起并在这种垄断之下繁盛起来的生产方式的桎梏。生产的集中和劳动的社会化,达到了同它们的资本主义外壳不能相容的地步。这个外壳就要炸毁了。资本主义的丧钟就要敲响了。剥夺者就要被剥夺了。"①马克思主义创始人从 19 世纪资本主义发展的现实出发,揭示了资本主义经济运动的客观规律,创立了剩余价值理论,而以这一理论为基础,分析了自由资本主义时期世界形势,从而对时代的特点做出了论断,提出人类正处在资本主义走向解体的无产阶级革命时代。这个论断在当时来说无疑有事实根据和科学根据的。19 世纪资本主义经济危机、无产阶级贫困化程度加深和工人运动兴起的现实,都支持了马克思关于时代的科学论断。1848 年在欧洲发生的法国二月革命、德意志的三月革命、意大利的西西里人民起义和维也纳的三月起义。1864 年第一国际的建立,1871 年第一个无产阶级政权——巴黎公社的建立,欧洲、美洲工人阶级政党的纷纷建立,亚洲革命风暴的兴起,这一切都证明,资本主义世界的根基在动摇,资本主义的掘墓人——工人阶级走上了历史舞台,无产阶级占主体地位的革命运动成为历史的浪潮。

---

①马克思著《资本论》第 1 卷。《马克思恩格斯全集》第 23 卷,第 831—832 页。人民出版社 1972 年。

尽管，马克思、恩格斯没有亲眼看到在哪一个国家工人阶级掌握了政权变成了统治阶级，但马克思在十九世纪对资本主义世界和整个世界形势的论断还是符合历史事实的。当然，不能要求马克思尽善尽美，马克思当时不可能完全把握现代科学技术进一步发展带来的资本主义内在矛盾的新变化；在此后财富积累过程中工人阶级的生活水平有所提高，绝对贫困化居次位的新情况，资本主义利用国家干预手段，延缓经济危机发生的新现象。这应当是马克思主义继承人思考的问题和完成的任务。

2. 帝国主义与无产阶级革命的时代观。列宁全面分析了 20 世纪初期的世界政治经济形势，特别是分析了自由资本主义转变到帝国主义阶段的历史发展趋势。列宁在马克思关于剩余价值理论的基础上提出了关于帝国主义的理论，列宁指出："20 世纪初期的时代，自由资本主义已发展到帝国主义，帝国主义最显著的特征是垄断。"这是由于发展生产集中到少数大的企业和股份公司垄断了资本主义的经济命脉；银行和工业融合生长，形成金融寡头对资本主义经济的统治；在对外经济关系上以商品输出为主变成以资本输出为主；同时资本家的垄断同盟有了巨大发展，由分割国内市场到分割国外市场；在对外经济掠夺的同时，出现了帝国主义列强对世界领土的瓜分。从资本主义内在的矛盾分析出发，列宁揭示了自由资本主义发展到帝国主义的客观过程。列宁对帝国主义的特征作了深刻分析，认为帝国主义是垄断的资本主义，同时是寄生的或腐朽的资本主义。列宁指出：垄断制、寡头制代替了自由的统治趋向，极少数最富强的国家剥削愈来愈多的弱小国家，这一切便产生了帝国主义的一些特点，使人必须说帝国主义是寄生的或腐朽的资本主义。帝国主义的趋势之一，即形成"食利国"，高利贷国的趋势愈来愈明显了，这种国家的资产阶

级愈来愈依靠输出资本和"剪息票"为生了。①同时列宁断言,在帝国主义时代,资产阶级对无产阶级的剥削进一步加深,劳资矛盾更加尖锐化,"帝国主义已经处于腐烂状态中",帝国主义是资本主义的最高阶段也是最后阶段,帝国主义是无产阶级革命的前夜。

从 20 世纪初期,从资本主义和整个世界历史发展的实际趋势看,列宁关于帝国主义和无产阶级革命时代的时代观是正确的。从西欧资本主义国家的情况看,剩余价值率有时超过百分之百,有些国家财富和工业生产的 60%~80% 集中到垄断寡头手里。从 20 世纪 70 年代起,帝国主义列强掀起了瓜分殖民地的浪潮,到二十世纪初,整个世界已被英、法、俄、德、美、意、日、比、葡等国基本瓜分完毕。由于帝国主义发展的不平衡,引起了列强之间的尖锐矛盾和争夺。20 世纪初期,出现了法德矛盾、英俄矛盾、日俄矛盾等帝国主义争夺和对抗的现象,后来又形成了德奥意同盟和英法俄同盟,这两个帝国主义集团不断掀起局部战争和地区冲突,其中有波斯尼亚危机、三次摩洛哥危机、两次巴尔干战争。

1914 年,竟发生了两个帝国主义军事同盟所掀起的第一次世界大战。在第一次世界大战前后,整个欧洲和俄国以及美国和亚非拉地区的工人运动、无产阶级的革命斗争风起云涌。列宁利用第一次世界大战帝国主义衰弱不堪的时机,领导俄国无产阶级取得了十月革命的胜利,建立了第一个社会主义国家。

历史的进程证明列宁的论述是科学的、正确的。列宁在时代观上的英明见解,还表现在他看出帝国主义国家经济政治发展的不平衡规律、无产阶级革命在不同国家成熟程度的不同,从而修正了马克思主义关于社会主义革命只有在一切或大部分文明国家同时发生才能

---

①《马列著作选读》,人民出版社,1988 年,第 318 页。

胜利的结论。列宁指出,经济政治发展的不平衡是资本主义的绝对规律,由此就应得出结论:社会主义可能首先在少数或者甚至在单独一个资本主义国家内获得胜利。但列宁对时代的论述反映了 20 世纪初期的历史状况,20 世纪中期以后世界历史的变化列宁难以作完全精确的描述,列宁关于帝国主义基本处在腐朽、寄生、垂死阶段的结论,不完全符合 20 世纪中期以后垄断与竞争并存,大公司与中小型企业并存发展的情况,所以我们对列宁的时代观既要看到它的科学性,又不能教条主义地生搬硬套。

3. 关于帝国主义走向全面崩溃和社会主义走向全面胜利的时代观。斯大林的时代观基本上坚持列宁关于帝国主义和无产阶级革命时代的观点,但他在二次世界大战前却遇到一个新问题。就是资本主义出现了稳定现象,社会主义出现了退潮。面对这种情况,斯大林一方面坚持列宁关于我们的时代 "是各主要无产阶级国家走向胜利的时代",但是他承认这个时代要经历几十年的发展过程,存在"冲突和战争、进攻和退却、胜利和失败"了。但是二次世界大战以后,斯大林在胜利面前对时代和形势也产生很多错觉,认为苏联国内已经进入到建设共产主义的历史时期,并且制定了走向共产主义的一系列方针政策。又鉴于世界上出现了许多社会主义国家,形成了社会主义阵营,就认为帝国主义已经走向了全面腐朽和反动,无产阶级在全世界的胜利已成为历史的必然,而且斯大林还提出了一些革命输出的主张。从此世界历史出现了美苏两个超级大国、两种军事集团、两种社会制度及其从属力量之间的冷战时期。但冷战时期历史的实际进程在许多方面偏离了斯大林的结论。

二次世界大战之后和新中国成立后相当长的一段历史时期,毛泽东主席对时代的基本看法是帝国主义走向灭亡、全世界社会主义走向胜利的时代。1947 年 12 月 25 日,毛主席在《目前形势和我们的任务》一文中指出:"现在是全世界资本主义和帝国主义走向灭亡,全世界社会主义和人民民主主义走向胜利的伟大时代,曙光就在前面,我们应当努力。"1958年,我们党进一步分析了国际形势,认为我们所处的时代是"帝国主义走向崩溃,社会主义走向全世界胜利的时代"。此后,党内一致赞同毛主席的观点"敌人一天天烂下去,我们一天天好起来"。1960年,毛主席在对外宾的一次谈话中讲:帝国主义的寿命不会很长了,他们做尽了坏事,全世界受压迫的人民绝不会饶恕他们。1968年,毛泽东在《支持美国黑人抗暴斗争的声明》中说:"可以肯定,殖民主义、帝国主义和一切剥削制度的彻底崩溃,世界上一切被压迫人民、被压迫民族的彻底翻身,已经为期不远了"。1970年,毛主席进一步强调我们时代的特点主要是革命,他说:"新的世界大战的危险依然存在,各国人民必须有所准备,但是,当前世界的主要倾向是革命"。由上所述,可知三中全会以前,我们对时代的基本看法是:帝国主义走向崩溃,一天天烂下去,无产阶级的革命和民族解放运动不断高涨,社会主义即将走向全世界的胜利。但是后来,面对着中苏关系的破裂,苏联"三和""两全"和平政策的提出,东欧一些国家进行某些允许市场发展的改革,第三世界国家之间的冲突,毛主席和党中央对社会主义胜利的历史期限问题有了新的认识,认为帝国主义的灭亡和社会主义在全世界的胜利是五十年到一百年内外才能完成的事业,当前的任务是反对帝国主义、反对修正主义和各个反动派。把社会主义革命在全世界胜利的时间推迟了五十到百年以内,这是对时代特征认识上的一种较大的变化,是冷静观察时局的结果,但是对我们时代的基本特征一直持传统的看法。

关于"我们的时代是帝国主义走向全面崩溃、社会主义走向全面胜利的时代"的观点是否正确?

我们认为,上述时代观也反映了一定时期世界历史发展的现实和某些特殊历史现象,例如一些资本主义国家周期性经济危机的发生、失业大军数量的增长、殖民体系的瓦解、独立国家的大量出现、局部战争的频繁、新的社会主义国家的出现,这一切反映了帝国主义衰朽的方面在继续发展,革命力量还在继续成长。但是,上述时代观却严重脱离了当今世界发展的新情况和新特点,是教条主义思维方式在国际形势问题上的具体表现。事实上,战后资本主义国家进入了新的发展阶段,资本主义由一般垄断转变为国家垄断,资本主义国家通过国家干预和宏观调控、反危机措施调整了资本主义的生产关系,发达资本主义国家经济、政治、社会出现了新现象和新发展。如产业结构进一步高级化,劳动生产水平进一步提高,工人的收入有所增加,人民的生活状况有所改变,第三次科技革命使资本主义科学、教育和文化得到很大发展,劳动者的素质普遍有所提高,城乡之间、工农之间、脑体力劳动之间差别逐渐缩小,资本主义国家社会安定、政治稳定、工人运动处于低潮。国际分工和经济生活的国际化进一步发展,资本主义制度的生命力并没有完结,仍然在继续前进;同时,在社会主义国家出现体制僵化、劳动生产率下降、人民生活水平普遍低下,上层建筑领域官僚主义、腐败现象恶性发展,社会主义阵营内部出现争论、争吵和分裂,甚至相互之间发生冲突和动武,80年代以后,不少社会主义国家放弃社会主义制度,投向资本主义怀抱,在发展中国家中,战后100多个国家,只有少数走社会主义道路,绝大多数走资本主义道路,这一切说明关于帝国主义全面崩溃、社会主义走向全世界胜利的结论带有主观性、片面性和空想性,应当对我们的时代做出科学的、符合时代发展的结论,这个任务历史地由邓小平同志完成了。

二、邓小平关于和平与发展是当代世界两大主题的时代观

邓小平同志冷静地、客观地分析了世界时局的变化,纠正了冷战时期那种"全面崩溃"和"全世界胜利"的传统时代观,对我们所处的时代的本质特点和历史发展的主流做出了马克思主义的科学论断,这就是和平与发展是当代世界的两大主题。1984年5月,邓小平对外宾谈话时指出:"现在世界上问题很多,有两个比较突出。一是和平问题,现在有核武器,一旦发生战争,核武器就会给人类带来巨大的损失。要争取和平就必须反对霸权主义,反对强权政治。二是南北问题,这个问题在目前十分突出。发达国家越来越富,相对是发展中国家越来越穷。南北问题不解决,就会对世界经济的发展带来障碍"。①1985年3月4日,邓小平同志同日本商工会议所访华团谈话时再一次指出和平与发展是世界的两大问题,"现在世界上真正大的问题,带全球性的战略问题,一个是和平问题,一个是经济问题或者说发展问题。和平问题是东西问题,发展问题是南北问题。概括起来,就是东西南北四个字"。②小平对时代的分析反映了战后国际关系和世界经济的新变化和新特点。

一是在冷战时期世界多数国家都强烈反对战争、呼唤和平。战后形成了美苏两极对抗的冷战局面,核竞赛和扩军备战卷走了人类创造的千亿美元财富;局部战争使数以万计的生灵遭到毁灭;无论是资本主义国家还是社会主义国家还是其他制度的国家都逐步认识到,未来的核战争或其他任何形式的世界性战争不会有谁是胜利者。所以,从60年代起,人类要求和平的呼声越来越高,从60年代开始,两大对抗集团之间的相互往来越来越多,禁止核武器,削减常规武器,裁减现役大军,签订局部和平条约的事例越来越多。正如邓小平同志所分析的,尽管战争危险仍然存在,但和平的因素在不断

---

① 《邓小平文选》第三卷,人民出版社,1993年,第56页。
② 《邓小平文选》第三卷,人民出版社,1993年,第105页。

增长。

二是世界经济出现了国际化和集团化的趋势。正如邓小平讲的，我们所处的世界是开放的世界，国际经济关系空前发展，世界出现了许多经济一体化组织，如"经互会""欧洲经济共同体""欧洲自由贸易联盟""北美自由贸易区""拉美南锥体""东盟自由贸易区"。同时，经济活动加速国际化，各国在经济上的相互渗透和依赖不断加深，商品、劳务和资金的国际扩展十分迅速，全球性直接对外投资以年率30%的速度递增，企业的国际化经营也有很大发展。

三是第三次科技革命的浪潮凶猛异常，信息世界使全球结为一体，冲破了世界对抗的格局。二战后世界出现了第三次科技革命浪潮，世界高科技以迅猛的速度向前发展，信息技术、微电子技术、通信技术、激光技术、束能技术、人工智能技术、精确制导技术、新材料技术、新能源技术、超导技术、隐形技术、生物工程技术、航天技术、海洋开发技术等等使人类经济生活、社会生活不断发生突破性的变化，科学技术的发展突破了不同社会制度之间的隔离状态，使各个国家和各个地区出现了空前的交往和相互联系、相互依存的局面。科学技术迅速转化为生产力，推动经济的迅猛增长，发达国家科技因素在国民生产总值增长中，20世纪初仅占 5%~20%，而 80 年代则高达 60%~80%，所以邓小平说我们处在一个高科技时代。世界已从集团对抗和军事对抗逐步转向科技竞争，例如，美国提出了攻防兼备的超级工程——星球大战战略，西欧则以"尤里卡"跨国合作计划相抗衡，日本提出了科技立国的基本国策，德国开展了"技术摇篮"的建设，英国大建"科学园"。

四是在国际政治生活中，出现了不同意识形态和社会制度之间的和平共处。二次世界大战后，两大对立集团的冲突，实际是不同意识形态和社会制度的冲突。但 60 年代以后，两大对立阵营逐步瓦解，国家利益和民族利益的地位上升,于是不同意识形态、不同社会制度的国家其交往日益增多,特别是中日关系和中美关系正常化以后,国际政治力量进行了重新组合与分解。国际关系的发展证明,社会制度和意识形态虽然不一致,但可以存在友好的国家关系。

五是世界经济问题十分突出。战后发达资本主义国家的经济经过恢复和整顿出现了高速增长的局面,但70年代以后出现世界性的经济危机,资本主义经济出现"滞胀"现象,即经济增长停滞,通货膨胀严重和失业的增长。80年代中期以后,资本主义经济又出现了严重衰退现象,至今恢复乏力。世界经济问题的另外一个问题是南北矛盾突出,就是所谓"穷国越穷、富国越富",据世界银行最近的年度报告指出:发展中国家有1/3(约10亿)的人口生活在贫困之中,占世界人口不到16%的发达国家却拥有世界70%的财富,发展中国家的债务日益沉重,1990年底,债务总额已达13410亿美元,年还本付息额超过1300亿美元,1989年以前,111个发展中国家有50个债务国,1982年已达85个债务国。拉丁美洲的一些国家人均国民生产总值倒退到14年前的水平。

由上所述,说明邓小平关于和平与发展是当代世界两大主题的时代观完全正确地反映了当代世界政治经济发展的新特点,反映了人类渴求和平、希望发展的强烈愿望,也反映了世界历史走向和平与经济繁荣的必然趋势。

邓小平对世界形势的分析,对时代特征的判断,突破了传统的、教条主义的时代观,是运用马克思主义立场、观点和方法分析时代问题的典范。对传统的时代观来说,他的主要突破表现为:"他从国际形势的新变化和新情况出发,承认资本主义还在继续发展的客观事实,但纠正了帝国主义的"全面崩溃"说,给不同制度国家之间的国际交往与合作提供了理论依据。他突破了无产阶级革命是世界的主流和阶级斗争是社会主义国家的中心任务的观点，承认资本主义国家的生产关系有所调整，劳资矛盾有所缓解，工人阶级革命的高潮还未到来，社会主义国家包括中国在内主要不是消灭阶级差别的问题，而是解决贫穷和落后的问题，一句话，是解决发展的问题。他还突破了帝国主义就是战争。第三次世界大战即将爆发的理论和观点，正确地断言冷战走向结束，世界从总体上出现了缓和的趋势，东西方矛盾在缓和，世界对立的军事集团出现解体，预防战争发生的因素和条件大大增长，人类面临的主要问题是争取在和平的国际环境下发展科技和经济，步入世界文明的大道。

三、从时代特点出发，寻求建立国际新秩序的途径

邓小平同志非常关注国际新秩序的建立问题。他 1990 年在对一些中央负责同志的谈话中说："现在旧的格局在改变中，但实际上并没有结束，新格局还没有形成。和平与发展两大问题，和平问题没有得到解决，发展问题更加严重。"①邓小平同志对国际新秩序的建立总是从和平与发展这一当代世界历史发展的总趋势出发，寻求有效的途径。邓小平对国际新秩序建立的途径，主要有以下的正确思路：

第一，通过东西对话解决和平问题。邓小平同志认为现在世界有两个带全球性的战略问题，一个是和平问题，一个是经济问题或者说是发展问题，和平问题就是东西问题，也就是东方和西方的矛盾和冲突问题，小平主张在解决东西方问题上，不宜继续采取冷战形式，而是要用对话来代替对抗。小平说："要坚持同所有的国家来往，对苏联对美国都要加强来往。"在小平战略思想的指导下，我们同美国和西

---

①《邓小平文选》第 3 卷，人民出版社，1993 年，第 353 页。

方国家,加强对话,开展交往,使中美关系、中英关系、中日关系都得到了改善和发展。在冷战结束后,东西方对话和合作有越来越密切的势头,华约军事联盟解散。北约集团把进攻型战略转为防御型战略,原来许多东方国家、第三世界国家同西方国家在国际贸易、技术交流、国际投资等方面的联系进一步加强。看来小平讲的"我主张东西方对话"的论断是实现东西方和解和推进整个世界和平的重要途径。

第二,加强南北交往,实现南南合作。小平说:"南北问题是核心问题",所谓南北问题其实是经济问题,现在体现在北部富裕地区的发达国家发展越来越快,财富越来越增长,而贫穷落后的南半球其贫困状态有所发展。小平指出:"现在世界人口是 49 亿,第三世界人口大约占世界人口的四分之三,其余四分之一的人口在发达国家,包括苏联、东欧(东欧不能算很发达)、西欧、北美、日本、大洋洲的澳大利亚、新西兰,共十一二亿人口。很难说这十一二亿人口的继续发展能够建筑在三十多亿人口的继续贫困的基础上。当然,第三世界有一部分国家开始好起来,但还不能说已经发达了,而大部分国家仍处在极其贫困的状态,他们的经济问题不解决,第三世界的发展,发达国家的继续发展,都不容易。"①邓小平认为南北合作,相互加强经济联系,这不仅对南方的发展有好处,而且对北方的发展也有好处。邓小平说:"南方要改变贫穷和落后,北方也需要南方发展。南方不发展,北方还有什么市场? 资本主义发达国家遇到的最大问题是发展速度问题,再发展问题"。除了南北之间改善经济关系、加强合作和交往外,还有一个重要问题是南南合作,也就是发展中国家的合作问题。邓小平讲:"世界上有许多贫困的国家,它们都有自己的特点,都有通过合

①《邓小平文选》第 3 卷,人民出版社,1993 年,第 106 页。

作取得发展的愿望和条件。南南之间发展合作关系是很有前途的,有很多事可以做"。①为什么要重视南南合作呢? 小平认为,发达国家不乐意多拿出钱支援发展中国家, 也不愿把先进技术转让给发展中国家,所以穷国对富国采取等、靠、要的路子是走不通的。而发展中国家又有许多优势和发展潜力,例如资源丰富、劳动工资成本低、市场前景广阔, 特别是发展中国家相互之间的经济交往会得到比较大的比较利益。发展中国家经济复兴起来,对发达国家会更有吸引力,它们的资金技术会更多地投入到发展中国家。

所以小平得出这样正确的结论:"所以, 第三世界仅寄希望于南北问题的解决是不够的,南南之间还要进行合作。在可能的范围内,通过这种合作总能解决一些问题。这些年来第三世界有一些发展,各国都有一些好的东西,可以相互交流和合作。改变国际经济秩序。首先是解决南北关系问题,同时要采取新途径加强南南之间的合作。"②

第三,用"一国两制"方式突破社会制度和意识形态的对抗。冷战时期,把意识形态和社会制度的对抗放在突出位置。东西方矛盾、北约与华约之间的矛盾、美苏矛盾、南北韩矛盾、东西德矛盾、大陆与台湾地区的矛盾,集中表现在意识形态的差异和对抗上。40多年来,国际冲突及争端解决的历史经验表明,以意识形态和社会制度画线,用武力形式解决国际争端, 只能导致世界局势的动荡和两败俱伤的结果。为此,小平创造性地提出了解决大陆和台湾地区统一的原则,这就是"一个国家、两种制度,"就是大陆和台湾地区统一后,台湾地区可以长期搞资本主义、大陆搞社会主义,但都是一个统一的中国。邓

---

①中共中央文献研究室:《建设有中国特色的社会主义》甘肃人民出版社,1987年,第83页。

②《邓小平文选》第3卷,人民出版社,1993年,第20页。

小平认为"一国两制"这种方式可以推广到解决许多国际争端,以此来建立国际新秩序。1984年2月22日,邓小平会见美国乔治城大学战略与国际问题研究代表团时讲道:"世界上有许多争端,总要找个解决问题的出路。我多年来一直在想,找个什么办法,不用战争手段而用和平方式,来解决这种问题。我们提出的大陆与台湾地区统一的方式是合情合理的。统一后,台湾地区仍搞它的资本主义,大陆搞社会主义,但是是一个统一的中国。一个中国,两种制度,香港地区问题也是这样,一个中国,两种制度。香港与台湾还有不同,香港是自由港。世界上的许多争端用类似这样的办法解决,我认为是可取的。否则始终顶着,僵持下去,总会爆发冲突,甚至武力冲突。如果不要战争,只能采取我上面讲的这类方式。这样能向人民交代,局势可以稳定,并且是长期稳定,也不伤害哪一方。各位是研究国际问题的,请好好了解和研究一下我们对台湾、香港问题提出的解决方式。总要从死胡同里找个出路。"[①]事实证明,邓小平提出的"一国两制",确实带有解决国际争端的普遍意义,朝鲜和韩国是两个社会制度根本不同的对立政权,已通过和平途径相互承认,同时进入联合国,东德和西德两个根本对立的政权通过和平方式实现了统一,中国已用"一国两制"的方式,解决了香港和澳门回归祖国的问题,这一切说明,"一国两制"方式对解决国际争端具有探索意义。

第四,和平共处五项原则是建立国际新秩序的准则。目前,旧的世界格局已经解体,新的世界格局正在形成,世界普遍在议论建立国际新秩序的方式。一些国家主张通过称霸或大国主宰形式建立国际新秩序;有人认为未来的国际新秩序建立在美国一极主宰下;有人又认为,未来的国际秩序建立在美、日、欧合霸世界基础之上;还有人认

---

①《邓小平文选》第3卷,人民出版社,1993年,第49页。

为,未来的世界是由三个经济强方,即美国、日本、欧洲,三个军事强国即美国、俄罗斯、中国主宰世界。而美国、日本和欧洲都在国际新秩序的建立中,突出自己的地位和作用。邓小平认为用称霸的方式和霸权主义手段建立新的国际秩序是过时的办法,是行不通的。邓小平认为,建立国际新秩序只能以和平共处五项原则为基础,早在1984年10月,他就明确指出:"处理国与国之间的关系,和平共处五项原则是最好的方式。其他方式,如'大家庭'方式、'集团政治'方式、'势力范围'方式,都会带来矛盾,激化国际局势。总结国际关系的实践,最具有强大生命力的就是和平共处五项原则。"①1988年12月,小平同志又明确指出:"至于国际政治新秩序,我认为,中印两国共同倡导的和平共处五项原则是最经得住考验的。这些原则的创造者是周恩来总理和尼赫鲁总理。这五项原则非常明确,干净利落,清清楚楚。我们应当用和平共处五项原则作为指导国际关系的准则。我们向国际社会推荐这些原则来指导国际关系,首先我们两国之间的关系要遵循这些原则,而且我们同各自的邻国之间的关系也要遵循这些原则。"②事实上,当今世界只能走和平共处的路子,再不能把意识形态和社会制度的对抗放在国际关系的首位,而要更多地着眼于各个国家民族利益和经济发展,世界各国人民都需要一个和平的环境,需要把国家的重点转到发展经济、提高科学技术水平方面来,坚持和平共处五项原则确实是建立国际新秩序的有效途径。

原载于《兰州学刊》,1994年第1期

①《邓小平文选》第3卷,人民出版社,1993年,第96页。
②《邓小平文选》第3卷,人民出版社,1993年,第283页。

马克思主义生产力学说的重要发展

——学习《邓小平文选》第三卷有关 生产力发展的论述

邓小平著作中的一条红线就是论证在建设有中国特色社会主义过程中如何以经济建设为中心,以生产力为标准,推动我国的现代化事业。他从不同的侧面,不同的角度发展了马克思主义的生产力理论。

一、生产力中心观

马克思主义以前的思想家都把社会发展的动力看成是杰出人物的思想动机和某种理论方案。马克思第一次揭示了人类社会存在和发展的基础是物质资料的生产和再生产,在社会运动和变革中,最主要最活跃的推动因素是生产力。马克思恩格斯指出:"人们为了能够'创造历史',必须能够生活。但是为了生活,首先就需要衣、食、住以及其他东西。因此第一个历史活动就是生产满足这些需要的资料,即生产物质生活本身。"①这就深刻地揭示了人类社会生存发展的第一需要,就是生产物质资料,就是发展生产力。尽管人们的习惯和常识都应该懂得物质资料的生产是人类存在和发展的最重要的条件,但是,数千年来,多数人还没有上升到理论,上升到经济学说上来认识

①《马克思恩格斯选集》第 1 卷,第 32 页。

这一问题。马克思还从研究人类社会基本矛盾运动方面揭示了生产力对社会发展的最终决定作用。马克思在《政治经济学》序言中说："社会物质生产力发展到一定阶段，便同它们一直在其中活动的现存生产关系或财产关系（这只是生产关系的法律用语）发生矛盾。于是这些关系便由生产力的发展形式变成生产力的桎梏，那时社会革命的时代就到来了。随着经济基础的变更，全部庞大的上层建筑也或快或慢地发生变革。"当然，马克思主义始创人并没有把生产力的作用绝对化，也充分估计到了生产关系对生产力、上层建筑对经济基础的反作用，特别是他看到国家机器、政府的运作能力、杰出的人物在历史上的作用。《恩格斯致约·布洛赫》的信中对社会其他现象的反作用这样讲道："经济状况是基础，但是对历史斗争的进程发生影响并且在许多情况下主要是决定着这一斗争的形式的，还有上层建筑的各种因素：阶级斗争的各种政治形式和这个斗争的成果——由胜利了的阶级在获胜以后建立的宪法等等，各种法权形式以及所有这些实际斗争在参加者头脑中的反映，政治的，法律的和哲学的理论，宗教的观点以及它们向教义体系的进一步发展。"马克思也讲过"暴力是旧制度孕育着新制度的助产婆。"但他认为，归根结底，在历史上起决定作用的是生产力的作用、经济的作用。他说，暴力实际上"是一种经济力"。

马克思主义的继承人和马克思主义学者一般都赞同马克思关于生产力是社会发展动力的观点。普列汉诺夫等杰出的马克思主义者在许多著作中都阐述和发挥了马克思关于生产力是社会发展动力的唯物主义理论。列宁在论证无产阶级革命和社会主义建设问题时，总是从生产力的发展水平来研究革命的条件、建设的基础。毛泽东在他的很多著作中，也肯定生产力是动力的观点。

然而，在社会主义建设的实践中，许多社会主义国家偏离了马克思主义关于生产力是动力的理论和主张，过分夸大生产关系和上层建筑的反作用。在苏联革命取得胜利以后，曾把变革生产关系和开展阶级斗争作为社会主义社会的中心工作，虽然公有化的程度提高得很快，但在科学技术和经济的整体水平方面落后于发达国家。在我国，马克思的生产力学说遭到严重曲解和践踏。在理论上，认为人类的历史是阶级斗争史；在国家的主要任务上，确定无产阶级对资产阶级的斗争、社会主义对资本主义的斗争为中心任务。在社会主义建设过程中，忽视生产力本身的发展，降低经济工作和地位，把变革生产关系当作基本任务。同时，还宣传上层建筑决定论，无休止地搞政治运动，宣称社会主义的本质是"消灭三大差别"，甚至把平均主义、贫困落后看成是社会主义的优越性。

邓小平同志长期坚持马克思主义发展生产力是动力的观点，在社会主义建设的各个历史阶段，他总是力主把经济发展放在首位，把生产力作为反映社会主义制度优越性的试金石。三中全会以后，邓小平对马克思生产为中心的理论进行了多方面的阐述和发展。

其一，邓小平认为，生产力和经济发展决定上层建筑的发展，也决定社会主义生产关系的巩固。邓小平在 1980 年分析形势和任务时提出：我国八十年代主要要办三件大事，其中有在国际事务中反对霸权主义和维护世界和平；台湾回归祖国和国家统一；加紧经济建设，但是他说："三件事的核心是现代化建设。这是我们解决国际问题，国内问题的最重要条件。"他认为，我国在国际事务中作用的大小要取决于我国经济建设成就的大小，我们的物质力量强大起来，在国际事务中的力量就会大。国家的统一也决定于我们的生产力水平和经济力量，我国的四个现代化建设搞好了，经济发展了，就会有搞好统一的力量。在 1982 年，在党的十二次代表大会的《开幕词》中，他重申了八十年代经济建设是核心的问题。邓小平还从分析我国的主要矛盾入手,阐述了发展生产力为中心任务的观点。他在《一心一意搞建设》这篇文章中说:"国家这么大、这么穷,不努力发展生产,日子怎么过?我们人民的生活如此困难,怎么体现社会主义的优越性?""因此我强调提出要认真地坚决地把工作重点转移到经济建设上来。"①

其二, 从马克思主义的原则和社会主义的本质阐述生产力的中心作用。邓小平批驳了一些人把社会主义看成穷,把资本主义看成富的观点,提出了社会主义的本质是要富,要发展生产力。他说:"四人帮,叫嚷要搞'穷社会主义''穷共产主义',胡说共产主义主要是精神方面的,简直是荒谬之极!我们说,社会主义是共产主义的第一阶段。落后国家建设社会主义,在开始的很长一段时间内生产力水平不如发达的资本主义国家,不可能完全消灭贫穷。所以,社会主义必须大力发展生产力,逐步消灭贫穷,不断提高人民的生活水平。"②邓小平还认为,实现共产主义的远大理想也要发展生产力。他说:"马克思主义的另一个名词就是共产主义。我们多年奋斗就是为了共产主义,我们的信念理想就是要搞共产主义。在我们最困难的时期,共产主义理想是我们的精神支柱,多少人牺牲就是为了实现这个理想。共产主义是没有人剥削人的制度,产品极大丰富,各尽所能,按需分配。按需分配,没有极大丰富的物质条件是不可能的。要实现共产主义,一定要完成社会主义阶段的任务。社会主义的任务很多,但根本一条就是发展生产力,在发展生产力的基础上体现出优于资本主义,为实现共产主义创造物质基础。"③邓小平在另外一篇文章中还说:"马克思主义的基本原则就是要发展生产力。马克思主义的最高目的就是要实现

---

①《马克思恩格斯选集》第 1 卷,第 32 页。
②《邓小平文选》第三卷,人民出版社,1993 年,第 10—11 页。
③《邓小平文选》第三卷,人民出版社,1993 年,第 10 页。

共产主义,而共产主义是建立在生产力高度发展的基础上的。"①

从邓小平的一系列科学论断揭示了马克思主义关于社会主义的本质要求,这就是:资本主义制度造成了劳动人民的贫困,才引起无产阶级的革命,而革命的目的就是要实现生产力的高度发展和劳动人民生活水平的不断提高,达到共同富裕。生产力的高度发展,物质财富的极大丰富,是社会主义和共产主义革命的最终目标,开展暴力革命,消灭三大差别,消灭剥削,是实现共同富裕的手段,它们本身不是目的。过去"左倾"教条主义恰好在这个问题上颠倒了是非。其三,从当代国际竞争的特点出发,阐明生产力是中心的观点。邓小平认为,当今世界最中心的问题有两个:和平与发展。发达国家和发展中国家都应当看到发展经济的重大意义。他说:"发达国家应当清楚地看到,第三世界经济不发展,发达国家的经济也不可能得到较大的发展。"邓小平认为,当今世界国际间的竞争、国与国之间的竞争、地区之间的竞争主要表现在经济的竞争、综合国力的竞争,一句话表现在生产力水平的竞争上。邓小平认为,如果我们不大力发展生产力,我们在世界竞争中就会落后。他正告人们要承认周边一些国家在生产力发展水平上超过了我们,我们应当有紧迫感。邓小平在1991年同中央负责同志的谈话中指出:"现在世界发生大转折,就是个机遇。人们都在说'亚洲太平洋世纪',我们站的是什么位置?过去我们比上不足、比下有余,现在比下也有问题了。东南亚一些国家兴致很高,有可能走到我们前面。我们也在发展,但与他们比较起来,我们人口多,世界市场被别的国家占去了,我们面临着这么一个压力,算做友好的压力吧,我们不抓住机会使经济上一个台阶,别人会跳得比我们快得多,我们就落在后面了。"②邓

①《邓小平文选》第三卷,人民出版社,1993年,第137页。
②《邓小平文选》第三卷,人民出版社,1993年,第116页。

小平在 1992 年春巡视我国南方各地的谈话中又一次指出："现在,周边一些国家和地区经济发展比我们快,如果我们不发展或发展得太慢,老百姓一比较就有问题了。所以,能发展就不要阻挡,有条件的地方要尽可能搞快点,只要是讲效益,讲质量,搞外向型经济,就没有什么可以担心的。"①邓小平在谈到对香港和台湾的统一时,多次强调要发展大陆的经济,只有经济发展了,力量强大起来了,才能对台湾和香港产生巨大的吸引力。邓小平对世界经济竞争现状和特点的分析是完全正确的。当今世界哪一个国家在发展生产力上处于落后状态,它必然要吃亏挨打,败下阵来,这个问题对社会主义国家的教训是深刻的。

二、科学技术是第一生产力观

所谓生产力是人们创造物质财富的各种作用力。它的要素有三:这就是劳动本身、劳动对象和劳动资料。这是生产过程中最基本的要素,是狭义的生产力要素。马克思也充分看到广义的生产力要素,特别强调了知识和科学技术在现代生产力发展中是一个必不可缺的要素。他说:"劳动生产力是由多种情况决定的,其中包括:工人的平均熟练程度,科学的发展水平和它在工艺上应用的程度,生产过程的社会结合,生产资料的规模和效能,以及自然条件。"②科学及其在工艺上的应用,就是指科技生产力。马克思的论断揭示了现代生产力发展的特点。近代机器大生产产生以后,科学技术在生产力中的地位和作用越来越突出。马克思把机器称为"物化的知识力量",把科学技术看成生产力,把脑力劳动者同体力劳动者一样都看做是劳动者。所以,知识分子也是生产力的重要因素。

---

①《邓小平文选》第三卷,人民出版社,1993 年,第 369 页。
②《邓小平文选》第三卷,人民出版社,1993 年,第 375 页。

但在我国，对生产力问题一度严重偏离了马克思主义的理论轨道，主要表现为：一是用生产力的两因素取代马克思关于生产力的多因素思想，认为生产力就是生产工具和劳动者，抹杀了生产对象即资源、原材料、土地等生产力因素的作用，更抹杀了科学技术是重要的生产力；二是宣扬体力决定论，认为生产劳动主要是简单劳动，即体力劳动，抽象地讲人是生产力的决定因素，否定人口的质量标准，鼓吹人多是好事，造成人口生育的失控，抹杀了复杂劳动的社会作用，否定了劳动者的质量标准，实际上是小农的生产力观；三是宣扬异己力量论，认为知识分子属于资产阶级和剥削阶级的范畴，是异己的力量，甚至说"知识越多越反动"。由于对生产力理论上的曲解，在实践上带来了严重的恶果。

邓小平同志从 20 世纪 70 年代初重新工作后，就开始恢复科学技术在生产力中的地位和作用，他曾经主持制订了科学技术发展的汇报提纲。粉碎"四人帮"以后，他首先注目于中国的科学技术事业，并在 1978 年 3 月主持召开了全国科学技术大会。邓小平明确指出："现代科学技术的发展，使科学与生产的关系越来越密切了。科学技术作为生产力，越来越显示出巨大的作用。"[①]后来邓小平又多次提出："科学技术是第一生产力。"从许多方面阐述了这一深刻道理。首先，科学技术和智力在不断地渗透到生产力的其他基本要素之中。邓小平指出，历史上的生产资料都是同一定的科学技术相结合的。历史上的劳动力也都是掌握了一定科学技术的劳动力。当今世界科学技术迅猛发展，产生了许多新工艺、新技术，作为生产要素的劳动者的素质在不断提高，生产过程日益现代化，科学技术的因素渗透到生产设备、生产管理、产品销售和商品消费的各个领域。

①《马克思恩格斯全集》第 23 卷，人民出版社，1972 年，第 53 页。

其次，当今世界推动国民经济增长的主要因素是科学技术。邓小平讲："四个现代化，关键是科学技术现代化。没有现代科学技术，就不可能建设现代农业、现代工业、现代国防。没有科学技术的高速度发展，也就不可能有国民经济的高速度发展。"①邓小平的论断完全符合当今世界生产力发展的现实。邓小平从世界高科技巨大影响力阐述了科技在推动世界发展中的作用，他明确指出："过去也好，今天也好，将来也好，中国必须发展自己的高科技，在世界高科技领域中占有一席之地。如果60年代以来中国没有原子弹、氢弹，没有发射卫星，中国就不能叫有重要影响的大国，就没有现在这样的国际地位。这些东西反映一个民族的能力，也是一个民族、一个国家兴旺发达的标志。②

最后，邓小平还从知识分子是生产力的中坚这个角度阐明了科学技术是第一生产力。他认为"知识分子是工人阶级的一部分"，新中国成立后我国的高科技成就都是老一代科学家的重要贡献，他们的贡献推动了我国现代化的发展，也改变了我们国家的形象。邓小平指出："正确认识科学技术是生产力，正确认识为社会主义服务的脑力劳动者是劳动人民的一部分"。所以，他指示要发现人才、培养人才，还要大胆使用人才。他说："对那些真正有本事的人，要放手提拔，在工资级别上破格提高。"要开辟各类人才脱颖而出的道路。他提出要高度重视教育，因为教育是培养高素质的劳动者，培养科技人才的重要阵地。

三、生产力标准观

衡量姓"资"姓"社"的标准是什么？评价是非功过的标准是什么？判断先进落后的标准是什么？长期以来，我们曾把阶级斗争，把生产

---

① 《邓小平文选》(1975—1982年)，第84页。
② 《邓小平文选》(1975—1982年)，第83页。

关系的变革程度,把"一大二公"作为主要标准。粉碎"四人帮"后,邓小平针对这种是非颠倒的判断方法,提出了拨乱反正,重新认识是非的标准问题。他重申了检验真理的标准是实践,同时根据这种真理观,又提出了衡量经济工作和其他工作的标准问题。他明确告诉我们:"今后,政治路线已经解决了,看一个经济部门的党委善不善于领导,领导得好不好,应该主要看这个经济部门实行了先进的管理方法没有,技术革新进行得怎么样,劳动生产率提高了多少,利润增长了多少,劳动者的个人收入和集体福利增加了多少。各条战线的各级党委的领导,也都要用类似这样的标准来衡量,这就是今后主要的政治。离开这个主要的内容,政治就变成空头政治,就离开了党和人民的最大利益。"①此后,小平反复强调发展生产力是社会主义的本质要求,是马克思主义的根本原则,衡量社会主义优越性的主要标准是看生产力是否有所发展。根据小平的指导思想,党的"十三大"正式确定"是否有利于发展生产力,应当成为我们考虑一切问题的出发点和检验一切工作的根本标准。"在 1992 年,小平视察我国南方各地的谈话中,进一步提出了判断姓"资"姓"社"和判断功过是非的标准。"改革开放迈不开步子,不敢闯,说来说去就是怕资本主义的东西多了,走了资本主义道路。是否姓'资'还是姓'社'的问题,判断的标准,应该主要看是否有利于发展社会主义社会的生产力,是否有利于增强社会主义国家的综合国力,是否有利于提高人民生活水平。"②小平这里提到的判断的标准只有两层含义:一层是判断是否是社会主义性质的标准,另一层含义是是非功过的标准。

　　小平这里提到的三个"是否有利于"基本内容都是指生产力的发

---

① 《邓小平文选》第三卷,人民出版社,1993 年,第 279 页。
② 《邓小平文选》(1975—1982 年),第 140 页。

展,但三者之间既有联系,又有区别,是一种相互依存的统一体。是否有利于发展生产力,主要是指一个政策措施是否提高了生产力的各个要素和水平,是否有利于增强国家的综合国力,既指生产力整体水平的提高,又指经济社会的全面进步,既有物质文明的进步,又有精神文明的进步,是否有利于人民生活水平的提高,指的是生产发展中,人民是否得到了实惠,它是指生产力发展的结果对人民带来什么利益而言。总之,这三者的主体是生产力的发展水平,但同时涉及到社会发展的全面指标和综合指标,还涉及到生产力发展应达到的目的和结果。

邓小平还全面地论证了如何按照三个有利于的标准建设中国特色的社会主义的问题。

第一,邓小平指出:生产力的发展要表现在既有速度,又有效益上。我国的经济发展力争要隔几年上一个台阶,他认为低速度等于停步甚至等于后退。又指出,我们讲的速度不是不切实际的高速度,"还是要扎扎实实,讲求效益,稳步协调地发展。"

第二,小平提出我国生产力的发展要有不断递进的发展战略。生产力的发展是个永不停歇的、逐步递进的过程,不能停留在一个水平上。八十年代以来,小平曾多次提到我国在发展生产力方面分三步走的战略。第一步消除贫困、普遍解决温饱,国民生产总值比1980年翻一番;第二步,在20世纪末实现国民经济翻两番,达到小康水平,再经过三五十年的奋斗赶上中等发达国家水平。

第三,评价生产力水平还要进行国际上的横向比较。邓小平认为社会主义优于资本主义不只能从自身的过去进行纵向比较,还要同国际间进行横向比较,如果我们的生产力水平还赶不上周边国家,赶不上发达国家,我们就不能以为生产力发展得很好了,甚至还不能算一个合格的社会主义。即使我们实现了小康水平,我们同发达国家还是有很大的差距。

邓小平同志关于用"三个有利于"来衡量姓"资"姓"社"的标准，具有重要的理论意义和实践意义。他恢复和发展了马克思主义关于物质生产力是一切社会生活基础的观点，进一步阐述了在社会主义条件下发展生产力，建设好物质基础，提高生产力的迫切性和必然性。他批评和纠正了共产主义运动以来，一些人把变革生产关系放在首位，而抹杀生产力作用的唯心史观，在新的历史条件下，发展了马克思主义关于物质资料的生产是社会生存和发展基础的唯物史观。

"三个有利于"还解决了社会主义和共产主义在物质和精神上的标准的问题，阐明了社会主义的重要标准就是生产力的迅速发展，社会财富的不断增长，人民在物质和精神生活方面都要优于其他社会制度。共产主义社会将是生产力的极大发展，社会物质极大丰富，人民共同富裕的水平达到空前未有地步。这就批判和纠正了长期以来一些人认为社会主义是平均主义和贫穷落后的说教。

"三个有利于"还从理论上划清了社会主义生产关系的阶级性和社会主义生产力的一般性和普遍性的界限。"左倾"教条主义者混淆了生产力和生产关系的不同性质，把生产关系和上层建筑的阶级性扩展到生产力内部。邓小平指出，生产力是一个普遍的概念，是人类社会生产的一般概念，也是不同社会制度之间可以进行比较的概念，不要在生产力的要素方面划分姓"资"姓"社"，因而社会主义可以利用国际生产力、利用资本主义生产力所创造到财富。

邓小平的"三个有利于"在实践上更有推动作用，使人们普遍从过去"左"的那种姓"资"姓"社"的框架中解放出来，进一步深化改革、扩大开放，推动我国两个文明建设上了新台阶。

四、改革解放生产力观

对于社会主义制度的完善和社会主义社会基本矛盾的性质,传统的看法是社会主义社会是当今人类社会最优越的社会制度,不存在基本的社会对抗,生产力和生产关系、经济基础和上层建筑是既相矛盾又相适应,而适应是主要的。社会主义的对抗,不是社会主义本身自然引发的,而是旧社会的残余在发生作用的结果。同时认为社会主义本身,不会发生经济危机和人民的贫困。因此,认为解决社会主义社会的各种矛盾只能由社会主义本身自我调节和自我完善。虽然,包括中国在内的一些社会主义国家,也曾多次提到在社会主义条件下的"革命"和"继续革命"问题,但不是针对社会主义制度本身的弊端,而主要是针对扫除旧社会的残余和外来资本主义的渗透。

邓小平同志坚持马克思主义实事求是的思想路线,他通晓国情、重视现实,既坚持和维护社会主义本身,又大胆地对多年来社会主义体制中形成的一些弊端进行了深刻的分析和判断,触及社会主义的现行体制的要害。小平以革命家和改革家的气魄提出了对我国经济体制进行全面改革的问题。他提出的著名论断:"改革是一种革命""革命是解放生产力,改革也是解放生产力"。1992年春,小平在南巡讲话中继续阐述了改革是解放生产力,改革是革命的思想。他指出:"过去,只讲在社会主义条件下发展生产力,没有讲还要通过改革解放生产力,不完全。应该把解放生产力和发展生产力两个讲全了。"①

为什么改革能够解放生产力,邓小平对这个问题也做了深刻阐述。主要包括如下内容:第一,改革可以引入市场机制,优化资源配

① 《邓小平文选》第三卷,人民出版社,1993年,第372页。

置。第二,改革可以优化经济结构。第三,改革可以建立激励机制,调动劳动者的积极性。

邓小平关于改革的思想理论和论断对马克思主义的科学社会主义具有重大的突破和发展,对传统社会主义的一些模式和观点作了重大的修订。首先,邓小平突破了社会主义制度本身完美无缺,只能自我调节,不需进行革命的观点。邓小平认为,长期形成的社会主义经济体制和政治体制不可能是完美无缺的,社会主义制度本身存在着更新、改造和不断完善的过程。社会主义制度的完善不是靠自发的自我调节,党和国家应当经常分析这个制度本身的优点和缺陷,要运用党的领导力量、国家政权的力量,要引导广大人民群众发挥优势、革除弊端。社会主义的改革也不是仅仅革资本主义残余的命,也不是仅仅反对资本主义的外来渗透,而重要的是要触及和消除体制本身的弊病,优化我们的制度,推进生产力发展。其次,邓小平突破了关于什么是社会主义的传统公式,即社会主义=公有制+按劳分配+计划经济。邓小平的改革主张认为:社会主义的所有制结构,一方面要坚持公有制的主体性,但更为重要的是允许多种经济成分并存,社会主义的分配不是平均主义,而是在按劳分配原则为主体的条件下,多种分配形式并存,在管理方式上,社会主义条件下既要利用计划手段,又要利用市场手段,特别是要允许商品货币和市场经济的各种范畴存在,形成社会主义市场经济体制。此外,邓小平改革的思想,还突破了"左"的阶级偏见,把人类发展生产力的普遍经验和社会主义制度有力结合起来。邓小平明确指出:在社会主义条件下,要重视吸收人类创造的一切文明成果,要引进资本主义的科学技术和管理经验,要学习和借鉴世界各国发展经济的经验,要发展数百年来世界上已经形成的市场经济。但同时邓小平指出,要坚持社会主义制度的本质特征,发挥社会主义优越性,大力发展生产力,为实现共同富裕创造物质和精神条件。邓小平关于改革解放生产力的理论，已经被我国经济发展，社会全面进步的事实所证明。十多年来，改革确实解放了我国的生产力，我国的经济建设、人民生活水平和综合国力都上了一个新台阶，一些改革力度大，市场机制运用得好的地区，还提前实现了小康目标。随着我国社会主义市场经济体制的建立，市场的进一步深化，我国的生产力水平将会更大地提高。

原载于《甘肃社会科学》，1994 年第 2 期

马克思异化思想的由来和演变
——评理论界的所谓"异化热"

在马克思的著作中,特别是在他的早期著作中,异化的概念是经常出现的。近年来,出现了研究马克思异化思想的"异化热"。其中有不少文章是从研究马克思的思想发展史出发,提出了许多精辟见解。但是,也有一部分文章则错误地解释异化概念的内涵,而又把它外延到社会主义社会的许多领域。更有个别别有用心的人,利用马克思曾使用过关于异化的概念,大肆歪曲马克思的思想发展过程,攻击社会主义制度。因此,有必要对马克思关于异化思想的由来和演变做一个分析,并对当前的异化热作些必要评述。

一、马克思异化劳动观的形成

马克思曾在思想上经历过接受黑格尔唯心主义哲学的时期,在政治上经历过革命民主主义阶段。他在柏林大学就学期间就参加了青年黑格尔左派团体,以巨大的热情研究黑格尔的哲学思想。他很早就受到黑格尔异化思想的影响。后来他又钻研费尔巴哈的哲学著作,同样受到费尔巴哈人本主义和异化思想的影响。因而,在马克思的著作中,特别是早期著作中曾广泛使用过异化的概念。但是,马克思并没有把异化停留在德国古典哲学的原有水平,他由对一般异化问题的分析,逐渐形成异化劳动的理论。

马克思异化劳动观的形成大约在 1843 年至 1844 年期间。早在

1843 年初，马克思在《黑格尔法哲学批判》中，就讲到异化，比喻国家脱离市民社会，变成政治领域的宗教这是一种社会异化现象。后来在《论犹太人问题》《〈黑格尔法哲学批判〉导言》中，把异化问题又引深了一步，指出金钱是人的劳动和人的本质的异化，金钱统治人，人膜拜金钱。他还认为研究社会现实中的异化，即"揭露非神圣形象中的自我异化"是哲学的迫切任务。不但要批判人的本质所异化的宗教，而且要批判产生这种异化的根源。1844 年初，马克思着手研究政治经济学，在研究经济学的巴黎摘录笔记中对异化劳动做了探讨。指出货币是一种异化，它如何从流通手段，作为产品交换的中介变成了人们追求的目的和统治人的力量。对异化劳动阐述得最充分的著作，是《1844 年经济学——哲学手稿》，在这部遗留下的残缺的手稿中，马克思阐述了异化的理论。

这里所论述的异化理论超出了经济分析的范围，因而超出了经济学的理论，"在很大程度上带有马克思自己的世界观的性质"。① 马克思在本书中分析的不是一般商品生产劳动，而是资本主义的雇佣劳动。无产阶级和资产阶级的矛盾对立是异化劳动的核心。马克思从四个方面论证了异化劳动：

第一，劳动者同劳动产品相异化。劳动产品是固定在某个对象中的劳动，也即劳动的物化。在资本主义社会，劳动者生产的财富越多，他的产品的力量和数量越大，他就越贫穷。劳动者创造的商品越多，他本人就越变为廉价的商品，"随着实物世界的涨价，人类世界也在正比地落价。"这表明"劳动所生产的对象，即劳动产品，作为异己的东西，做为不依赖于生产者的独立力量，是同劳动对立的"。对象表现

---

①瓦·赫图舍雷尔：《马克思经济理论的形成和发展》，人民出版社，1981 年，第 149—150 页。

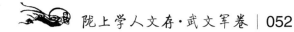

为对象的丧失和为对象所奴役，"占有表现为异化、外化"。①

马克思在论述劳动者同产品异化时，注意把异化和对象化区别开来。黑格尔把对象化和异化混为一谈，把绝对观念对象化为自然、社会和各种现象，就认为是异化。马克思指出单有对象化并非异化，只有"对象的丧失和被对象奴役"，对象化才表现为异化。马克思把劳动对象化看成人类生存的基础，而异化劳动则是一种历史现象，它在一定的历史阶段产生，而在历史发展的一定阶段也会消失。

第二，劳动者同劳动本身相异化。从劳动本身看，劳动者同自己的活动相异化，这种异化是人的自我异化。劳动本来是劳动者的体力和智力的支出，是劳动力的使用和发挥。然而，在剥削制度下，劳动者不能支配自己的劳动力，他们的劳动力是受别人支配，劳动是在强迫和压制之下进行的。马克思指出，劳动本身的异化是劳动者同劳动产品相异化的前提。马克思明确告诉我们："如果劳动者不是在生产行为本身中从自身把自己异化出去，那么劳动者怎么能像对待某种异己的东西那样同自己活动的产物相对立呢？产品不过是生产、活动的结果。"因此，如果劳动的产品是外化，那么生产本身就必然是活动着的外化，活动之外化，外化之活动。

劳动的异化最主要表现在，这种劳动失去了自愿的性质，是一种强制的、强迫的劳动。因此劳动者在劳动中不感到幸福，而感到痛苦，不是自由地愉快地发挥自己的作用，而是感到精神和肉体受到摧残。劳动者在他不劳动时如释重负，在劳动时如坐针毡。劳动对劳动者来说不是出自爱好，而是谋生的手段。当他实现自己的动物机能吃、喝、繁殖时，觉得自己是幸福和自由的；而当他实现人的机能，即从事任

---

① 马克思：《1844 年经济学哲学手稿》，人民出版社，1979 年，第 44 页。以下引文均出此书，不再加注。

何动物不能从事的劳动时,则反而感到自己不过是动物。所以在异化劳动中,"动物的东西成为人的东西,人的东西成为动物的东西"。

在分析产品异化时区分了对象化和异化。在分析劳动本身异化时,区分了"自我异化"和"物的异化"。物的异化反映劳动者同他的产品的关系,而自我异化,是劳动者同自己的生产活动的关系。在异化劳动中,劳动者越是发挥自己的体力和智力,他们所受的压迫就越大,说明劳动者自身的劳动同自己相对立。异化劳动的本质不在于物的异化,而首先在于自我异化,即在于劳动者同生产活动的关系。劳动发生异化,工人的劳动不属于自己,产品当然也就不属于自己。因此,要消除劳动者与产品的异化,首先要消灭雇佣劳动制。

第三,人的类本质同人相异化。马克思指出由于物的异化和人的自我异化,因而进一步形成了"类本质同人相异化"。马克思借用费尔巴哈的"类""类本质""类生活"等术语。所谓人的类本质就是人类所共有的本质特征。在马克思看来,人类的特性就在于自己的自觉的活动,人的类本质就体现在人对自然界的自由自觉的创造性活动上。这种创造性,一方面直接满足了人类物质生活的需要,而且也改造了大自然和人类本身。这种对自然界的自由自觉的加工改造活动,本身就是目的,而不是谋生手段。这样支持智力和体力的活动就是享受,不是一种负担。

在资本主义和其他私有制条件下,劳动不再体现为人的类本质。反映人的类本质的劳动特性,如人的有意识有目的的活动,人的自由自觉的生产劳动,人"按照美的规律"对自然界的改造,人的劳动的全面性等等,都被异化了。马克思指出,"异化劳动从人那里剥夺了他所生产的对象,从而也剥夺了他的类的生活、他的现实的、类的对象性,从而把人对动物所具有的那种优点变成缺点"。与此同时,"异化劳动把自我活动、自由活动贬低为单纯的手段,从而把人的类生活变成维持人的肉体生存的手段。"

第四，人同人相异化。马克思指出人同自己的劳动产品、自己的生命活动、自己的类本质相异化的直接结果就是："人从人那里的异化"。因为人的异化，一般说来，就是人自身的关系只有通过同他人的关系才得到实现和表现。当人与自己本身对立的时候，那么其他人也与他对立。凡适应于人对自己的产品、自己的劳动和自己本身的关系，也同样适应于人对其他人的各种类似的关系。

马克思分析的人和人相异化，实际上是指人之间的占有关系和分配关系。如果说劳动产品对劳动者是异己的、对立的，那么这个产品是属于谁的呢？如果说劳动者的活动不属于自己，而是一种强迫的劳动，那么支配劳动者的是谁呢？如果说劳动者的劳动带来的是不幸和苦难，那么谁又从他人的劳动那里得到享受和愉快呢？显然，马克思这里说的人同人相异化就是指无产阶级与资产阶级的对立关系。

马克思在建立异化劳动观时，还分析了私有制和异化劳动的关系。资产阶级经济学从私有制出发，但没有说明私有制的起源，把它看成永恒的自然现象。马克思把异化劳动学说运用于研究私有制，揭示消灭异化劳动的途径。马克思从静态与动态两个方面分析了异化劳动与私有制的关系。从既成的静态方面看，异化劳动和私有财产的关系是"相互作用的关系"。私有财产是异化劳动的产物，又是劳动发生异化的条件。例如资本主义社会，资本是资产阶级剥削工人阶级剩余价值的条件，反过来剩余价值不断转化为资本，扩大资本，加强了剥削、统治工人阶级的力量。但从历史发展，从动态方面看，异化劳动是私有制产生的根源。马克思说："但是这一概念的分析表明，即使私有财产表现为外化了的劳动的根据和原因，实际上是外化的劳动的结果，正像神灵本来不是人类理性迷误的原因，而是人类理性迷误的结果一样"。可见私有财产是外化了的劳动，是异化劳动"产物、结果和必然归宿。"至于异化劳动为什么会产生私有制,后来马克思在《德意志意识形态》做了分析,认为分工是一种异化劳动,使人的劳动的总和变成人不能控制的力量,生产力的发展促进了分工和交换,从而产生了私有制。[①]

二、马克思对资产阶级异化观的批判

异化劳动理论在马克思早期著作中占有重要地位。马克思通过论证异化劳动,把当时他对经济学、哲学、共产主义学说结合在一起,反映了他思想发展的一个阶段。马克思运用异化劳动的理论,揭露了古典经济学家关于劳动价值论的种种矛盾。通过揭露异化劳动与私有制的关系,马克思由否认劳动价值论转变为承认劳动价值论,并且用异化劳动来分析私有制的起源和本质,分析资本、劳动、地租分离的根源。异化劳动也反映了马克思关于唯物史观的萌芽。马克思把生产看成人类社会存在的基础,把劳动看成人的本质。同时,异化劳动也反映了马克思对未来社会的预想。他看到了私有制下的异化现象,认识到消除异化现象就是要消灭私有制。

当然,异化劳动也反映了马克思当时思想发展的不成熟的方面。马克思把人的类本质同人相分离看成是异化劳动的表现,把共产主义看成是解决人与人的类本质相分离的矛盾,使人合乎人的本性的自身的复归。这说明马克思还受费尔巴哈人本主义异化观的影响,而这种认识严格说来是一种唯心史观。

异化理论代表马克思思想发展的一个阶段,即早期阶段。马克思从 1844 年至 1846 年之间完成了由唯心主义向唯物主义的过渡。而

---

①中国人民大学马列主义发展史研究所:《马克思恩格斯思想史》,上海人民出版社,1982 年,第 105—106 页。

到 1847 年则完全确立了唯物主义历史观。这时,他尖锐地批判了古典学派的异化观和资产阶级的异化观。马克思在《德意志意识形态》中批判了资产阶级学派所谓"自我异化"的观点,指出异化的根源在于生产力的发展状况和社会分工,提出消除国家、社会关系的异化,就要推进生产力的发展, 消灭私有制和对社会生产进行共产主义调节。马克思指出青年黑格尔派把"任何客体和关系"都看成异化,是完全空洞、抽象的"词句"。

马克思还批判了费尔巴哈的人本主义和以人本主义为理论指导的所谓"真正社会主义"。指出费尔巴哈及其门徒,不研究现实社会的矛盾和历史的客观基础,而把"人"抽象地看成历史发展的动力,把历史看成"人"的自我异化过程,表明把整个历史看成思想和意识发展的历史。马克思深入批判了从抽象的人的本质引出共产主义的结论,指出共产主义不是从寻求抽象的人的本质开始, 而是追求实际目的最实际的运动。

在马克思恩格斯 1848 年发表《共产党宣言》之后的科学社会主义文献中, 马克思多次批判了黑格尔的唯心主义异化观和费尔巴哈人本主义异化观。他从生产力与生产关系、经济基础与上层建筑的矛盾来揭示社会发展的规律。他彻底摈弃了用异化来解释历史发展的唯心史观。他更坚决地清除了用异化劳动解释共产主义的思想。他通过研究资本主义社会的经济结构和阶级关系,揭示了剩余价值规律,并由此而发现了资本主义必然灭亡,共产主义必然胜利的规律。

三、异化并非《资本论》的基本范畴或主要范畴

有人说马克思在他的理论生涯中始终坚持和发展着异化的观点,尤其在他的划时代的巨著《资本论》中,异化仍然占着主导地位,甚至认为异化在《资本论》中处于基本范畴或主要范畴的地位。我以

为此说差矣！的确《资本论》中马克思没有完全回避使用"异化"这一概念，有好几处地方提到过"异化"。然而，异化在《资本论》中并非基本范畴或主要范畴，甚至可以说异化不是《资本论》中的范畴。

为了辩明这一问题，不妨把《资本论》的范畴问题做个回顾。

《资本论》是研究资本主义生产关系运动规律的。马克思采取历史与逻辑相统一的方法和从抽象上升到具体的方法，建立了独特的理论体系，形成了一系列科学的范畴。发现和阐明剩余价值，这是马克思《资本论》的最伟大的贡献，因此，剩余价值是《资本论》的中心范畴。围绕这一中心范畴，马克思建立了互相联系的严密的范畴体系。首先马克思从商品这一范畴作为起点，紧接着从商品交换的发展引出了价值和货币。

在第二章，马克思通过对商品货币发展的特殊阶段即资本主义交换的分析，引出资本这一范畴并开始点出了剩余价值这一中心范畴。在第一卷第二章以后各章充分展开论证剩余价值这一范畴，又提出了相对剩余价值和绝对剩余价值以及劳动力的价值、不变资本和可变资本等范畴。第二卷研究资本的流通过程，引出了生产资本、商品资本、货币资本等重要范畴。第三卷从生产与流通相统一的方式研究资本运动的总过程，引出了利润、利润率、平均利润、利息、地租等范畴。看，这就是资本论的基本范畴和主要范畴，怎能说异化是《资本论》的基本范畴和主要范畴呢？

有人说，虽然马克思在《资本论》中没有把异化作为一个独立的经济范畴看待，但是马克思的经济范畴之间存在着一个向另一个过渡，一个向另一个转化的关系，而异化正是联络范畴转化的关节点。例如说货币到资本的转化，就是通过异化这一范畴实现的，"转化实质上是异化"，等等。我们以为这种解释也是很站不住脚的。事实上在《资本论》中范畴之间的转化和过渡并没有使用异化作为关节点。无论是从商品到货币还是从货币到资本的转化，马克思始终没有用异化作为关节点或中介。就是在讲到资本形态的变化和剩余价值转化为利润，利润分割为商业利润、利息和地租问题时也没有用异化作为关节点。值得我们研究的是，恰好在有些地方，按马克思 1844 年建立异化劳动论的思想状况，就可以使用异化这一概念，而在《资本论》中却避免了这一术语。例如在讲到"商品拜物教"时，马克思说商品交换把人之间的关系掩盖了，变成了物的关系，披上了神秘的外衣，这好像宗教一样，"人脑的产物表现为赋有生命的、彼此发生关系并同人发生关系的独立存在的东西"。这里完全可以用"人的关系异化为物的关系""人脑的产物异化为独立的存在"。马克思却没有这样表述。因为他已经认为异化这个字眼并不能作为经济学的科学的术语。类似的情况，《资本论》各卷都有。

当然，《资本论》中确实有几处使用"异化"的地方。但是，我们得具体分析。这里的异化是否就是一个范畴。例如马克思在讲到机器的使用对劳动者剥削和统治加强时说："把工人贬低为机器的附属品"，"并且随着科学作为独立的力量并入劳动过程而使劳动过程的智力与工人相异化"。①这里讲资本积累的规律，说明科学技术越发展，劳动手段越渗透更多的智力，劳动者的劳动负担越重，劳动过程越对工人从体力和脑力上进行束缚压制。这里说的异化就是讲资本主义社会关系的内在矛盾和对立。这里的异化不是范畴，而是一个表述问题的用语。再如，马克思在讲到剩余价值分割时指出："实际的生产当事人对资本—利息，土地—地租，劳动—工资这些异化的不合理的形式，感到很自在，这也同样是很自然的事情，因为他们就是在这些假象的形式中活动的"。

①《资本论》第一卷，《马克思巴格斯全集》第 23 卷，第 708 页。

这里的异化，其含义是指真像被一种假象掩盖的形式。利息、地租、工资本来都是由人创造的价值的一部分，却在现象上变成了资本创造利息，土地创造地租，工人创造工资。这里的异化更不是一个经济范畴。马克思还在许多处把异化和独立化、硬化并用。显然，《资本论》中的异化概念，远远不是早年马克思所使用的那种异化劳动的内涵了。

四、评理论界的"异化热"和社会主义异化论

近几年理论界和学术界曾出现过"异化热"，大谈异化理论，大写异化文章。在我看来这些文章和言论，大体有三种情况：其一，为研究马克思思想发展史，而研究马克思异化思想的渊源，以阐明马克思是怎样由唯心主义发展到辩证唯物主义，由民主主义发展到共产主义。这样的研究是无可非议的。今后还要继续研究。其二，一些人在研究异化时，缺乏马克思主义唯物史观，用形而上学、唯心主义的观点对待异化问题。没有全面地理解马克思异化观的本来意义，把异化不是看成历史现象，而是把它抽象化，说成是一切社会历史共有的现象。与此同时他们把社会主义经济建设的失误，一些人的官僚主义作风，在生活上的特殊化，人们思想上的个人崇拜等，都认为是异化现象。这类文章，大部分作为学术问题反映出来，但造成不良的政治后果，影响到一些人把社会主义和资本主义等量齐观，甚至怀疑社会主义制度。其三，个别别有用心的人，利用异化问题，恶意中伤社会主义制度，诽谤马克思主义，宣扬资本主义的腐朽制度和精神文化。有的非法刊物公然刊载文章指责现在我国存在全面异化问题。提出所谓在阶级关系上异化出"劳动阶级和官僚阶级"，无产阶级专政异化为"对人身的侵犯与压迫"，马克思主义已异化为"与封建主义杂交"的东西，社会主义已异化成"官僚制"等等。他们认为异化的根源在于社会

主义制度本身。像这样的狂言乱语，并不是谈理论问题、异化问题。而纯粹是对社会主义制度的恶意攻击。

除了个别人利用异化恶意诽谤社会主义制度外，大部分谈论异化，撰写有关异化文章的人，都是学术界、理论界的好同志。但是，我们对他们的错误也不能迁就，一定要拿起批评与自我批评的武器纠正这种错误。

不管是谈论学术问题还是政治问题，提出社会主义社会的异化论都是不对的、片面的，错误的。这种错误表现为：

第一，用抽象的、非历史的观点解释异化问题，犯了严重的形而上学的错误。马克思讲异化劳动是在严格意义上的资本主义生产关系中分析问题，认为资本主义私有制是异化的根源，人间的一切以颠倒的形式出现，人的劳动产品、劳动过程和人的本质都异化为人的对立物，而资本主义生产关系发展的必然结果，是资本主义制度的灭亡，至此，社会异化的问题就能解决。而社会主义异化论者则把历史现象看成永恒的社会现象，犯了严重的方法论上的错误。

第二，社会主义异化论者，其理论严重违背了我国社会主义现代化建设的实践。我国社会主义社会存在许多不完善的地方，由于左的路线的干扰和破坏，也产生了诸如不民主、官僚主义、不正之风等，在经济体制上也有许多弊病。如此等等的问题，绝不是社会主义制度本身产生的，也不是社会主义社会的主流。粉碎"四人帮"后，我们纠正了工作中的失误，我们国家的社会主义建设正在出现欣欣向荣的新局面，特别是各条战线的改革正在胜利进行，我国社会主义制度的各个方面不断走向完善，不断充分发挥其优越性。而社会主义异化论者，恰恰在于他们脱离实际，缺乏分析，一叶障目，曲解了现象。其结果，只能影响一部分人离心离德，脱离社会主义事业的轨道。

第三，社会主义异化论者，否定了人们的共产主义信仰。按这种理论认识问题,社会主义不可能向前走,而只能向后异化。共产主义不仅渺茫,甚至就根本谈不到人类社会有可能向共产主义迈进。这就把马克思揭示的资本主义社会经过否定之否定,必然进入共产主义的历史发展规律一笔勾销了,所以社会主义异化论者是一种消极悲观的论调。

我们应当严肃地清理这种观点,批判这种错误思潮,让人们的思想回到马克思主义的轨道上来。

原载于《兰州学刊》,1984 年第 1 期

马克思的剩余价值理论过时了吗？

剩余价值理论的创立,是马克思最伟大的贡献之一。它揭示了资本主义生产的本质规律,奠定了科学社会主义学说的经济理论根基。然而,自它诞生之日起,就遭到资产阶级学派和各种反马克思主义学派的诋毁和攻击。他们流行的一句口号,就是马克思的剩余价值理论"过时了"。

今天,在我国有一些在经济学上反对马克思主义的人,重弹剩余价值理论过时的调子,为全盘西化制造理论依据。对此,必须进行分析批判,并对在我国历史条件下,应用和发展马克思的剩余价值理论,谈点看法。

一、西方"过时论"的回顾

自从 1865 年 6 月,马克思在第一国际总委会上的演讲中,第一次阐述了剩余价值理论的基本要点后,资产阶级学者就嗤之以鼻,认为这是一个不足道的观点。1867 年《资本论》第一卷问世后,看出这个理论揭示了资本主义社会的要害和脓疮,于是就群起而攻之。或者说剩余价值理论本身是"错误的",或者说这个理论曾经有道理。现在已经"过时了"。

首先,资产阶级经济学家集中攻击马克思的劳动价值理论,因为劳动价值论就是剩余价值论的前提。奥地利的庞·巴维克曾公开说,我的任务不是批判马克思的一切原理,我只推翻马克思关于劳动决定价值这一出发点原理就够了。他在 1884 年写了《资本利息学说的历史和批判》一书，系统批判了马克思劳动价值论的所谓"错误"。而在 1894 年《资本论》第三卷出版以后，又发表了攻击马克思经济体系的论文《马克思体系的终结》，指责马克思坚持劳动价值论，而在《资本论》第三卷中，则认为商品不是按劳动价值，而是按生产价格进行交换，他认为这是一个巨大的矛盾，矛盾的根源在劳动价值本身的错误。

著名资产阶级经济学家熊彼特，在表面上承认马克思"学识渊博"的同时，又极力反对劳动价值论。认为这个理论的缺陷是："第一，在完全竞争以外的情况下，它完全不起作用，第二，即使在完全竞争的情况下，它也从来不曾顺利地起作用，除非劳动是生产的唯一因素，而且一切劳动都是同一性质的。"于是他做出结论说边际效用价值论在许多方面胜过劳动价值论。

美国资产阶级经济学家萨缪尔逊，把马克思的劳动价值论，指责为不必要的"虚构"。他主张用纯数量逻辑的手法，通过运用现代高等数学的分析方法，代替马克思的价值理论体系。他反对马克思关于形成价值的抽象劳动具有同质的观点，认为劳动不可能是同质的，男人的劳动同女人的劳动是不一样的，异质的劳动不可能设定共同尺度来换算。资产阶级学者尽管气势汹汹，但这样低能的批判，岂能中伤马克思学说？马克思关于商品价值、剩余价值、利润等概念是历史的范畴。政治经济学是历史的科学，而资产阶级经济学家则要把人们社会经济活动纳入纯高等数学的范围内，只能说明，他们对历史发展规律、对经济发展规律无知。他们所谓以劳动不能同质去否定劳动价值论，说明他们根本没有读懂《资本论》。马克思指出，人类的劳动具有二重性。一切劳动作为生产使用价值的具体劳动它是不同质的，各式各样的，而当劳动成为生产商品价值的抽象劳动，它是同质的，这是一清二楚的。其次,资产阶级经济学家集中攻击马克思的生产价格理论。意大利的洛亚里认为,马克思的劳动价值论在无法解决价值规律同等量资本获得等量利润之间的矛盾时,才提出了生产价格理论。并说"这是马克思在拿不出科学论据时使用的诡计"。德国柏林大学的著名统计学家鲍特基维茨教授,于1906年和1907年连续发表两篇论文攻击马克思的生产价格理论。他批评马克思在成本价格问题中没有解决价值向生产价格的转化问题。他错误地认为生产价格就应是资本家购入生产条件的成本价格,也应当等于另外一些资本家销售商品的价格。所以,他指责马克思的生产价格理论有缺陷,他本人对这个理论还进行了修正。后来,斯威齐在他1942年写的《资本主义的发展理论》中,对鲍特基维茨的观点和方法给予了很高评价。认为他改正了《资本论》的缺陷,是对马克思经济理论的一大贡献。

最露骨地攻击马克思生产价格理论的西方学者还要算萨缪尔逊,他于1970年发表了《马克思剥削概念的理解问题——关于马克思的价值向竞争价格的所谓转型问题的概括》,他指出马克思的生产价格理论同马克思的劳动价值理论中存在着深刻的矛盾。他丑化马克思的经济分析逻辑,认为"马克思经济学的内部的逻辑在核心上是错误的"。他说马克思写下价值关系,又用橡皮将它擦去,最后写下价格关系,从而完成了价值向价格"转形"的分析,他认为马克思在《资本论》第三卷中提出的生产价格,同马克思在《资本论》第一卷中提出的劳动价值,存在着不可克服的矛盾。他认为应当用投入产出的物量方程式来分析同样的均衡价格体系,不必依靠劳动量的价值关系。资产阶级经济学家攻击马克思的生产价格学说,同他们攻击劳动价值学说一样,其手法并不高明,其论据同样的荒诞。

马克思关于价值转化为生产价格的逻辑分析,是历史发展的理论反映。把商品价值看作先于生产价格,完全符合历史进程。在资本主义发展初期,不同产业资本之间,利润率还没有平均化,这时商品的价格只是围绕价值上下波动。随着资本主义的发展,各生产部门之间的联系日益加强,劳动力在不同部门之间流动的渠道日益畅通,信用制度的发展成为资本竞争的有力杠杆,各部门在生产技术上的差别日益缩小,资本在各部门的转移有了充分的条件。由于资本家之间的竞争而造成资本的频繁转移,出现了一般利润通过竞争而平均化。平均利润出现之前,商品的价格是按成本价格加剩余价值的价值量确定,平均利润出现后,商品的价格则按成本价格加平均利润的价值,即生产价格来确定。

但是,价值转化为生产价格后,马克思的劳动价值论和剩余价值论并没有被否定。生产价格只有在价值规律的基础上才能形成和得到正确的解释。而平均利润是以剩余价值为基础的,它只是剩余价值在不同部门重新分配的结果。从每个特殊生产部门看,一些部门得到的平均利润高于本部门工人创造的剩余价值,另外一些则低于本部门工人所创造的剩余价值。但从社会总资本看,平均利润总额和剩余价值总额仍然是相等的。从每一个特殊的生产部门看,商品的生产价格高于它的价值,另外一些则低于它的价值,但从社会总资本看,生产价格总额和价值总额仍然是相等的,就社会资本全体来说,商品按生产价格出售,实际上是按价值出售。可见生产价格理论同劳动价值论、剩余价值论并不相悖,马克思对此早已解释清楚了。

剩余价值论指出,一切价值都是劳动者的劳动创造的,而剩余价值是工人创造的超过劳动力价值以上的、被资本家无偿占有的价值。对此,资本主义的御用经济学家极力反对。他们认为利润和利息不是起自剩余价值,不是来自资本对劳动的剥削。有的认为资本家的利润来自他的"节欲",他的富裕是勤俭带来的;有的认为资本家的利润来自资本家自身的劳动,是属于对企业经营管理的报酬;有的认为无论利润、利息和地租都是资本家服务的报酬。特别是有些经济学家认为货币资本本身有创造利息的能力,说利息是货币资本的自然果实。奥地利心理学家巴维克提出了"时差利息论"。认为人们对现在财货的评价通常大于对未来财货的评价,因而现在财货比未来财货具有更大的价值。"时差"要求未来财货所有者必须向现在财货所有者支持等于价值时差的贴水,这种贴水就是利息。多么玄虚巧妙! 利息不是产生于劳动创造的价值中,不是产生于生产过程中,而是产生于人的主观评价。

这些挖空心思的怪论真的能驳倒马克思关于剩余价值来源的科学分析吗? 绝对不能。马克思从资本的直接过程中,揭示了生产剩余价值的规律。工人的劳动时间分为两部分,一部分时间是必要劳动时间,创造的价值用来补偿工人生活资料的价值,就是劳动力的价值,以工资形式表现;另外一部分时间,是必要劳动时间以上的剩余劳动时间,这部分时间中创造的价值由资本家无偿占有了,这部分价值叫剩余价值,马克思又分析了资本的流通过程,他发现了不变资本和可变资本在资本再生产过程中的不同作用,购买生产资料的那部分不变资本,在生产过程中不能转移其价值,不能创造新价值,只有购买劳动力的可变资本能够在生产过程中产生新的价值,进一步揭示了资本家的剩余价值是工人的劳动创造的。马克思在对资本运动总过程的分析中指出,不管企业利润、银行利息、还是地租,其源泉是工人创造的剩余价值,是剩余价值的转化形式、分配形式。在马克思的严谨的科学理论面前,各种资产阶级经济论陷入了危机。

二、我国的"过时论"剖析

二次世界大战后,由于新技术革命的出现,使资本主义的经济得到了迅猛的发展,资产阶级国家利用获得的一部分利润,来提高社会福利,改善劳动关系。如,1983 年美国用于保健和社会保障的支出达

2224 亿美元,高于国防开支。同时,也必须看到资本主义社会经济危机的表现形式,进行国际剥削的形式,也都有了些变化。面对这些新情况、新问题,西方资产阶级则大肆攻击马克思的剩余价值理论,认为这个理论是"马克思主义者的精神鸦片",叫嚣马克思的剩余价值理论"崩溃"了。与此同时,出现了形形色色的资产阶级理论,企图取代马克思对资本主义经济的科学分析。我国有少数人直接拿起从西方进口的理论武器,散布马克思剩余价值理论的"过时论"。主要有三个方面的观点:

一是电脑价值论。这些年来, 发达资本国家的高新技术发展很快,自动化体系发展到很高程度。一些大公司还有电脑操纵的"无人化车间""无人化工厂"。据此,我国有一些人公开认为,马克思关于工人创造剩余价道的理论,是一种"陈旧的观点"。他们提出"重新认识现代资本主义的剥削问题"。于是,他们提出了一个论点是,现代资本主义社会"电脑参与了价值和剩余价值的创造"。这无非是庸俗经济学观点的重演。

第一,从商品价值的构成看,即使在电脑指挥的"无人化工厂"生产出来的商品,它的价值也由三部分构成:一是不变资本价值转移的部分,二是可变资本价值部分,三是剩余价值部分。前一部分是旧价值转移的部分,是"死劳动"的消耗,后两部分是新价值部分,是"活劳动"的耗费,在电脑操纵的自动化工厂中,商品的价值仍然表现为"死劳动"与"活劳动"两部分消耗。电脑、机器人仍然是一种死劳动,属于生产资料、生产工具的范畴,它不是活的劳动者。所以它可以逐渐把它的价值转移到新的产品中去,但它不能创造新价值,包括不能创造剩余价值。马克思指出:"商品价值体现的是人类劳动本身,是一般人类劳动的耗费。"生产资料本身是有使用价值和价值的,但它的价值同样是人的劳动创造的,它是创造价值和剩余价值的手段,本身却不能创造价值和剩余价值。机器人、电脑可以说是一种更高级的机器，它并非真正的人。所谓"智能"机器人仍然是人的智能的物化。它也是一种生产的手段，它可以转移自己的旧价值，它不可能有价值的增殖，不可能创造新价值。

第二，电脑脱离人的劳动是不能存在和应用的，在电脑背后站着的是创造价值的人。电脑操纵的自动化企业，劳动已经不是简单劳动而是一种复杂劳动。体力劳动者和体力劳动固然减少了，但是，巨大的脑力劳动和脑力劳动者却是增加了。在这类生产工艺中，直接生产过程并不是从对劳动对象的加工开始，而在对劳动对象加工之前，已经开展着许多复杂的劳动工序。工程技术人员要对电子计算机进行检查、调试、输入指令，不断根据生产需要编制生产程序，对已经完成的工艺环节进行检验和改进，对自动体系可能发生的故障进行查寻，等等。这些先行劳动完结后，电脑才能进行自动化生产，所以说没有人的劳动的电脑劳动是不可思议的。

第三，电脑可以提高相对剩余价值的生产，但不能创造任何剩余价值。马克思曾经说过"机器生产相对剩余价值"，但马克思并不是说机器可以创造剩余价值，它指的是由于改进技术装备，使劳动生产力普遍提高，从而使劳动力再生产所必需的商品便宜，坚决地使劳动力便宜，必要劳动时间缩短，剩余劳动时间延长，使资本家获得相对剩余价值。这也是我们理解电脑生产相对剩余价值的基本理论前提。

二是剩余价值共创论。现代资本主义的企业高度重视科学管理。

资本家的口号是"时间就是金钱，效率就是生命"，有相当的企业主也参加了一部分管理劳动，并且注意改善劳资关系，倾听工人的意见，鼓励工人提合理化建议。据此，西方资产阶级宣扬现代资本主义社会不存在资本家对工人的剥削了，马克思的剩余价值理论"破产"了。我国有少数人则提出什么"必须用一种新的观点分析今日资本主义社会的劳资关系""今日的资本家正在向劳动者转化""劳动者与剥削者的界限模糊了"。有些人公开说,"要说资本主义还存在剩余价值的话,那这种剩余价值应叫做共创的价值。"这种观点,完全否认了现代资本主义剥削与被剥削关系的存在。

实际上,在现代资本主义的企业里,真正的富豪、企业主,多数还是脱离生产过程的。股份公司发展前,企业主往往要亲自动手,管理企业。在股份公司发展起来之后,资本家一般不去直接管理企业,而是雇佣资方代理人代替股东去管理企业,股东则成为无所事事的握有货币和股票的食利者。现代资本主义企业从事某些管理劳动的人,多是一些雇员。管理的劳动决不能同生产剩余价值的工人的劳动相提并论。我们不要把所谓参加管理劳动的企业主的收入同普通工人相比,就是同那些参与企业复杂劳动的高级工程技术人员相比,那也还是高得多。所以,剩余价值无论如何还是各类工人和劳动者创造的。

三是剩余价值共享论。现代发达资本主义国家由于生产力水平发展高,资产阶级手里积累了巨额利润和财富。随着资本利润的急剧增长,工人的工资水平也比过去有了很大的提高,工人的贫困化状况由原来的绝对贫困化为主转化为相对贫困化为主。有些资本主义国家的政府为了缓解阶级矛盾,还从国家财政和其他收入中拿出一批资金增加社会福利,扩大社会救济。在这种情况下,资产阶级就宣布他们的国家根本不是资本主义,根本不存在谁剥削谁,而是实现了自由、平等、博爱的"社会福利国家"。近几年,我国也有极少数人遥相应和,认为今日的资本主义已经发生了"质变"。资本主义社会的剩余价值要是存在的话,这种剩余价值的分配已经不是马克思所分析的由资本家独吞,而已经由"全民共享"了。这种论调既不符合理论逻辑,又不符合资本主义的现实。

当代资本主义社会的现实并没有可能否定马克思关于资本积累和无产阶级贫困化的理论。工人的收入比过去有所增长，但是这种增长比之利润的增长是微不足道的。战后大多数资本主义国家的统计表明，工人阶级在所创造的新价值中，其占有的份额在下降，这意味着工人阶级在国民收入的再分配中所得的收入相对减少。这种情况说明，资本主义社会的剩余价值哪里是共享的呢？

由上述分析可以看出，我国这几年出现的关于马克思剩余价值"过时论"的各种观点，都是受了资本主义社会表面现象的迷惑，把现象看成了本质，是新时期的中国特色的庸俗经济学。这种错误观点造成的恶果是，诱使一些人反对马克思主义，迷恋资本主义。这几年泛滥的"自由化"思潮与上述错误理论不无关系。

三、剩余价值理论的生命力所在

尽管国内外的反马克思主义流派，用尽九牛二虎之力，攻击《资本论》及其剩余价值理论，而这部著作却似参天大树，傲然挺拔，这一理论犹如永不熄灭的火炬，愈燃愈旺，而相反，那些形形色色的资产阶级理论，则夕阳西下，气息奄奄。19 世纪 30 年代还很时髦的庸俗经济学不是彻底破产了吗？19 世纪晚期兴起的边际效用价值论和 20 世纪初期还称雄的新古典经济学派又哪里去了呢？20 世纪 30 年代上升到西方世界霸主地位的凯恩斯经济学不是也出现了严重危机吗？而现代货币主义和供应学派在它问世的那一天就因为自身的理论缺陷，而命运不佳。这一正一反的事实说明，马克思的剩余价值理论是经受住历史考验的客观真理，具有无穷的生命力。

马克思主义的真正生命力在于它从实践中不断吸取养分，使自己得到补充与发展。不能苛求用马克思剩余价值理论来解决一切现存的经济社会问题。必须在实践中进一步发展马克思的剩余价值理论。应坚持如下三条思路：

其一，合理的运用。马克思剩余价值理论，仍然是当前分析现代资本主义经济现象的理论武器。资本主义社会的基本生产关系仍然是剩余价值的剥削关系。资本主义的相对人口过剩规律，资本积累与无产阶级贫困化规律，资本主义利润率趋于下降的规律，资本主义的社会再生产规律，等等，仍然按马克思揭示的方向起作用。同时，马克思分析剩余价值生产时，所揭示的一般经济规律和创立的经济范畴，对社会主义经济现象的分析也是很有用的。例如马克思揭示的商品生产的价值规律，这是社会主义的有计划商品经济也必须遵循的。马克思关于剩余劳动的分析，对社会主义社会，提高劳动生产率，加强经济核算，增加剩余劳动，积累社会财富，也有参照性的意义。而马克思的社会再生产理论，对于社会主义的计划经济工作具有直接的指导作用。可见，把马克思的剩余价值理论加以合理应用，就会增强马克思学说的活力。

其二，积极的吸收。马克思的剩余价值理论不是一种封闭的学说，而是一种开放和吸收的学说，马克思剩余价值理论要发展，就有一个积极吸收的问题。我们不能简单地把资产阶级经济学用"反动"二字加以结论。我们在批判其违背客观真理的一面时，也要注意吸收其独创的有价值的部分。例如，资产阶级的宏观经济分析方法，数量经济分析方法，有些是很有用的，需要马克思主义经济学吸收。对于马克思著作中某些推导方法不明的地方，如成本价格的生产价格化问题，有些不明确，资产阶级学者提出矫正，如果有道理，马克思主义者不宜固守成见，而要予以吸收。至于现代自然科学和社会科学方面的其他成果，马克思的经济学也应敞开吸收的大门。

其三，大胆的创新，我们说马克思揭示的基本规律适用于分析现代资本主义，绝不是说现代资本主义同马克思时代一模一样，现代资本主义有许多新情况是当年马克思所难以预料到的。例如,马克思曾经指出,资本主义的一般规律是由于竞争和垄断的发展,大企业并吞小企业,中小企业有日趋灭亡的情况。但是,第二次世界大战后,一些资本主义国家的中小企业则有些复苏,面对这种情况,马克思主义者不是要去抹杀现实,而是要去补充原来的结论。至于社会主义遇到的与马克思的剩余价值有关的问题就更多了。用剩余价值的理论看,社会主义社会是要消灭这种剥削剩余价值的生产方式的,但是,像在中国这样的社会主义初级阶段,如何消灭剩余价值的剥削,就有许多新情况、新问题。这些新问题,需要大胆探索,做出新的结论,以丰富马克思的剩余价值学说。

原载于《社会科学》,1990 年第 2 期

马克思是怎样解剖英国的

——《资本论》创作史研究笔记

《资本论》是马克思研究资本主义经济运动规律的巨著。但是,社会形态和社会经济形态的演进都是一个逐渐发展的过程。在西欧的一些资本主义生产关系安家落户的国家,仍然有许多非资本主义的生产关系,这会干扰人们对纯粹资本主义经济运动规律的研究。比较起来,当时英国资本主义生产关系最为成熟。因而,马克思在写作《资本论》时,重点调查研究了英国。对此花费了马克思巨大的精力和心血。一部《资本论》,从逻辑上活灵活现地显示了英国资本主义有机体的复杂结构。

一、马克思为什么要以英国为研究重点?

马克思写作《资本论》时,几乎研究了世界所有资本主义国家的历史资料和现实经济资料,甚至研究了数十个殖民地国家的资料。但是,马克思研究的重点却是英国。马克思从 1849 年 8 月流亡到英国伦敦到 1883 年逝世,始终热衷于对英国的调查研究。那么,马克思为什么要下如此巨大的功夫调查研究英国呢?

首先,经济科学的方法论要求,在纯粹资本主义生产关系的条件下考察资本主义社会,才能阐明资本主义经济运动的内在的必然规律。

当时,欧美各国资本主义生产关系虽发展水平较高,但还存在封建的甚至更古老的生产关系的残余。法国在工农业生产领域有很多封建因素,所谓"七月王朝"不过是封建贵族阶级的王朝,只代表金融贵族的利益。在美国,内战前既存在北方的资本主义经济,又存在南方的奴隶主种植园经济。直至1860年内战后,才废除了黑人奴隶制度。至于德国和俄国,封建生产关系和更古老生产关系的残余在十九世纪晚期都存在。这些非资本主义的经济关系和经济成分,是认识资本主义的扰动因素。正如马克思指出的:"除了现代的灾难而外,压迫着我们的还有许多遗留下来的灾难,这些灾难的产生,是由于古老的陈旧的生产方式以及伴随着它们的过时的社会关系和政治关系还在苟延残喘。不仅活人使我们受苦,而且死人也使我们受苦。死人抓住活人。"①相形之下,英国的资本主义生产关系产生最早,资产阶级革命也发生得较早。正如马克思指出的"在英国,农奴实际上在十四世纪末期就已经不存在了"。1640年发生了资产阶级革命,资产阶级掌握了统治权。18世纪60年代英国开始了工业革命,各主要工业部门大部分采用了机器生产。到马克思从事革命活动的时期,英国已成为很典型的资本主义国家。马克思在说到他以英国为重点解剖对象的原因时,指出:"我要在本书研究的,是资本主义生产方式以及和它相适应的生产关系和交换关系。到现在为止,这种生产方式的典型地点是英国。因此,我在理论阐述上主要用英国做为例证。"②考察资本主义社会,选取一个比较纯粹的资本主义生产占绝对优势的国家,这在方法论上是比较科学的。这同自然科学家在实验室或在"最少受干扰的地方"考察自然过程一样,可以保证实验结论的准确性。假如,把封建因素很严重的资本主义国家作为重点考察研究对象,

①《马克思恩格斯全集》第23卷,人民出版社,1972年,第11页。
②《马克思恩格斯全集》第23卷,第8页。

就很难揭示资本主义生产方式的内在矛盾规律。因此,马克思以英国做为研究的典型,这是符合他的科学的抽象方法和辩证唯物主义方法的。

此外,在英国资本主义生产关系的内在矛盾暴露明显,可以展示资本主义发展的一般趋势。英国资本主义发展到 19 世纪初期,资本主义固有的矛盾, 即生产的社会化和生产资料私人占有制之间的矛盾日益加深。世界第一次规模较大的经济危机,1825 年首先在英国爆发,而 1836 至 37 年又爆发了经济危机,还波及到美国。经济危机给英国工业无产阶级带来了深重的灾难,无产阶级和资产阶级的矛盾不断激化。这时,在英国,资本主义的各种矛盾和社会脓疮都日益明朗化。正如马克思指出的"在英国,变革过程已经十分明显。它达到一定程度后,一定会波及大陆。"①当资本主义成熟和发展到一切矛盾已经锋芒毕露的时候,这对观察者来说,比较容易抓住反映资本主义本质的各种现象, 达到对整个资本主义普遍规律的认识。马克思指出:"问题在于这些规律本身, 在于这些以铁的必然性发生作用并且正在实现的趋势。工业较发达的国家向工业较不发达的国家所显示的,只是后者未来的景象。"②典型中有一般,资本主义的高级形式的典型,必然包括了初级或中级资本主义形态。它的道路、方向,也就是其他较不发展的资本主义必然要走的道路和方向。如果德国人看到英国无产阶级的苦难,而乐观地自我安慰,认为德国工人阶级命运可嘉,马克思说"这正说的是阁下的事",即正指的是德国的事。因为英国的今天,就是德国的明天。可见,英国资本主义的发展道路和规律,

①《马克思恩格斯全集》第 23 卷,第 11 页。
②《马克思恩格斯全集》第 23 卷,第 8 页。

对整个资本主义世界来说具有共同性。

再次,英国的社会统计活动和社会统计资料都超过其他国家。这对马克思进行经济科学的研究是极为有利的条件。马克思指出:"德国和西欧大陆其他国家的社会统计,与英国相比是很贫乏的"。英国政府当时指派专门的委员会去调查统计社会各方面的情况。从事调查的一些工厂视察员、编写《公共卫生》报告的医生、调查女工童工生活劳动状况的委员,都比较"公正、内行",能够反映工人阶级遭受剥削压迫的真实情况。相反,德国和西欧其他国家没有这样的调查活动,资产阶级和封建贵族还在极力掩盖社会的丑恶、剥削的残酷和工人阶级的苦难。马克思用柏修斯戴隐身帽的故事来讽刺德国等国掩盖社会真相的丑恶行径。

希腊神话中的英雄柏修斯戴着仙女赐给的隐身帽,为了不被妖魔看见,以便追赶和消灭巨魔。而德国等国的资产阶级和贵族地主则用隐身帽遮盖自己的耳目,无视和否认资本主义血淋淋的现实。既然如此,马克思只有选用有足够社会统计资料的英国来解剖资本主义。

事实上,马克思在《资本论》的写作过程中,广泛使用了英国社会统计资料。《资本论》一至四卷,都渗透着英国的调查统计资料。如果没有利用英国丰富的社会统计资料,马克思很难对资本主义分析得如此透彻。

最后,我们必须看到马克思以英国为重点研究对象的另一个原因是,英国有比较发展的资产阶级经济科学,便于马克思分析资本主义时参考。

随着英国资本主义的发展,从理论上解释资本主义经济现象的著作和学者不断出现。远在15世纪初和16世纪中期,反映商业资本主义的重商主义在英国显露头角。由约翰·海尔斯所著,威廉·司塔福特匿名出版的《对本国同胞若干不平意见之批判的记述》问世。托马斯·孟的《英国在对外贸易中的宝库或对外贸易平衡》也在这时期出版，提出了贸易平衡的理论。18世纪初至19世纪早期，资本主义上升时期，英国产生了古典经济学。其杰出的代表亚当·斯密和大卫·李嘉图在分析资本主义经济方面，提出了许多有价值的见解。特别是他们的劳动价值学说，对经济科学有重大的贡献，李嘉图看到劳动创造的价值既是工资的源泉，也是利润和地租的源泉，同时，也看到工人、资本家和地主之间在利益上的对立。古典经济学的理论对马克思劳动价值论和剩余价值论的创立起了理论先驱的作用。从1820年到1830年，英国在政治经济学方面更为活跃。这是李嘉图的理论庸俗化和传播的时期。当时出现了马尔萨斯和西尼尔一类英国资产阶级庸俗经济学家，前者捏造了一条所谓人口按几何级数、生活资料按算术级数增长的所谓人口规律，为资本主义造成的贫困和灾难辩解，后者提出所谓的"节欲论"为资本主义制度的剥削辩解。无论是古典经济学还是庸俗经济学，都能够从正面或从反面给马克思主义创始人提供重要资料。

同英国相比，德国等国的经济科学却显得十分落后。马克思说："在德国，直到现在，政治经济学一直是外来的科学""德国的政治经济学一直是学生"。可见，马克思选择英国作为典型，是因为这里还是经济科学的策源地。

二、对英国的最初研究

1843年10月，马克思因创办《德法年鉴》而迁居巴黎。1842年2月《年鉴》正式出版。由于这个刊物宣传唯物主义，革命民主主义，特别是马克思在这个刊物发表了《论犹太人问题》《黑格尔法哲学批判》等文，宣传唯物史观和共产主义。这就引起了普鲁士反动政府的惊慌，他们禁止刊物入境，并指控马克思"叛国和侮辱陛下"。这个刊物

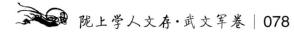

由于反动派的种种围剿,加上经费困难和编辑部政治上的分歧,不得不停刊。

《德法年鉴》停刊后,马克思着手科学研究和政论著作的写作。他在阅读法国资产阶级哲学家和历史学家的浩瀚著作的同时,深入钻研英国经济学家的著作,特别是集中较大的力量研读亚当·斯密和大卫·李嘉图的经济学著作。马克思这个时期的研究成果和研究情况反映在他一八四四年春天写的"手稿"中。这部"手稿"通过对资产阶级经济学开展论战和对黑格尔哲学的分析批判,考察了劳动在人和社会发展中的作用。从这篇"手稿"中可以看到马克思对亚当·斯密和李嘉图经济学说中某些科学的成分已有批判地继承。例如马克思谈到工资时,批判地接受了斯密的观点,近乎得出工资是劳动力的价格这一正确结论。马克思指出:"最低的和唯一必要的工资额就是劳动者在他劳动期间的生活费用和为使劳动种族不致死绝而额外给他的聊足赡养家族的费用。按照斯密的意见,通常的工资是适合于'光杆的人'、亦即适合于畜类生活水平的最低工资"。①马克思重点研究了劳动异化问题,同李嘉图等人认为资本主义是永恒的不变的观点相反,揭示资本主义必然崩溃的内在矛盾。指出资本主义社会,工人创造的产品不属于工人,而属于占有生产资料的资产阶级。劳动产品一旦为资本家占有,就变成奴役、压迫工人的力量。指出私有制是异化劳动的基础。

这个时期,恩格斯也开始全力以赴地研究英国。恩格斯1842年11月去英国曼彻斯特,到父亲与人合营的纺纱厂去工作。在途经科伦时访问《莱茵报》编辑部,第一次同马克思会晤。恩格斯在英国怀着巨大热情和兴趣研究英国的经济制度和国家制度,特别注意调查研

①马克思:《1844年经济学——哲学手稿》,第5页。

究工人阶级状况。恩格斯这个时期写了《英国对国内危机的看法》、《英国工人阶级状况》①和《政治经济学批判大纲》等著作。恩格斯的著作对马克思提供了重要参考。当马克思读了恩格斯写的《政治经济学批判大纲》后，感到他俩之间有许多共同语言，于是就开始同恩格斯通信。1844 年 8 月，恩格斯从英国回德国时，绕道巴黎会见马克思。他们在十天亲切的交谈中，互相感到对当代重大理论问题的看法完全一致。正如恩格斯回忆时说："我们在一切理论领域中都显出意见完全一致，从此就开始了我们共同的工作"。自此之后，二人建立终生友谊，并肩战斗了近四十年。大约在 1844 年，恩格斯甚至用全部精力研究英国。他 1844 年 11 月给马克思写信说"目前，我正埋头钻研英国的报纸和书籍，给我的那本关于英国无产者状况的书搜集材料"。②

　　1844 年前后，马克思恩格斯致力于建立新的世界观。恩格斯给马克思写信说："只要我们的原则还没有从以往的世界观和以往的历史中逻辑地和历史地做为二者的必然继续用几部著作阐发出来，人们就仍然不会真正清醒，多数人都得盲目摸索"。为了创立新的世界观和经济学说，马克思、恩格斯大约于 1845 年 7 月至 8 月专程去英国考察。他们在英国查找在布鲁塞尔找不到的经济文献。两位思想家大部分时间是在曼彻斯特的切特姆图书馆里度过。他们还在曼彻斯特和伦敦了解英国工人运动的情况，并会见了宪章派的左翼领袖，加强了同正义者同盟领导人的联系，还积极参加有各国政治流亡者参加的宪章运动者的会议。这次英国之行的意义非同凡响。他们不仅取得了创立新世界观和经济科学所需的材料，而且同英国工人运动建

---

　　①恩格斯一八四二年写过《英国工人阶级状况》的文章，一八四四年写过一本《英国工人阶级状况》的书，这里指一八四二年的文章。

　　②马克思恩格斯：《〈资本论〉书信集》，第 2 页。

立了必要的联系。这为他们进一步了解英国,编著《资本论》开拓了新的路子。

1847 年 11 月马克思因参加共产主义同盟第二次代表大会,又去伦敦宣传共产主义学说。虽说这次赴英,没有专门开展调查,但对英国的工人运动和革命形势有了进一步了解。

三、定居伦敦猎取浩瀚资料

马克思在他从事科学研究的黄金时代,就卷入了新旧世界斗争的惊涛骇浪。1840 年,由于普鲁士政府的坚决要求,法国政府把马克思作为一个危险的革命家逐出巴黎。他迁居比利时首都布鲁塞尔,同恩格斯一起参加了"共产主义者同盟",并于 1847 年 11 月参加该同盟的第二次代表大会,受大会委托起草了 1848 年 2 月发表的著名的《共产党宣言》。这部著作以透彻鲜明的笔调,完整地表述了无产阶级的世界观,深刻揭示了新世界创造者无产阶级的伟大历史使命。

然而,道路荆棘丛生,资产阶级和封建贵族阶级称雄的黑暗世界,哪里容得一个血气方刚的革命家存在。1848 年法国 2 月革命爆发时,马克思被逐出比利时。他重返巴黎,进行革命鼓动。奥地利三月革命后,他又从巴黎回到德国的科伦。1848 年 6 月至 1849 年 5 月,在科伦出版了《新莱茵报》,马克思任主编。《新莱茵报》以饱满的革命激情鼓动无产阶级革命,揭露和打击各国反动势力。为此,德国反动政府极力迫害这张革命报纸,通缉报纸编辑。后来报纸被迫停刊,马克思竟遭到逮捕和审判。1849 年马克思被逐出德国,亡命于巴黎。为时不久,马克思接到法国当局把他驱逐到摩尔比安的一个沼泽地去的命令,由于马克思的抗议,驱逐令暂时停止执行。过了四十天,法国政府又下了更坚决的驱逐令,要求马克思及其妻子必须在二十四小时内离开巴黎。在山穷水尽之时,马克思获得英国当局准许居留的信息,于是他就迁居伦敦,直至逝世。

对于英国,马克思并不陌生。因为他已经去过两次英国,对于英国的经济、政治和革命状况已有初步了解。但是,要完成通过解剖英国揭示整个资本主义经济运动规律的任务,已经获得的材料显得十分不足了。为了完成《资本论》的写作,马克思用毕生的精力调查研究英国。

当时,大英帝国处在世界的顶峰地位。有关资本主义的文献资料、统计报表和书刊最为丰富。大英博物馆是世界上首屈一指的资料库。马克思是大英博物馆的常客。马克思从家到大英博物馆要走一个小时的路。当时,博物馆没有电灯,即使晴日也光线不足,而伦敦又经常阴雨绵绵,雾气沉沉,阅读十分困难。马克思白天阅读一整天后,还要在家里工作到深夜。他曾诙谐地说:"我们在努力争取八小时工作制,可是我们自己却常常一昼夜做超过两倍于八小时的工作"。马克思每思考和研究一个重要问题,都要翻阅大量资料。为写《资本论》他曾仔细阅读了一千五百本书。马克思研究英国,除了依赖于历史文献外,还查找了无数官方的、民间的资料,特别是他还通过自己的观察和恩格斯的实地调查索取更可贵的实际资料。马克思写作《资本论》,从英国获取资料的来源是多方面的。主要的资料来源有三个方面。其一,官方资料。英国政府对国情调查很重视,经常定期派遣委员调查经济状况,有许多担任调查任务的视察员、报告医师都精干而又公正无私,能反映工人阶级和社会的真情实况。马克思在研究英国资本主义时,大量地利用了各种有价值的官方资料。当时,英国议会有一种很厚的蓝皮书,是发给议员们的国情报告。那些醉生梦死的议员们,根本没有兴趣看这些厚本材料。有的人把它当废纸出卖。有的把它当成练习手枪射击的靶子,通过计算子弹穿透的页数来测量子弹的威力。而马克思把这些蓝皮书当成宝贵材料。他把大英博物馆藏的视察员、报告员书写的各种蓝皮书几乎全部进行研究,利用这些材料来思考和编写《资本论》的有关章节。在马克思研究的官方资料中,除一般调查报告外,还有英国政府官员、国会议员和政客的著作。例如亨利·义释华特、舍夫茨别利伯爵、乔治·班克斯等资产阶级政府的官员的著作,马克思也充分研究并加以应用。

马克思研究的官方文件是各种各样的,其中有《工厂视察员·霍纳先生的建议》《工厂视察员报告》《就面包工人的申诉向女王陛下内务大臣的报告》《1861年爱尔兰面包业委员会的报告》《童工调查委员会》等各种报告等等。这些官方组织的调查材料,由于调查者多数为开明的知识分子,所以比较真实地揭露了资本主义血淋淋的剥削图景,把资本主义剩余价值的剥削形象化了。你看那些面包行业的资本家,"全靠欺骗公众,压榨工人,要工人劳动18小时,而只给12小时的工资"。①而劳动者的状况怎么样呢? 马克思引证《晨星报》的披露:"我们的白色奴隶劳作到坟墓里去了,无声无息地憔悴而死了"。②他又引证理查逊医生《劳动与过度劳动》中的资料说:"在梅里勒榜区(伦敦最大的市区之一),铁匠每年的死亡率为31‰,比英国成年男子的平均死亡率高11‰。打铁几乎是人的天生的技能,本来是无可非议的,只是由于过度劳动才成为毁灭人的职业。他每天能打这么多锤,迈这么多步,呼吸这么多次,干这么多活,平均能活比方说50年,现在强迫他每天多打这么多锤,多迈这么多步,多呼吸这么多次,而这一切加在一起使他的生命力每天多耗费1/4。他尽力做了,结果在一个有限的时期内多干了1/4的活,但是他活不到50岁,他37岁就

---

① 《马克思恩格斯全集》第23卷,280页。
② 《马克思恩格斯全集》第23卷,285页。

死了"。①于是马克思彻底戳穿了剥削有理的谎言。尽管熟读圣经的英国人,以为资本家、大地主和领干薪者是上帝的恩赐,但他却不知道,他每天吃的面包中含有一定量的人汗,并且混杂着脓血、蜘蛛网、死蟑螂和发霉的德国酵母,更不用提明矾、砂粒以及其他可口的矿物质了。马克思就这样通过一系列官方材料揭露资本主义的罪恶和资本主义剥削的实质。

其二,学者的著述资料。马克思在写作《资本论》中,英国学者的著作他差不多翻遍了。他不仅苦读亚当·斯密和大卫·李嘉图等杰出的古典经济学家的著作,并且博采庸俗经济学家和自然科学家、社会学家、地理学家、地质学家、历史学家的各种著作。他研究了苏格兰资产阶级经济学家亚当·安德森的贸易史方面的著作;研究约翰·巴顿、赛米尔·贝利、大卫·布坷南、约·弗·布雷、托马斯·达布尔德等成百名经济学家的著作。他还研究唯心主义哲学家乔治·贝克莱、法学家和文学家亨利·被德·布鲁姆、神学家约翰·布吕克纳、诗人和剧作家约翰·德莱登、物理学家和法学家威廉·罗伯特·格罗夫、数学家查理·赫顿等学者的论著。

马克思从这些学者的大量著作中吸取了研究英国和整个资本主义世界的珍贵资料和有价值的见解,把它批判地放在了《资本论》的有关章节。例如马克思在分析相对过剩人口时,就批判地分析和吸收了约翰·巴登、大卫·李嘉图、兰塞、琼斯等人关于"可变资本量累进减少的规律"以及关于资本划分的一些观点。马克思在脚注中说:"可变资本相对量累进减少的规律,以及那种规律对工资雇佣劳动者阶级状况所起的作用,已经有古典学派某些卓越的经济学家模糊地感觉

①《马克思恩格斯全集》第 23 卷,285 页。

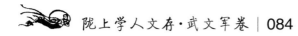

到,但没有为他们所理解。在这点上面,最大的功绩要归于约翰·巴登,虽然他和一切其余的人一样,"把不变资本混同于固定资本,可变资本混同于流动资本"。①在论证资本主义积累和原始积累问题时,马克思运用了英国《经济学家》杂志和其他经济学著作中的大量资料,从而使资本主义积累的规律有了活生生的例证来表明。

对于反动的庸俗经济学家的材料和观点,马克思进行深刻批判,揭示其理论和材料的虚伪性。例如,对资产阶级辩护师西尼尔的研究就是如此。西尼尔反对工人争取十小时工作日运动,认为工人每天工作 12 小时,其中 20 个"半小时"生产的价值补偿资本,3 个"半小时"生产的价值是总利润。其中总利润中有半小时生产的价值补偿资本,1 小时生产的是纯利润。如果工作时间缩短 1 小时,就会引起纯利润的消失,再缩短,总利润也会减少。因而缩短工作时对社会有百害无一益。马克思对这种谬论作了深入批判。指出西尼尔把具体劳动转移旧价值和抽象劳动创造新价值混淆了。如果在生产率不变的情况下工作日缩短一小时,生产资料转移的价值也会减少,而活劳动创造的价值和劳动力自身价值的比例仍然一样,纯利润并非化为乌有。马克思指责道:"但是这个致死的'最后一小时'——你们为它编造的神话比锡利亚信徒为世界末日编造的神话还要多——是'十足的胡说'。失掉这最后一小时,你们并不会丧失'纯利润',而你们使用的童男童女也不会失去'灵魂的纯洁'"。②

马克思对有些英国学者的观点和材料,在研究时还进行了补充、纠正或讲明在另一个领域使用时应当明确的问题。例如马克思对赫顿《数学教程》中关于工具与机器的概念,在经济学中运用问题,提出

①《资本论》第 1 卷,第 894 页.人民出版社,1965 年出版。
②《马克思恩格斯全集》第 23 卷,255 页。

了比较科学的观点。马克思指出数学家和力学家,认为工具是简单的机器,机器是复杂的工具。有些英国经济学家也重复这种论调,这就忽略了机器与工具的区别,混淆了资本主义生产的两个不同历史时期。马克思指出所有发达的机器是由发动机、传动机构、工作机(或工具机)三个本质上不同的部分组成。这就划清了机器与工具的界限。有利于分析资本主义的历史发展过程和生产方式的变革过程。

总之,马克思为了研究英国,解剖资本主义的机体,以惊人的毅力,研究了英国大量学者的经济、政治、哲学、历史、文学、自然科学等方面的成就,并进行了科学的分析,吸收了其合理的因素。

其三,直接观察和调查的资料。为写《资本论》而研究英国时,马克思不仅重视间接资料即文献资料的阅读、收集、分析、消化和运用,而且十分重视直接的观察资料。

马克思除了 1845 年和 1847 年两次到英国搜集有关资料外,他定居伦敦后十分注意观察英国的社会现实,直接收集反映英国国情的第一手资料。例如马克思很留神英国在资本积累的发展中人口和土地状况。他直接收集了"人口减少已经使爱尔兰许多土地排在耕作之外"的情况,他确切地掌握爱尔兰 1851 年到 1874 年,迁出的人口总数。他观察和掌握了大量雇佣工人遭到无端剥削和血腥压榨的材料。他通过《泰晤士报》和英国议院一些人的演说,了解到工人处在"不生不死状态"的情况。

马克思对英国的直接观察材料还来自早期大批无产阶级革命家和进步人士。例如格奥尔格·维尔特关于英国的政治随笔以及其他见闻都对马克思有很深影响。有些作品发表在马克思的《新莱茵报》上。马克思关于维尔特曾写道:"维尔特在经过大陆上的长期旅行之后现在又来到曼彻斯特。(他在七月底从西印度回来。)一个星期后他还要从这里远航热带。听他谈述旅行的经历非常引人入胜。他得到丰富的见闻和阅历"。①

马克思关于英国的直接观察资料主要来自恩格斯。恩格斯在19世纪40年代初专门调查英国工人阶级的状况,写了著名的《英国工人阶级状况》一书。这对马克思提供了观察英国资本主义社会的第一手资料。马克思在写《资本论》时作为一本极有价值的参考书来读。马克思在《资本论》第一卷的一条脚注中写道:"英国从大工业产生到1845年这段时期,我只在某些地方提到,详细情况,请阅读弗里德里希·恩格斯的《英国工人阶级状况》(1845年莱比锡版)。1845年以后发表的工厂视察员报告、矿山视察员报告等等,都说明了恩格斯对资本主义生产方式的精神了解得多么深刻;把他的著作和过18—20年以后才发表的童工调查委员会(1863—1867)的官方报告稍加比较就可以看出,他对工人阶级状况的详细入微的描写多么令人惊叹"。②马克思在写作《资本论》的过程中,随时从恩格斯那里询问有关英国的现实材料,而每次恩格斯都能如愿以偿。例如,1858年1月29日马克思给恩格斯写信说:"我在经济学的写作中遇到一个问题,想从你那里得到一些实际材料的解释,因为这在理论著作中是找不到的。这个问题是关于资本的周转,周转在不同种类企业里的差别以及它对利润和价格的影响"。③就连资本周转这样的小问题,马克思都要从恩格斯那里得到实际资料。而恩格斯经常把自己观察到的现实材料供给马克思。例如一八五七年经济危机期间,恩格斯几乎隔不了几

---

①《马克思恩格斯和第一批无产阶级革命家》,三联书店,1963年。
②《马克思恩格斯全集》第23卷,第268页脚注48。
③《马克思恩格斯〈资本论〉书信集》,第122页。

天要把曼彻斯特等地有关危机的详情书信告诉马克思。而马克思写信告诉恩格斯,他要把恩格斯提供的材料"分别记入几个主要笔记本中"。

四、运用"抽象力"剖析英国

马克思认为经济科学的研究,也应当在排除干扰的纯粹状况下进行。但是,却同自然科学的实验法和检验法不一样,不能用显微镜,也不能用化学试剂,而要用"抽象力"。就是对生动的、具体的、感性的材料,通过理性思维的科学分析,抽象出经济现象背后的本质和规律。对于英国资本主义也是这样。马克思把从英国收集到的各种材料,经过极其艰苦的分析、综合、改造制作,理出了典型资本主义英国经济结构的内在联系和发展变化规律,把它反映在《资本论》中。

马克思运用自己研究经济学的独特方法,对英国的材料进行过多方面的分类。马克思对这些材料的分类,主要是围绕《资本论》的结构分的。有些归于资本的生产过程,有些归于资本的流通过程和资本运动的总过程,有的归于理论史。同时他还从其他方面进行过分类,例如从生产力的发展,生产关系的变革,上层建筑的状况等方面也进行过分类。例如《1861—1863 年经济学手稿》中,第 V 本笔记的大部分和第 XIX 本笔记的全部和 XX 本笔记的一部分都是关于自然力和科学应用方面的材料。而在有些手稿和笔记中则收集了大量有关英国劳工法、工厂法等方面的材料。

马克思对英国资本主义分析是从纵向分析和横向分析两方面着手的。所谓纵向分析,也就是对英国资本主义形成史、发展史的分析。在马克思收集的资料中可以反映出英国资本主义生产关系发生和发展的蓝图。马克思事实上也对英国资本主义发展过程作了精辟的透视。阅读《资本论》,如果从资本主义历史发展的角度思考问题,会有

一部英国资本主义发展的教科书呈现在我们面前。

马克思认为资本主义发生和形成的就是劳动者被剥夺的历史。"而对他们的这种剥削的历史是用血和火的文字载入人类编年史册的"。这种剥夺的历史在不同的国家带有不同的色彩,按不同的顺序、在不同的历史时代通过不同的阶段。但是,"只有在英国,它才具有典型的形式,因此我们拿英国作例子。"①

马克思对英国资本主义的纵向分析,也是从两方面开展的,即一方面分析资本主义劳动过程发展的历史,即资本主义生产力发展史,另一方面从价值增值方面,分析资本主义生产关系发生、发展的历史。同时也从二者的统一方面,即生产方式内部矛盾的发展中揭示这一历史。当我们读第四编《相对剩余价值的生产》时,我们就可以清楚地看出在英国由古代的简单协作发展到资本主义的协作,由资本主义协作发展到工场手工业。而那种"钟表"生产的过程如何显示了工场手工业的特征。这里说到的局部工人及其工具、工场手工业的两种基本形式,正是英国手工业时期的写照。最后,我们看到机器大生产在英国的出现。瓦特发明的双向蒸汽机,在英国得到普遍使用。到了一八五一年,瓦特的后继者,博耳顿—瓦特公司,在伦敦工业展览会上展出了远洋轮船用的最大的蒸汽机。随着生产力的发展,资本主义生产关系也发展起来。手工业生产向机器生产过渡中,使劳动者同生产资料的分离过程也日益加速。同时,就出现了机器对工人的排挤。于是在英国就出现了大量失业人员。与此同时。资本主义也渗透到英国农业领域,大片土地变成了牧场,农民变成了鸟一样的自由劳动者。"大约在 1750 年,自耕农消灭了,而在 18 世纪最后几十年,农民

①《马克思恩格斯全集》第 23 卷,784 页。

公有地的最后痕迹也消灭了"。①于是,我们在英国,在资本家一极看到的是财富的积累,在工人一极是贫困和苦难的积累。在英国,一方面有住在"水晶宫"的"肥牛",即资本家,另一方面有"穷窟里",快饿死的人。在曼彻斯特工人的平均寿命只有 17 岁,在利物浦只有 15 岁。看,一部活生生的英国资本主义发展史呈现在我们面前了。

马克思对英国的横向分析,主要是对成熟的英国资本有机体的结构进行解剖。马克思自己明确申言,资本主义社会不是一个凝固的结晶体,而是变化的机体。马克思以英国为典型,解剖了资本主义有机体的结构和构成其生命整体的各个脏腑。马克思首先抓住英国资本主义社会最基本、最普遍的现象,即庞大的商品堆积。通过资本主义最小单元商品的分析,逐步过渡到对资本主义整体的认识。马克思的分析认为,在英国,资本是社会经济的中枢神经,它是资本家的人格化。资本的功能是产生剩余价值。生产剩余价值,赚钱发财,是资本主义生产的最终目的。资本是运动的,通过不断地运动,不断再生产和发展自己,扩大自己。资本与工资是相对立的,是这种生产关系中资本家和工人对立的表现。马克思由此出发,把资本主义的生产的商品总价值分为三部分,即不变资本、可变资本和剩余价值。马克思进一步解剖了剩余价值内部的结构。指出在资本主义社会,产业资本是占主导地位的资本,商业资本、银行资木、借贷资本、土地占有者的地租,都处于从属地位。于是在英国这样的资本主义社会结构中,就有以产业资本为中心的,包括商业资本、银行资本、借贷资本、土地占有者在内的剥削者集体。最后,马克思从英国资本主义复杂的经济关系中,揭示出了资本主义社会的基本阶级关系。指出:"单纯劳动力的所

①《资本论》第 1 卷,第 791 页。

有者、资本所有者和土地的所有者——他们各自的收入的源泉是工资、利润和地租——也就是说,雇佣工人、资本家和土地所有者,形成建立在资本主义生产方式基础上的现代社会的三大阶级。"①

原载于《兰州大学学报》,1984 年第 4 期

---

① 马克思:《资本论》第 3 卷,第 1000 页。

社会主义和谐文化形态及其形成

社会主义和谐文化建设是近年来中央提出的社会主义精神文明建设的重要任务，社会主义和谐文化的形态问题是人们刚刚开始研究的新课题。社会主义和谐文化的建设要以马克思主义的世界观和方法论为指导，以中华优秀文化的传承为动力，以社会主义物质文明建设为基础，以吸收世界先进文化为养料。因此，我们在研究社会主义和谐文化体系时，要从哲理的角度、传承的角度和文化开放的角度，物质文明建设与精神文明建设相互促进的角度做全面的考量，才能够揭示社会主义社会和谐文化形态的本质，理清和谐社会文化存在的多样化形态。

一、社会主义和谐文化体系

1. 哲学理念的和谐文化体系

社会主义和谐文化及其形态是建立在马克思主义认识论和方法论以及历史观的基础上的，必须用马克思主义理论阐明社会主义社会存在社会和谐的理论根据，而后才能明确建立社会主义和谐社会的必然性和必要性。要认识社会主义和谐的文化形态，首先要明确社会主义和谐社会的理念形态。

（1）树立社会主义和谐社会的"合力"理念

过去一度强调社会的发展只是某些群众推动的，侧重于强调以革命阶级为主体来建立社会主义社会形态，而忽视了社会发展中多数阶层、多种力量互相合作和协同的作用。恩格斯在探讨历史发展的动力时，明确指出：历史的发展不是由一种力量直线推动的，而是由多种力量形成一个"平行四边形"，从而出现一种"合力"来推动历史向前发展。

今天我们构建社会主义和谐社会，必须在思想观点领域树立"合力"历史观，既然如此，构建社会主义和谐社会，必须要联系各阶层、各民族、各种社会力量来共同推动社会主义现代化的进程。可见，合力论是社会主义和谐社会建立的一个重要哲学理念形态。

（2）树立社会主义和谐社会的"对立统一"理念

宇宙万物都存在着对立统一的两个方面，然而这两个方面除了存在对立性外，还存在着一致性、统一性和和谐性。过去在社会主义建设中，片面强调事物的对立性，强调事物一分为二，提出了"斗争是社会前进的动力"。这样解释对立统一规律，实际上就取消了建立和谐社会的哲学理念。今天，我们要构建社会主义和谐社会，形成社会主义和谐文化，必须从哲学理念上纠正对辩证法的片面解释，必须认识到事物对立统一的两个方面，其前提是具有一致性和统一性。社会的各种力量、各个阶层都有"和合而一"的趋向，尤其在社会主义社会，在建设中国特色社会主义现代化的大目标下，其利益的共同性、资源的共享性、风险的共担性表现得更为突出，因此必须树立各种社会力量和平相处，共存共荣的理念。在处理社会矛盾上，要求同存异，互利双赢，消除独家经营、铲除异己、垄断市场等分离社会的行径。

（3）树立经济建设与文化建设"同一性"理念

马克思主义的认识论认为，在思维与存在、物质与精神、经济建设与文化建设的关系上，其相互之间既存在差异性，又存在同一性。今天构建社会主义和谐社会，必须深刻理解恩格斯"思维与存在同一性"的哲学思想，要在物质文明建设和文化建设中，树立和谐理念，要明确物质文明建设是文化建设的基础，而文化建设则是推动物质文明建设的重要动力，没有文化的经济，只能是原始的、粗放的经济；没有物质基础为支撑的文化，只能是一种贫乏的文化。因此，要牢固树立经济建设与文化建设"同一性"的理念，以寻求经济与文化之间的和谐友好。

2. 文化传承的和谐文化体系

社会主义的和谐文化，它不是建立在空中楼阁之上，而是中华民族优秀文化传统的继承、改造和发扬。中华民族思想文化传统中有一条主线就是"和合文化"。无论是儒家文化，魏晋玄学文化，还是道家文化，以及隋唐佛教文化，宋明理学等学术文化都强调人与人之间的宽容、合作、谅解、仁爱等"和合"文化意识。今天，我们倡导的社会文化和谐文化形态有些就是传统文化在新的历史条件下的转化形态。

（1）从"天人合一"到人与自然的和谐相处

中国古代的思想家孔子、孟子、老子都有天人合一的观点，把人看成自然界的一部分，把人命看成是天授之命，即"天命"。告诫人们要尊重天，敬畏天，利用天。儒家所宣传的天时、地利、人和就是讲人们在生存过程中要遵循天地万物的运行规律，并且在人际之间建立和谐关系。由于受西方的"人类中心主义"的影响，在我国一度提出了"征服自然""与天地斗"的概念，把自然界看成被人任意征服的对象。对自然采取掠夺性的开发经营方式。面对这种人与自然的不协调状态，在我国发展的关键时期，中央提出构建和谐社会的要求，其中重要的一个内容是人与自然的和谐相处，要讲和谐文化的形态，人与自然的友好形态才是至关重要的和谐文化形态。

（2）从"仁者爱人"到社会群体的关爱

中国传统文化中充满着一种人群之间的相互亲爱的人道主义精神。儒家学说的核心是"仁"，而"仁"的实质是"仁者爱人"或者"泛爱众而亲人"。墨家学派提出"公相害,兼相爱,爱无差"等的社会理想。儒家的亚圣孟子提出"老吾老以及人之老,幼吾幼以及人之幼"。中国的古籍《礼记》提出了"天下为公,人相爱"的社会理想:"大道之行也,天下为公,选贤与能。讲信修睦。故人不独亲其亲,不独子其子,使老有所终,壮有所用,幼有所长,鳏、寡、孤、独、废、疾者皆有所养"。胡锦涛总书记在阐述构建和谐社会的科学内涵时,提出了诚信友爱的论断,这是对我国传统的"仁爱"文化的继承和发扬,是人道主义的社会主义表现方式。我们要破除过去宣扬的一些阶级偏见,认为人与人之间只存在阶级对抗和异化关系,一些人提出所谓在人之间奉行"狼"哲学。在今天的市场经济的条件下,把人与人之间的关系看成是狼与狼之间的关系。还有一些人奉行拜金主义的价值观,否定人之间的相亲相爱的关系,否定社会主义的人道主义。针对这种文化扭曲现象,我们更要继承中华民族"仁者爱人"的光荣传统,形成社会主义社会的关爱文化。只有社会人群之间的相互关爱,在社会上形成一种"爱"的文化氛围,才能达到社会的和谐。

(3)从"民贵君轻"到执政为民

儒家大师孟子发挥了孔子的民本思想,提出了"民为贵,社稷次之,君为轻"。他还坚持历史主义的方法,分析了桀纣失败的教训和尧舜成功的原因,提出了"得民心者得天下,失民心者失天下"的结论。他提出当政者要实行"仁政"。所谓"仁政",就是亲民爱民之政。几千年来,民本思想、民本文化曾贯穿于中国历史发展的长河之中。中国共产党人的宗旨就是全心全意为人民服务,做人民的公仆,这是中国共产党对政权性质的界定,也是对官民关系的界定。然而,由于国际国内环境的变化,执政党的一些党员出现背离人民利益的腐败行为,针对这种状况,党的第三代领导集体提出了"三个代表"重要思想。胡锦涛总书记提出了:"乐民之乐者,民亦乐其乐;忧民之忧者,民亦忧其忧"。并且明确指出顺民意、谋民利、得民心,要实现好、维护好、发展好最广大人民的根本利益,要坚持权为民所用,情为民所系,利为民所谋。由此可见,要谈社会主义的和谐文化,执政为民的政治文化是这种文化的主要形态。

3. 生存环境的和谐文化体系

近几十年由于人类对自然资源掠夺性开采和无限度的利用,造成了生存环境的恶化,农田锐减,森林遭毁,沙漠化扩大,工业"三废"污染城市生存环境,人们面临着水资源、矿产资源和各种资源的全面短缺,这就使我们的环境出现了"非文化状态"或者称"环境文化的不和谐状态"。

(1)自然原生态文化

人类的活动已经使自然的原貌发生了巨大的改变,其中一些是正效应改变的,如荒漠变良田、水土流失治理、城市环境美化,但相当一部分是负效应的变化,如一些青山绿水之地变成了浓烟滚滚的城镇。因此,恢复自然的原貌,加强自然原生态的保护是社会主义建设的重要内容,是环境文化体系的重要形态。要扩大自然保护区的范围,要保护生物的多样化,要保护草原、湿地和冰川、沙漠的原生状态。世界开展的自然遗产和文化遗产保护活动,我国的退耕还林、还牧等措施都是在恢复原生态文化。原生态面积越大,水平越高,人类的生存环境就越优越,人类的幸福度也就越高。

(2)资源的"闭路"循环态文化

由于资源的大开发,高利用、高排放、高污染既带来资源短缺,又造成环境变化,于是在资源利用领域出现非文化和反文化的现象。同时,在资源利用方面人们提出纠正反文化的循环经济模式,这就是按照减量化、再利用、资源化的方式,使各种自然资源能被反复、不断利用,变废为宝。这样就可以出现尽可能少的资源消耗和尽可能小的环境代价,取得最大的经济产出和最小的废物排放,实现经济效益与环境效益的统一,形成资源节约和环境友好型社会,这既是经济建设的新方式,又是环境文明建设的新形态。

(3)对地球的全面关爱形态

针对全球性的资源枯竭和环境恶化现象人们提出一个响亮的口号,即"我们只有一个地球,我们必须关爱地球"。从而在全球范围内开展生态文明化的一系列行动,包括世界环境日、世界水日、世界文化遗产日等活动,在我国开展了对"三江三湖"的治理,开展了关爱母亲河的行动,许多地方还开展了爱鸟爱草活动,人们正在由对自然环境的掠夺性开发转为与自然环境的和谐友好。人们在千方百计采取各种措施约束自己破坏自然生态的行为,要把关爱我们的地球做为一种理论、一种文化长期坚持下去。

4.人际关系的和谐文化体系

马克思指出"人是社会关系的总和",这就深刻地揭示了人的社会性。要构建社会主义和谐社会,研究社会主义和谐文化,应当高度关注人际关系的和谐。在新的历史条件下,我国社会的人际关系发生了巨大的变化,旧的阶层在消失,新的阶层在产生,人际关系出现复杂化局面。由于利益差异、地位差异及生活方式差异,人际关系中出现诸多的不协调,甚至对抗和对立,这就必须在人际关系领域寻求和谐文化的方式方法,建立多样化的和谐文化形态。

在我国古代思想家的伦理道德建设思想中,"荣辱"思想是一个重要内容。孔子和孟子都曾提到"知荣知耻"的问题。管仲曾讲"衣食足而知荣辱,仓廪实而知礼节"。推行市场经济以来,由于拜金主义猖獗,一些人颠倒了荣辱意识,造成了思想道德的滑坡。针对这一问题,胡锦涛同志提出"八荣八耻"的社会主义荣辱观,要求人们树立爱国、守法、勤劳等光荣意识和信念,反对违法、失信等羞耻行为。只有树立社会主义的荣辱观,才能在人际关系中形成互信互爱,团结向上的氛围。所以,在全社会形成良好的荣辱文化,人际关系的和谐就有了共同的道德信念。

（1）关爱文化

社会主义人际关系中,要继续倡导人道主义,就是要热爱人、尊重人、把人当人看;要保护和尊重人权,在全社会消除隔阂、对立和不和现象;要在阶层之间、民族之间、上下级之间、邻里之间、父子之间、夫妻之间广泛形成相互关爱的意识,建立社会主义的关爱文化。

（2）廉政勤政文化

要在群众与领导层之间建立和谐关系,关键问题是领导层要树立勤政廉政意识,做到权为民所掌,情为民所系。在社会主义市场经济条件下,由于市场机制的不完善,往往出现权力介入市场,官员"寻租"行为,从而形成严重的腐败现象。腐败之风是离间党群关系、官民关系的一副毒剂,因此在党政领导层要倡导勤政廉政,形成勤政廉政文化,这是社会主义人际关系文化的重要形态。

（3）公共文化意识

由于中国小农经济的根基深厚,人们往往是"各人自扫门前雪,哪管他人瓦上霜",缺乏公共意识。这样就出现爱家如宝,漠视公共利益,甚至出现一些侵害公共利益,侵吞和破坏公共财物,扰乱公共秩序的行为。因此,要大力倡导树立公共意识,维护公共利益,爱护公共财物。当前,要特别倡导志愿者活动,不计个人得失为社会公益事业服务。只有树立公共文化意识,才能提升人际和谐的文化水准。

（4）诚信文化

诚信是中华民族的优秀文化传统。古代典籍《中庸》认为"诚"为天下之达道。孔子把"信"作为伦理道德的重要内容。当今,由于市场经济的法制法规不健全,所以,在经济领域出现诚信失守状态,在经济交往中,商业欺诈比比皆是,这就必须倡导诚信文化,要在经济领域树立诚信的经济伦理观念,要信守合同契约,遵纪守法,使商业关系沿着健康文明的方向发展。

(5)均衡文化

中华民族向来有"均衡"的意识,曾有"不患寡而患不均"的论断。社会主义社会既承认差别,又强调共同富裕。目前,在收入分配方面,地区之间、阶层之间、城乡之间的差别都在扩大。收入差别的过大,必然引起贫富之间的矛盾和对立,因此,在收入分配领域强调缩小差别,扶贫济困,使人与人之间富裕程度趋于均衡。财富趋于均衡的分配方式,既是一种制度,又是一种和谐文化。

二、社会主义和谐文化形态的养成

社会主义和谐文化是一种全新的文化体系,要在全社会和全体公民中养成和谐文化的习惯,形成和谐文化的形态,需要从各个方面入手,大体上应当从如下几个方面促成社会主义和谐文化的形成。

1. 马克思主义文化理论的熏陶

马克思主义是一种科学的世界观和方法论,它是中国共产党的指导思想,也是构建中国和谐社会的指导思想。只有在马克思主义的指导下,才会有健康的和谐文化形态。

要倡导公民深入理解马克思主义关于世界和谐的方法论,学习掌握马克思主义辩证法,认识对立面的必然联系,要深刻理解思维与存在具有同一性的观点,社会发展是由各种合力构成的观点,从而建立和谐社会的哲学理念。同时要深刻理解马克思主义关于无产阶级既要解放自己,又要解放全人类,无产阶级必须同农民阶级和其他社会阶层建立统一战线,才能取得革命的胜利的理论,还要深刻理解马克思主义关于主体民族与少数民族共存共荣的理论,这一切都有利于我们在哲学和世界观层面上建立和谐文化的理论基础。

要着重学习领会中国化的马克思主义。这就是毛泽东思想、邓小平理论和"三个代表"重要思想。毛泽东关于社会基本矛盾的论述和正确处理人民内部矛盾的理论是我们构建和谐社会的重要指导思想,邓小平关于实事求是,解放思想,团结一致向前看的论断是全民族实现和谐的根本指导思想。党的第三代领导集体关于"三个代表"重要思想是新时期构建和谐文化的理论纲领。代表人民群众最根本的利益这一点真正做到了,和谐社会和和谐文化的建立就有了根基。

2. 中华民族优秀文化的传承

社会主义和谐文化必须扎根于中华民族优秀文化的土壤之中,离开中华民族五千年优秀的传统,社会主义和谐文化就是"无源之水,无本之木"。在中国传统文化中,充满着"和合"文化精神。先秦文献《尚书》就在各诸侯国的关系中强调"协和万邦",而《诗经》中也提出"亦有和羹,既戒既平"的主张,《周易》在正告人们应对天道变化时,要做到"保和太和",就是说只有做到"保和太和"万物才能生长,万国才能安宁。西周末年针对世道之乱,《国语》中提出了"和合"的思想。史伯存与郑桓公纵论"成天下大功"的时候,指出"商契和合五教,以保于百姓者也",就是说殷民祖先商契能了解民情,因化施教,父义、母慈、子孝、兄友、弟恭,百姓和睦,天下得以兴盛。有些学者认为中国人是从"和"而来,"和"是中国文化传统的精髓,和合构成了中国人的核心价值观。因此,要构建和谐社会,形成和谐文化,必须传承中华五千年"和合"文化传统。

3. 世界先进文化的吸收

当今世界是一个大开放、大交流、大竞争的时代,要建立社会文化和谐文化,必须吸收世界先进文化的有益成分。中华文明发展的历史经验表明,中华文化的兴盛与复兴总是同兼容世界文化相联系,而中华文明的衰退总是同闭关锁国、夜郎自大、藐视世界文明相联系。在中世纪中国文化曾有一个长期称雄世界的辉煌阶段，而到近代则迅速衰落下去，究其原因，在于明清以来的锁国政策所致。清代皇帝落后到不知世界上还有个英国，而且认为西方人在大清王朝面前都不堪一击。这种封闭落后的意识，造成了中国近代科学技术的停滞，引来了洋人用炮舰政策来征服中国，使中国变成了半封建半殖民地社会。晚清的志士仁人看出了中国落后愚昧的重要症结之一在于闭关锁国，夜郎自大。针对这种弊端，一些有识之士提出了"师夷长技以制夷"的方略，就是用夷人（洋人）的先进科学技术而抵制夷人（洋人）对中国的侵略和掠夺。还有一些学者提出"西学东渐"和"旧学新知"，"中学为体，西学为用"，都主张引进和学习西方先进的科学技术和文化。随之，外国的各种科学和理论进入中国，尤其一些西洋的生产技术和产品也进入中国，这对打破封建锁国观念的束缚，促进中华民族的觉醒和国家的复兴都起了难以估量的作用。在我国的思想理论建设过程中，也曾出现过要不要吸收世界文化，如何吸收世界文化的争论，也出现过抵制一切国外先进文化的教训，文化大革命期间和之前的一段时间曾经在反帝、反资、反修的口号下，把国外一切文化成果、生活方式，包括一些科学技术都视为资本主义。在反资反修的运动中，曾清剿过一些流入国内的外国古典的或近代的文学作品和各类艺术品，也批判过一些研究西方文化的学者。对于外国的一切视为"洪水猛兽"，把国外的广播电台称为"敌台"，不能收听。把外国的文学作品一概称为淫秽的色情文化，把国外的生活方式一概称为资产阶级生活方式。从而使国人闭目塞听，思想文化更为封闭。

今天，我们处在一个全球化、综合国力竞争激烈的时代。信息传播变得越来越快，地球变得越来越小，这就对中国和谐文化的养成提出了一个时代性问题，是融入世界文化发展的新潮流，还是拒绝世界文化而闭门谈修养、谈先进？无疑，当今我国和谐文化的构建必须同吸收世界先进文化相联系，要善于吸收和兼容世界一切先进文化成果。一些发达国家实施人性化管理，倡导尊重人权，尊重人的创造性。另外，一些东方国家大力倡导经济伦理行为，在全社会提倡公共意识和奉献者行动，世界上大多数国家都已经从征服地球的噩梦中惊醒，倡导人与自然的和睦相处，用巨额投入恢复生态，美化环境，积累了许多成功的以验，我们应当将其作为一种文化引进吸收，以丰富我国社会文化和谐文化的内容。当然，在吸收国外文化过程中要有取舍，吸收的是真正先进的东西，而同时要警惕国外腐朽文化的侵蚀。我们所说的国外先进文化，是指那些对中华民族的经济文化发展真正有启迪作用、推动作用的文明成果。

4. 在社会实践中不断总结完善和谐文化的经验

社会主义和谐文化的建设，既要继承中国历史上和合文化的传统，但特别重要的是要在社会主义建设的实践中创造新型的和谐文化。中华民族正在从事前所未有的伟大事业，就是建设社会主义现代化国家，我们的和谐文化就是要在现代化建设的伟大实践中，不断创造、不断完善，要总结我国经济建设的正反两方面经验。在经济领域，要树立和谐的伦理道德观念，形成诚信的商业意识，社会资源的节约意识，人与自然的共存共荣意识。在精神文明建设领域，要全方位推进和谐社会的建设，如建设生态文明县、和谐乡镇、和谐校园、和谐家庭等，要在和谐社会的建设中，形成系统的和谐文化。在政治文明建设中，要大力倡导民主法制建设，特别是要开展廉政建设，协调官民关系，形成高效文明的办事风格。建立亲民政府，廉政政府，效率政府，形成和谐的政治文化。

社会主义和谐文化带有我们的时代特点，这就是全球化、信息化和知识化的时代特点，我们要放眼世界，参与全球化，充分利用两个

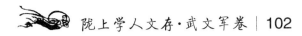

市场,两种资源,用构建和谐社会的姿态形成我国的和谐文化。

原载于《兰州学刊》,2006 年第 11 期

经济研究

《资本论》中经济范畴的运动形式问题
——读《资本论》札记

经济范畴是客观经济关系和经济现象的理论表现。任何一种客观的经济内容在它的生成、发展和衰落过程中，总要采取一定的形式。因而反映客观经济关系的经济范畴在它的生命历程中总要以各种形式来表现自己。马克思在他从事政治经济学研究的生涯中，十分注重分析经济范畴的运动形式。马克思曾赞扬古希腊思想家亚理士多德"最早分析了价值形式"；①他批评古典经济学家李嘉图没有深入研究"作为商品的统一体的劳动赖以表现的特殊形式"。②马克思在《资本论》中自始至终贯穿着对经济范畴的运动形式的科学分析和深入研究。他说："研究必须充分地占有材料，分析它的各种发展形式，探寻这些形式的内在联系。只有这项工作完成以后，现实的运动才能适当地叙述出来"。③马克思在《资本论》中通过对一系列经济范畴的运动形式的剖析，揭示了资本主义社会的经济实质和整个人类社会生产中的一些普遍规律。

当前，研究马克思在《资本论》中关于分析经济范畴运动形式的科学方法，不仅对我们研究社会主义经济运动的方式和规律有指导

---

① 《马克思恩格斯全集》（第 23 卷），人民出版社，1997 年，第 73—74 页。
② 《马克思恩格斯全集》（第 26 卷 Ⅲ），第 149 页。
③ 马克思：《资本论》（第二版跋），《马克思恩格斯全集》（第 23 卷），第 23 页。

意义,而且对我们研究整个社会和自然现象有重大指导作用。本文就《资本论》中关于经济范畴运动的主要形式以及这些形式在认识论和方法论上的重要价值,进行初步探讨。

一、《资本论》中经济范畴的各种运动形式

《资本论》按照马克思自己的话来说是"研究资本主义生产方式以及和它相适应的生产关系和交换关系"的。那么,马克思在《资本论》中用怎样的方式和手段来分析资本主义的生产方式、生产关系、交换关系的呢?简言之,他是通过建立一系列科学的经济范畴以及分析这些范畴的运动形式来完成这个任务的。

《资本论》最中心的经济范畴是剩余价值。正如恩格斯指出的"马克思的整本书都是以剩余价值为中心的"[①]。第一卷研究资本的直接生产过程,主要分析剩余价值的生产问题;第二卷研究与生产过程密切相连的流通过程,主要分析剩余价值的实现问题;第三卷研究资本主义生产的总过程,主要分析剩余价值的分配问题。马克思围绕分析剩余价值这个中心范畴,在《资本论》中又提出和研究了其他一系列经济范畴。在我看来,《资本论》中研究的经济范畴可以划分为三种类型:一种可以称为内在的经济范畴,这种经济范畴反映经济关系的实质,它以极其抽象的方式存在着,人们从直观上是摸不着,看不见的,只有通过其他经济范畴和其他表现方式来加以反映。在《资本论》中这类经济范畴主要有价值、剩余价值、抽象劳动、剩余劳动、必要劳动、劳动力的价值等。另一种可称为外在的经济范畴。这种经济范畴是对经济关系的外部现象的反映,它往往是第一类经济范畴的表现

---

①恩格斯《反杜林论》,《马克思恩格斯选集》第3卷,第252页。

形式或转化形态,它在人们的直观中是可以捉摸的。在《资本论》中,这类范畴有使用价值、货币、工资、生产价格、商品价格、具体劳动等。第三类可称为中间型经济范畴。这种经济范畴往往反映呈现在社会表面的经济现象,但它是抽象的现象,不是具体的现象。它一方面是第一类经济范畴的表现形式和转化形态,另一方面,它往往要靠第二类经济范畴反映自己、表现自己、使自己具体化。如资本和利润等范畴就是如此。资本在资本主义社会是可以捉摸的,它是能带来剩余价值的价值,它是价值和剩余价值的表现形态。但是,资本不是一个笼统的存在物,它是以货币资本、生产资本、商品资本的形式存在。利润也是如此,它是剩余价值的转化形态,是反映剩余价值的。然而,而资本主义社会利润不是抽象的存在,它是以平均利润的形式以及产业利润、商业利润、银行利息、地租等具体形态存在。利润既是表现剩余价值的形式,又要靠其他一系列经济范畴来表现自己。

在《资本论》中无论是哪一种经济范畴都有自己的存在方式和运动形态,而各种经济范畴之间也以有机的因果联系方式,开展一系列矛盾运动。

在研究资本的直接生产的《资本论》第一卷中,经济范畴的运动形式和表现形态是这样展开的:首先分析一般商品生产中商品的流通形式和价值形态的发展形式。资本主义社会的财富表现为"庞大的商品堆积",而单个商品表现为"财富的元素形式"。但是,商品是具有二重属性的东西,表现它的物质内容的使用价值这一属性是可见的可感的,而表现它的社会形式的价值这一属性是不可感受的,不可直观的,它是靠交换价值这种形式来表现自己,反映自己的。所谓"交换价值首先表现为一种使用价值同另一种使用价值相交换的量的关系或比较"①。为什么商品会产生使用价值和价值之间的矛盾呢？马克思科学地分析了创造商品的价值和使用价值的人类劳动，指出商品的二重性是由人类劳动的二重性决定的。人类的各种不同的生产劳动都有不同的目的、操作方法、对象和结果，因而人们的劳动都是具体劳动。然而，抛开劳动的具体特点，一切劳动"都是人类劳动力的耗费""都是人的脑、肌肉、神经、手等等的生产耗费"，从这个意义上讲，人们的劳动都是等一的抽象劳动，而价值正是凝结在商品中的人类的抽象劳动。这里提出了具体劳动是抽象劳动的表现形式，马克思接着分析价值的历史发展形式和运动形态。指出在商品交换的最初历史时期，价值是以简单的偶然的价值形式来表现自己，也就是两个原始公社之间的物物交换，用 X 量商品 A=Y 量商品 B 的形式来表现价值。在商品交换的进一步发展中出现了总和的或扩大的价值形式。这时，一种商品可以同许多种商品进行交换，在相对价值形态一端虽然是一种商品，而在等价形态一端则有无数种商品充当等价物。但价值形式的发展并未终止，于是在进一步发展中出现了一般的价值形式。这种价值形式"恰似扩大价值形式的序列颠倒"。就是无数种商品（使用价值）用一种商品（使用价值）充当等价物。马克思指出一般价值形式出现后，"商品世界的统一的相对价值形式才获得客观的固定性和一般的社会效力。"最后，金银等贵金属取得了充当等价物的"独占地位"。于是，商品的一般价值形式就转化为货币形式。至此，货币起源的秘密揭开了，价值形式在简单商品生产条件下的发展过程也暂时完成了。

　　《资本论》在深入地细致地分析了价值形式的发展后，开始分析

---

　　①马克思：《资本论》（第 1 卷），人民出版社，1986 年，第 49 页，以下未注引文均系《资本论》（第 1、2、3 卷）。

在直接生产过程中资本的运动形式。马克思指出"商品流通是资本的起点",而货币这一商品流通形式的"最后产物",则"是资本的最初表现形式"。于是马克思从货币在流通序列中的位置变化来分析资本运动的形式同商品流通形式的区别。马克思指出,在货币产生后,商品的流通形式是 W(商品)–G(货币)–W(商品)。这个形式分为两个行为步骤:W–G 这是商品的第一形态变化或者叫卖,G–W 是商品的第二形态变化或者叫买,整个过程可以叫做为买而卖。而资本流通的形式则不然,它表现为:G(货币)–W(商品)–G′(增殖的货币)。这种形式同商品流通形式的共同点在于其中流通的每一个阶段,都同样有两个物的因素:商品和货币相对立,都是卖和买两个对立阶段的统一。但是,资本流通同一般商品流通具有相反的序列,一般商品流通是以卖为始,以买为终,最终追求的是使用价值。而资本流通则是以买为始以卖为终。这种循环的决定目的是交换价值本身,不是使用价值。说得更准确些,资本循环的目的是追求价值的增殖。马克思进一步指出:"其中的 G′=G+△G,即等于原预付货币额加上一个增殖额"。这个增殖额叫什么呢? 马克思说:"我把这个增殖额或超过原价值的余额叫做剩余价值"。

马克思在分析了资本的流通形式后,接着分析资本向剩余价值的转化形式。任何商品生产过程都是劳动过程和价值形成过程的统一,但是资本主义商品生产则是劳动过程与价值增值过程的统一。从劳动过程看,劳动不断由动的形式转化为存在形式,由运动形式转化为物质形式;不同性质的劳动创造不同的使用价值。而价值增值,从现象形态看,好像是钱生钱? 于是马克思根据生产的不同要素在价值形成上的作用,提出了不变资本和可变资本这两个经济范畴。并且研究了这两个范畴的不同运动形式。指出购买生产资料的那种不变资本在运动过程中其物质形态变形了,其价值转移到新产品中去,价值量并未增加;而购买劳动力的可变资本在运动过程中,不仅能够补偿本身消耗的价值,而且能够"每时每刻都形成追加的价值,形成新价值"。而剩余价值正是劳动过程中的主观因素,即发挥作用的劳动力创造的。

在分析了资本的不同要素的运动形式之后,马克思着手分析资本家榨取剩余价值的不同方式。马克思指出了绝对剩余价值和相对剩余价值的范畴。当然这两种范畴是很抽象的,是难以捉摸的。而马克思紧紧抓住生产价值上必要劳动时间和剩余劳动时间这个可见的时间形态来表现这两种范畴的内容。指出通过延长工作日,绝对地延长剩余劳动时间而生产的剩余价值叫绝对剩余价值,而把通过缩短必要劳动时间, 相应地改变工作日两个组成部分量的比例而生产的剩余价值叫相对剩余价值。

为了进一步阐明资本剩余价值的剥削, 在分析了绝对剩余价值和相对剩余价值生产后,又提出了劳动力价值这个范畴,并且分析了它的转化形态和运动形式。马克思指出劳动力的价值在表面上表现为劳动的价值或价格,"这个现象形式,使现实关系隐而不显"。实际上劳动力的价值相当于生产和再生产劳动力所需的生活资料的价值,它的表现形式是工资。他指出工资这个经济范畴则是劳动力的价值或价格的转化形式。与此同时,马克思又分析了工资的形式,指出无论是计时工资还是计件工资,都是劳动力的价值的转化形态。从工资形式问题上分析了劳动力价值和价格变化的状态和原因。

最后, 马克思进一步从资本主义的再生产角度考察了剩余价值的转化形式。假定在简单再生产条件下,资本则以同样的规模,即马克思指出的"圆形运动"进行循环。然而资本主义生产实质上是扩大的再生产。这样,一部分剩余价值就不进入资本家个人的消费领域,而要加到原资本中去,形成资本积累。剩余价值在资本主义生产中,就以不断积累不断资本化的形式形成资本主义的扩大再生产。马克思把剩余价值转化为资本的运动形式称为"螺旋形运动"。

总括起来《资本论》第一卷中以科学的结构,主要分析了如下一些经济范畴的运动形式:商品的交换形式和价值的发展形式,资本的流通形式;资本向剩余价值的转化形式;劳动力价值的转化形式即工资,剩余价值转化为资本的形式。《资本论》第二卷研究资本的流通。虽然第一卷在分析劳动力的买卖时涉及到了资本的流通,但是,第一卷主要分析剩余价值的生产和资本本身的生产,而"资本在流通领域内所经过的形态变化被假定了,但未进一步加以考察"。[1]第二卷则在生产过程与流通过程相统一中集中讨论资本的流通过程。这一卷所及的经济范畴的运动形式主要是资本的运动形式,而没有像第一卷那样涉及到其他一些复杂的经济范畴。首先研究个别资本的循环形式。指出个别资本是按照如下的运动形式完成一次循环的:

$G-W{A \atop pm}\cdots p\cdots W'-G'$。这个循环分为三个阶段。其中 $G-W{P \atop A}$ 为购

买阶段,就是资本家把货币转化为商品。$W{A \atop pm}p\cdots\cdots p\cdots\cdots W'$ 为生产

阶段。这就是通过购买,货币转化为生产资本,资本取得了实物形式。于是流通中断,生产资本开始执行其职能。结果生产出新商品,它在价值形式上已包括剩余价值在内。$W'-G'$ 为售卖阶段,就是把已有价值增殖的商品变卖成含有价值增殖的货币。

马克思还指出资本在循环中有三个阶段,同时也存在三种职能形式,这就是货币资本、生产资本和商品资本。于是又考察了这三种资本的运动形式。货币资本的循环是 $G-W\cdots p\cdots W'-G'$。其特征是循

---

①马克思:《资本论》第 2 卷,人民出版社,1964 年,第 378 页。

环形式的两端都是货币形式的资本,而货币是价值的独立存在形式,同时生产阶段处于两个流通阶段之间,成为流通的中介,造成剩余价值从流通中产生的假象。生产资本的循环是 $p\cdots\cdots W,——G'——W\cdots\cdots p$。这个运动形式表示生产资本完成了生产过程后,又以流通为媒介,开始重新生产,它在资本的一次循环中表示了资本的再生产,这个运动形式反而揭露了剩余价值是从流通中产生的假象,但是它又造成资本主义生产是为生产而生产的假象。商品资本的循环是:$W——G'——W\cdots\cdots p\cdots\cdots W'(W'')$。前两种资本的循环都是以预付的资本价值为起点,商品资本的循环则是以增殖的价值为起点。在考察了资本的一次循环形式后,接着研究资本在流通过程中的周期性运动及其表现形态。马克思指出:"资本的循环,不当作孤立的行为,但当作周期的过程来规定时,叫做资本的周转"。为了分析周转的速度,马克思分析了资本在生产领域和流通领域经过的时间,即生产时间和流通时间,总称周转时间。特别是马克思根据生产资本周转的特点,科学分析了生产资本的两种表现形式:固定资本和流动资本。并且把二者同不变资本和可变资本加以比较,戳穿了资产阶级经济学家用固定资本和流动资本的形式掩盖资本主义剥削的行径。

在研究了个别产业资本的运动形式后,马克思又分析社会总资本的运动形式。马克思在分析再生产时从实物形态上把整个社会生产划分为第一部类和第二部类,从价值形态上把社会生产总值划分为不变资本、可变资本和剩余价值三部分,接着分析了两大部类的交换关系和平衡条件。指出在简单再生产条件下,两大部类是以如下的形式实现着产品的交换和价值的补偿:$I(v+m)=IIC$,或者 $I(C+V+m)=IC+IIC$;而 $II(C+V+m)=I(V+m)+II(V+m)$。也就是说在简单再生产的条件下,第一部类新创造的价值应该等于第二部类消耗掉的生产资料的价值,第一部类的全部产品,应等于第一部类和第二部类所消费的生产资料的总和。而扩大再生产则是把一部分剩余价值用于积累，使生产在扩大的规模上进行。如果剩余价值用于非生产领域的消费部分为$\frac{m}{x}$，用于追加不变资本的部分为$\frac{m}{y}$，用于追加的可变资本的部分为$\frac{m}{z}$，这时社会再生产以如下的关系式作为平衡条件：$I(V+\frac{m}{z}+\frac{m}{x})=II(C+\frac{m}{y})$；或 $I(C+V+m)=I(C+\frac{m}{y})+II(C+\frac{m}{y})$；$II(C+V+m)=I(V+\frac{m}{x}+\frac{m}{z}+II(V+\frac{m}{x}+\frac{m}{z})$。也就是第一部类劳动者所需要的消费资料，用于非生产领域所需要的消费资料和扩大再生产所需要追加的消费资料的价值总和，必须等于第二部类维持简单再生产所需要的生产资料和扩大再生产所需要的追加生产资料价值的总和，或者说第一部类生产的全部生产资料，应等于第一部类和第二部类维持简单再生产以及两个部类为扩大再生产所需要的追加生产资料的总和；第二部类的全部消费资料，应等于两部类劳动者所需要的消费资料，以及两部类扩大再生产所需要的追加生活资料和整个社会非生产领域所需要消费资料的总和。至此，全部完成了资本的流通过程的分析。

《资本论》第三卷从生产与流通的统一过程来研究资本运动的总过程，重点研究剩余价值在资本家阶级中的各种具体分配形式。马克思说："至于这个第三卷的内容，它不能是对这个统一的一般考察。相反地，这一卷要揭示和说明资本运动过程作为整体考察时所产生的各种具体形式。资本在自己的现实运动中就是以这些具体形式相对立的，对这些具体形式来说，资本在直接生产过程中采取的形态和在流通过程中采取的形态，只是表现为特殊的要素。因此我们在本卷中将要阐明的资本的各种形式,同资本在社会表面上,在各种资本的互相作用中,在竞争中,以及在生产当事人自己的通常意识中所表现出来的形式,是一步一步地接近了。"①

马克思首先分析剩余价值的又一个转化形式,即利润这个范畴。指出"剩余价值,作为全部预付资本这样一种观念上的产物,取得了利润这个转化形式"。剩余价值其所以取得利润这个转化的形式,是因为剩余价值率转化为利润率的结果。剩余价值同可变资本的比率形式可得到剩余价率。但是资本家阶级由于阶级的偏见,他们习惯要把剩余价值看成全部预付资本的产物,所以要把剩余价值同全部预付资本相比,从而造成了 $\frac{m}{v}$ 向 $\frac{m}{C} = \frac{m}{c+v}$ 的转化形式。当利润这个范畴出现后,商品价值的表现形式也发生了变化。原来商品价值=不变资本+可变资本+剩余价值构成,即 $W=c+v+m$,也可用成本价格加剩余价值构成,即 $W=K+m$。现在,如果把利润叫做 P 的话,则商品价值变成 $W=K+p$ 的形式,即商品的价值等于成本价格加利润。

利润这个范畴在资本主义生产中,由于各有机构成不同的部门的竞争转化为按平均利润率取得的平均利润这一转化形态。这时商品的价值则转化为生产价格这种形式,即商品的成本价格加平均利润。

马克思接着分析剩余价值的各种分割形式。由于在资本主义社会,除产业资本家外,商业资本家和银行资本家、土地占有者都要分割剩余价值,于是资本也就区分为产业资本、商业资本、借贷资本、银行资本,而反映剩余价值的利润则分割为产业利润、商业利润、银行利息和地租这些表现形态和运动形式。

---

①《马克思恩格斯全集》(第 25 卷),人民出版社,1972 年,第 29—30 页。

马克思在整个《资本论》中就这样通过从抽象到具体,从分析到综合的方法,通过对资本、剩余价值、利润、工资等等经济范畴及其运动形式的研究,揭示了资本主义社会,阶级矛盾和阶级对立的实质。马克思在《资本论》的结尾中指出:"单纯的劳动力的所有者、资本的所有者和土地的所有者,""形成建立在资本主义生产方式基础上的现代社会的三大阶级"。

在依据《资本论》的结构,考察了各经济范畴的运动形式和表现形态后,现在我们看看这些范畴的运动形式到底应当分为哪些类型?笔者认为,《资本论》中经济范畴的各种运动形式大约可归结为五种类型:

其一,运动的假象形式。这种运动形式从表面上掩盖了范畴的实质和内容,给人造成了错觉和假象。例如工资这种劳动力价值的转化形式,给人造成了错觉,使人误认为是劳动的价值。货币到资本的转化形式,给人造成剩余价值是从流通中产生的假象。此外像利润和平均利润等剩余价值的转化形态都具有这种特点。

其二,运动的循环形式。许多经济范畴的运动是以循环形式表现出来。如商品的流通形式是 W—G—W,从商品经过货币的中介再到商品,形成运动的循环。而货币资本、生产资本、商品资本的运动都是以循环形态出现。

其三,运动的分解形式。有些经济范畴的运动形式采取分解出若干新范畴的方式加以表现。例如资本这个范畴在运动过程中,就分解出可变资本、不变资本、固定资本、流动资本,工资分解为计件工资、计时工资,利润分解为产业利润、商业利润、利息、地租等形态。

其四,运动的联结形式。在经济范畴的运动过程中,范畴与范畴之间、阶段与阶段之间、形态与形态之间构成了复杂的联结形式。例如资本循环的形式中,三个流通阶段之间,货币资本、生产资本、商品资本的三种形态之间存在着紧密的联结关系。而社会总资本的再生产运动中,两大部类在物质形态和价值量方面都是联结的。

其五,运动的上升形式。经济范畴的运动不仅在周而复始地重复着同一路线,而且形成螺旋式的上升运动形式。商品的价值形态从简单价值形式到货币形式的运动就是一种上升运动,而剩余价值转化为资本的积累形式,正如马克思指出的它是由圆形运动转为"螺旋式"上升运动,形成"资本的逐渐增大"。

以上五种运动形式并不是截然分离的,而是错综复杂地交织在一起的。例如价值形式的运动是上升的运动,其中也有分解和联结的形式存在。资本循环的形式中基本上是循环的运动形式,但也存在假象形式、联结形式和上升形式。

二、分析经济范畴的运动形式对认识经济关系的重要意义

马克思在《资本论》中自始至终地贯穿着对经济范畴的运动形式的研究。马克思谈到分析商品价值形式时指出:"在浅薄的人看来,分析这种形式好像是斤斤于一些琐事。这的确是琐事,但这是显微镜下的解剖要做的那种琐事"。在马克思看来,形式同内容有着内在的不可分离的联系,无论历史上还是现实中存在的任何经济关系、经济内容都具有一定的形式,它的运动变化必然引起形式的变化,它要靠形式来表现自己、发展自己。而在人的认识上、理论上反映客观经济关系的经济范畴,也存在于一定形式中,范畴的运动必然引起形式的变化,形式的变化也对范畴的内容以巨大影响。因此《资本论》中关于经济范畴运动形式的分析研究,是剖析资本主义生产关系的实质,认识资本主义经济运动规律的重要手段。具体说来,分析经济范畴的运动形式具有如下重大作用。

其一,通过经济范畴运动形式的分析,才能揭示客观存在的经济关系。庸俗的小资产阶级经济学家普鲁东之流,认为经济范畴是先验的,因而经济范畴的运动形式是人们思想的自由创造物。马克思始终用他创立的辩证唯物主义和历史唯物主义认识经济范畴及其运动形式,指出应"把政治经济学的范畴看做现实的、过渡的,历史的社会关系之抽象[①]"。马克思研究经济范畴的运动形式,实质上是研究历史上和现实社会中经济关系的运动形式的手段和方法。例如,马克思考察价值发展形势,实际上是考察了商品交换从物物交换到以货币为媒介而进行交换的历史过程。他说,物物交换反映的是"交换初期阶段的历史,扩大的价值形式反映的是商品交换比较发展时期的交换形式,而货币形式的出现,反映的是社会分工和交换十分发展阶段的历史,并指出"游牧民族最先发展了货币形式,因为他们的一切财产都具有可以移动因而可以让渡的形式"。马克思在分析一些经济范畴运动形式的次序上,有些章节是历史与逻辑的形式相统一的,有些是不统一的,他首先分析货币形式而后分析资本形式,是因为在历史上货币先于资本,这表明了逻辑和历史的一致。而在研究资本主义的生产和流通时,先分析产业资本再分析商业资本。从资本发展的历史看,商业资本是资本的最初形式,产业资本是以后发展起来的。然而,从资本主义生产的现实看,商业资本则处在从属地位。因而按这样的顺序分析资本运动形式是符合资本主义生产关系的现状的。至于马克思分析的利润及其各种分割形式,而是"同资本在社会表面上"的形式,"一步一步地接近了"。马克思通过对一系列经济范畴运动形式的唯物主义分析,深入地揭示了资本主义经济关系的历史与现状。他分析交换价值,揭示了物与物后面存在着的人与人的关系,他分析货币

[①]《马克思恩格斯关于历史唯物主义的信》,人民出版社,1951年,第13页。

转化为资本的形式，揭示了资本家同工人阶级之间的剥削与被剥削关系；他分析利润的平均化和分割形式，揭示各类资本家阶级之间的竞争关系。

其二，通过经济范畴的运动形式的分析，透过经济关系表面的各种假象形式，揭露了经济关系的真相和本质。在自然和社会中都有现象与本质的因果联系。而有些现象往往是以假象的形式掩盖了本质，给人的认识造成严重错觉。经济内容和经济现象之间也存在假象掩盖实质的情况，反映在人的思维形式和理论形式上，则出现经济范畴的本质和内容，被其运动形式掩盖的情况。马克思正是通过对各种范畴的运动形式的分析，透过假象，揭示经济范畴的本质。马克思向来反对离开内容而就形式看形式。他批评李嘉图看到的是"纯粹的形式"，没有通过形式反映"资本主义内部实质的东西"。马克思自己则紧密联系经济范畴的内容，细致地解剖运动形式的每个阶段，每一侧面，每一变化形态，充分揭露各种形式表现出的假象和伪装。马克思在分析商品交换价值或价值形式时明确指出："我们实质上也是从商品的交换价值或交换关系出发，才探索到隐藏在其中的商品价值"。他通过分析货币转化为资本的资本流通形式，戳穿了货币从流通中增殖的假象，通过分析劳动力的买卖，指出劳动力的使用创造了剩余价值。他通过分析不变资本和可变资本这种不同功能的资本形式，揭露在固定资本和流动资本的形式下，对资本本质的掩盖，指出只有购买劳动力的这部分可变资本，才会带来剩余价值。他通过分析剩余价值转化为利润，剩余价值率转化为利润率、平均利润的形式、生产价格的形成等运动形式和表现形态，充分揭露了全部预付资本都会创造利润的假象。总之，马克思通过对经济范畴的一系列运动形式的分析，揭露了在经济生活的表面以颠倒形式存在的现象，透视了哈哈镜中反映的一切人物和景物的真相。

第三,通过经济范畴的运动形式的研究,充分揭露了经济范畴的内在矛盾,阐明了经济关系的运动规律。同现实世界的事物中普遍存在着内部矛盾一样,经济范畴也存在着内在的矛盾,这是经济范畴运动发展的根源。马克思正是通过缜密地剖析各种范畴的运动形式及其相互关系,才进一步暴露范畴的内在矛盾,发现范畴的运动规律。马克思在分析商品生产时,始终通过运动形式的分析,来分析其内在的矛盾。他说:"我们看到,商品的交换过程包含着矛盾和相互排斥的关系。商品的发展并没有扬弃这些矛盾,而是创造这些矛盾能在其中运动的形式。"他从物物交换的偶然交换形式开始,分析交换价值两级——相对价值形态和等价形态之间的矛盾,阐明了交换的双方都与一个"第三者"等同。从而指出能够使商品画等号的"第三者"是抽象的人类劳动。在进一步的分析中,揭示了商品的价值量决定于社会必要劳动量的原理,从而深刻地阐明了价值规律。马克思通过分析剩余价值转化为资本的运动形式,研究分析资本主义再生产的形式,深刻阐明了创造价值的必要劳动和剩余劳动的内在矛盾,进一步揭露了在剩余价值生产中,出现相对人口过剩和无产阶级贫困化的规律。马克思通过分析在资本积累过程中有机构成的变化形式和矛盾关系,发现了在资本主义生产方式的发展中,"所使用的活的劳动量,同它所推动的物化劳动的量相比,同生产中消费掉的生产资料量相比,不断减少"。在这种情况下,这种活劳动中物化为剩余价值的无偿部分同所使用的总资本的价值量相比也必然不断减少。于是他在不断地反复地分析剩余价值率形式和利润率形式时,发现了在资本主义生产方式下,利润率逐渐下降的规律。此外,马克思在分析劳动形式、工资形式、资本的周转形式,再生产中两大部类的实现形式、剩余价值的分割形式、资本的分割形式等运动形式中,都揭示了各经济范畴运动的根源,发现了许多经济运动的客观规律。

其四,分析经济范畴的运动形式,可以揭示经济发展过程中量的变化状态和程度,进一步认识经济发展中量变引起质变的规律。运动形式有时似乎同经济范畴所含的量无关, 例如马克思指出:"上衣的价值量总是取决于生产它的必要劳动时间, 因而和它的价值形式无关"。但是在许多场合,经济范畴的运动形式,都严格反映着事物的量的变化。例如,扩大的价值形式,同简单价值形式相比,在它的等价形式一端由一种商品变成了无数种商品, 这种形式反映交换的发展规模。再如,作为抽象劳动的具体表现的具体劳动这种形式。它的变化同抽象劳动的量的变化息息相关。马克思以织布这种具体劳动为例。指出在英国出现蒸汽机后,一些手工织布的部门,其劳动一小时的时间只代表半小时的价值量。劳动生产力的提高总是从无数个具体劳动的形式开始,随着才提高整个社会的生产力水平,从而在单位商品中减少社会必要劳动量。此外,我们看到在整个资本的流通形式中,清楚地反映着各个流通阶段和各个变化形态上量的差异。比如货币资本的循环形式 G—W……p……W′—G′, 它表明经过生产阶段之后,产生的新价值,有了增殖(W′),出售商品后资本家得到的货币资本也包括了增殖部分。正如马克思指出的:"在这个运动中,预付的价值不仅保存了,而且增长了,它的量增加了[①]。马克思在分析地租的形式时,指出级差地租这种形式,反映了资本生产率高的投资,能得到一个超额利润, 而这个在量上高于平均利润的超额利润则形成级差地租。这说明地租的形式也反映着量变的问题。由此可见,运动的形式及其变化同量的变化有密切关系。量的变化总会引起形式的变化,进而影响质的变化。然而,形式的变化本身不是消极的,而是积极主动的。它不仅反映着量的变化,而且还会影响量的变化。例如,在商品

---

　　①《马克思恩格斯全集》第 24 卷,人民出版社,1972 年,第 63 页。

流通这种形式下,货币起中介作用,而不会有增殖。一旦运动形式改变了,以货币作为交换的起点,劳动力变成商品进入交换市场,结果在交换的终点上,出现货币的量变和质变。

其五,分析经济范畴的运动形式,可以认识经济范畴的形态变化对质态变化的巨大能动作用,便于运用一定的形式,促进经济内容顺利发展。从《资本论》对经济范畴的运动形式的分析,我们不仅看出经济形式是经济本质的表现,是经济内容发生量变的反映,而且运动形式还会引起经济内容的质变或部分质变。且看价值形式在它的发展过程中,总是逐渐的引起整个社会商品价值实体的变化。在简单价值形式中,社会产品有许多没有进入交换领域,因而它们只有使用价值而没有价值,而当价值的货币形态出现后,为商品交换创造了条件,于是社会上越来越多的产品进入交换领域,而获得了价值。这里既有量变又有质变。一些产品由原来无价值变成有价值就是质变。同时我们还看到形式本身的发展过程会引起新的经济范畴的出现。例如货币这个经济范畴就是在价值形式的发展中产生的。由作为等价形式的实物到作为等价形式的货币,这应当说是一个质的飞跃。经济形态变化引起经济范畴质态变化最明显的例证是货币转化为资本的运动形式。如果商品流通的形式是 W—G—W,即为买而卖时,货币就不会转化为资本,而一旦当 G—W—W′ 这种流通形式出现后,就意味着劳动力要进入交换领域了,有些人要卖劳动力,有些人要买劳动力,这种形式的发展必然会引起货币向资本的转化,引起生产和流通的在社会形式上质的变化。因此,马克思对资本运动形式的主动性曾这样评价道:"价值不断地从一种形式转化为另一种形式,在这个运动中永不消失,从而变成一个自动的主体。它在运动中自行增殖着,获得创造价值的奇能,它会产仔,会生金鸡蛋"。为什么马克思经常强调剩余价值不是在流通中产生又不能不在流通中产生? 就是因为他看到了运动形式本身对经济范畴的内容有着直接的影响和改造作用。在现实经济生活中，我们也会经常遇到交换形式本身的改变引起经济关系改变的情况。例如，在社会主义条件下，虽然消除了货币转化为资本的条件。然而，我们仍然要反对劳动力买卖现象和贩卖人口的现象。因为，同量的货币投入到一般商品市场同开辟劳动力市场是不一样的。如果人为地在交换领域进行劳动力的买卖，这种交换形式如果发展下去，会引起社会主义生产关系的变化，出现货币向资本的质变。

因此，我们不能认为运动的形式始终对运动的内容是被动的；更不能把形式变化会在一定条件下引起质态变化的观点，同资产阶级经济学家庸俗的形式主义经济思想混为一谈。而需要对经济范畴的运动形式和经济范畴的内容之间存在什么复杂的关系和相互作用，做进一步深入探讨。当我们认识了经济形式对经济内容的巨大改造作用和能动作用后，在经济实践中，我们可以运用一定的经济形式保护和发展新的经济内容，促使过时的经济关系瓦解，这对经济工作是有巨大的指导作用。

总之，马克思在《资本论》中对经济范畴运动形式的研究，在认识论和方法论上是有极其重要的价值。研究经济范畴的运动形式，对我们认识自然、认识社会、认识社会主义经济范畴的运动形式都有重大指导意义。①

原载于《兰州学刊》，1928 年第 1 期

---

① 恩格斯：《自然辩证法》，《劳动在从猿到人转变过程中的作用》。

马克思的级差地租理论与
我国当前土地的合理利用

马克思的级差地租理论主要"考察资本投入农业而产生的生产关系和交换关系。"①然而,抛开资本主义地租所反映的特定社会形式,就土地级差会产生不同劳动生产率这一原理来说,对分析社会主义的农业劳动生产率和土地的使用都是适用的。我这里就马克思揭示的有关级差地租的一般原理在各社会农业中普遍适应性问题进行探讨,并依据马克思的论述,对我国当前土地利用中的一些问题初步做些分析。

一、不同等级的土地具有不同的生产率这是各社会形态的共有现象

马克思在分析级差地租 I 时指出,在资本主义农业经营中,等量资本投入不同等级的耕地上会产生不同的结果。劣等地可能只带来一般利润,而不会带来超过一般利润的超额利润,即不会带来地租;中等地可能除了带来一般利润外,还会带来一定量超额利润,即地租;头等地可能在获得一般利润外还能够得到更多的地租。

为什么会产生这样的结果呢?马克思说:"这些不同的结果,是由下面两个和资本无关的一般原因造成的:(1)肥力。(2)土地的位

---

① 马克思:《资本论》第三卷,人民出版社,1965 年,第 694 页。

置。①这里讲的肥力是指土地的自然肥力,即"表层土壤的化学结构的差别",或者说表层土壤所含植物养分的差别。土地的位置主要指土地距离市场的远近和土地周围交通的发展情况。

由于土地的肥力和位置的差异,不同的土地会具有不同的生产率,等量资本投在不同自然条件的土地上,会产生使用价值量和价值量不同的成果。即如马克思指出的:"级差地租按它的性质来说,终久不过是若干投在土地上的等量资本的生产率会有所不同的结果。"②

马克思根据不同级差的土地具有不同生产率的原理,对于扩大不同等级的耕地同地租量增长的关系进行了分析。马克思指出,在资本主义条件下,由于土地的有限和土地经营的垄断,农产品的生产价格不取决于优等地和中等地的生产条件,而取决于劣等地的生产条件,因而劣等地以上各级土地都会提供地租。又由于土地的自然条件不同,等级的高低不同,就形成总耕地面积在不同土地上以不同的数量增加,产生不同的地租总额。假定有四级土地,在劳动生产率不变,生产价格不变时,如果耕地面积在这四级土地上按同一比例增加,土地产量会按同样的比例增加,地租总额也会按同样的比例增加。如果扩大的是好地,以致产量不只是按照土地扩大的比例增加,而是更迅速地增加,谷物地租和货币地租就会相应增加。如果是最坏土地或等级接近于最坏土地面积的扩大占优势,那么产量的增加和地租总额的增加,都不会随耕地的扩大而相应增加,而是增加得较少或缓慢,于是马克思结论道:因此,假定有两个国家,它们的不提供地租的土地A(即劣等地——本文笔者注)有相同的性质,地租总额就同最坏土地和较坏土地在总耕地面积中所占的相应部分成反比,因此,也同

①《资本论》第三卷732页。以下引文均出此版。
②《资本论》第三卷790页。

等量资本投在相等总面积上得到的产品总量成反比。因此，一国总土地面积内最坏耕地的量和较好耕地的量之间的比例关系，对地租总额发生的作用，同最坏耕地的质和较好的及最好耕地的质之间的比例关系，对每英亩的地租，因而在其他情况相等时，也就是对地租总额发生的作用，是相反的。①

总而言之，一国土地中最坏土地占的比重越大，产量相对越低，地租总额也相应减少。最坏土地的质如果提高，其生产率也就提高，决定生产价格的劣等地的产品价格就会降低，提供地租的好地或最好的地租就降低。

马克思在揭示产生级差地租 I 的自然因素时，充分肯定人的主观因素对土地级差和级差地租形成的作用。马克思指出，"自然肥力相同的各块土地，会因人对其改造的程度不同和科学技术发展水平及其应用不同而发生变化"。这就是说，肥力虽然是土地的客观属性，但从经济学方面说，总是同农业化学和农业机械的现有发展水平有关系，因而也随着这种水平的变化而变化。②马克思又把这种改造土地的主观因素称为"人工肥力"或"利用土地自然肥力的能力"。这就阐明了土地等级差别不是纯粹由天然因素所决定，而社会历史因素和人对自然利用改造的因素也极其重要。土地的天然等级会随着科学技术的发展和人对土地自然条件的改造程度而变换位置。劣等地变中等地或优等地，优等地肥力相对下降，变成二等、三等地等等。

马克思还揭示了级差地租的等级运动形式。指出，如果供过于求，农产品价格下降，最坏的耕地会被放弃，较坏的耕地则决定农产品的生产价格，只有较好的耕地和最好耕地才能产生地租。如果供不

---

①《资本论》第三卷，第 740 页。
②《资本论》第三卷，第 734 页。

应求或最坏耕地的劳动生产率下降，这时一些更加劣等的地域荒地也被耕种，原来较坏的土地这时等级又有上升，也会提供地租。其他各等级的土地级别也会随之上升或下降。马克思批驳了威斯特、马尔萨斯和李嘉图等人，指出这些人所谓级差地租必然是以转到越来越坏的土地或农业肥力越来越下降为前提，是完全错误的。事实证明，在耕地转到越来越好的土地时也能产生级差地租，当较好土地代替以前的较坏土地而处于最低等级时，也能产生级差地租。级差地租同农业的进步结合在一起，其条件不过是土地等级的不同。无论是耕作由优等地向劣等地过渡，还是相反由劣等地向优等地过渡，无论是追加的生产率在递增还是递减，只要各个投资的生产率存在差别，就产生级差地租。马克思写道："级差地租和级差地租的分等情况，可以接下降的序列，即由较好土地到较坏土地的序列产生；也可以反过来，接上升的序列，即由较坏土地到较好土地的序列产生，还可以按两个方向相互交叉的序列产生。"这就全面地科学地揭示了土地等级的运动形式和级差地租产生的复杂条件。

马克思由分析"投在面积相等而肥力不同的土地上的等量资本所具有的不同生产率"，进而分析"生产率不同的各个资本连续投在同一地块上和同时投在不同的地块上"所取得的结果，论证了另一种级差地租，即级差地租Ⅰ。所谓级差地租Ⅰ就是通过实行集约经营，对同一块土地和不同地块追加投资而取得的超额利润。这种地租同级差地租Ⅰ有天然联系。级差地租Ⅰ的形成同样要以土地的肥力和位置等自然状况为条件。追加投资能不能提供级差地租，能提供多少级差地租，要取决于追加投资的生产率同劣等地投资的生产率的差别。但是两种地租之间还是有差别的。级差地租Ⅰ除不同地块土地肥沃程度和位置的不同而具有不同地租量和地租率外，还以投入同一地块的不同资本的生产率为条件。对级差地租Ⅰ来说，只要作物生产价格不变,各级土地的肥力差别不变,每亩土地的级差地租量也就没有什么变化。但对级差地租Ⅰ来说,即使作物生产价格不变,土地肥力差别都不变,由于投资数量增加,每亩土地的级差地租量和整个级差地租总额也会增加。正如马克思指出的"在这里,地租的提高只是土地投资增加的结果,而且是和资本的这种增加成比例的。"①

我们从马克思关于级差地租的上述原理中,对人类社会中的农业生产问题可以得出如下普遍的结论。

1. 任何社会的农业生产领域,总存在着土地肥力和其他自然条件不同的等级,而不同等级的土地会具有不同的生产率。在其他条件不变的情况下,土地的收益总是从劣等地到优等地逐级增长。因而在农业领域,总是抢先经营优等地或较好土地,但是土地往往随人口的增长和经济的发展而变得有限,因而劣等地也需要经营和开发。

2. 土地的优劣级别不只决定于肥力和位置等自然因素,而且还受历史发展因素、科学技术因素和人们改造自然的能力的影响和制约。具有同样肥力的土地,可以因为化学、机械的应用或耕作方法的差异而显示出不同的级差。

3. 由于一国或一个地区土地面积多寡的不同,经济发展水平的不同和社会制度的不同,可以出现粗放经营和集约经营两种不同方式,或者出现两种经营方式不断变换的情况。随着土地的充分利用,人口的急剧增长,科学技术的发展,依靠集约经营,依靠对同一土地或不同等级的土地增加投资,提高单位土地生产率,发展农业生产的必要性越来越大。

4. 土地的等级虽然有一定的相对稳定性,但总的情况是处在运动变化状态中。由于人类对土地改造能力的提高,由于投资在各类土

①《资本论》第三卷,773页。

地上分配比例的变化以及生产价格的涨落等原因，劣等地变为中等地或优等地，优等地向中等地或劣等地转化的情况，是经常发生的。正如马克思指出的："肥沃绝不像所想的那样是土壤的一种天然素质，它和现代社会关系有着密切的联系。"

我们从马克思关于地租的论述中引出的上述四条结论，是适用于分析一切社会的农业问题的。我们这里分析的土地级差和级差收益不是指地租反映的社会形式的一面，而是指反映因自然条件因素或社会因素造成的一般劳动生产率的方面。换句话，我们这里说的土地等级及其级差收益是指各级土地上所能够提供的剩余劳动的自然实体，而不是剩余劳动的社会形式。

那么，马克思论证地租问题时揭示的有关土地级差的一般原理是否适用于分析社会主义农业呢？

我认为一般说来是适用于分析社会主义农业问题的，但必须区分农业生产中的两种不同过程。所谓农业生产中的两种过程，其一，是马克思说的劳动过程。"劳动首先是发生在人和自然之间的行为。在这个行为中，人自身作为一种自然力与自然相对立。"[1]在农业劳动中，人们要借助于劳动资料和劳动对象开展生产活动。如果在这个劳动过程中，土地的天然丰度高，劳动工具先进，生产率就高，产品就丰盛；反之，生产率就低，产品就歉收。这在封建社会，资本主义社会是如此，在社会主义社会也是如此。因而从劳动过程看，马克思揭示的上述原理是完全适用于社会主义的农业生产的。其二，价值增值过程。价值增值过程，反映的是劳动的社会形式和社会生产关系。尽管土地的自然条件和农业劳动者结合在一起进行农业生产的过程反映的是社会生产力的一面，但是地租却反映的不是人与自然的关系，而

---

①《资本论》法文版中译本，人民出版社，1983年，第165页。

是人之间的生产资料占有关系和产品分配关系。马克思指出："不论地租有什么独特的形式,它的一切类型有一个共同点:地租是土地所有权借以实现的经济形式。"①在封建社会,地主直接占有土地,役使农民耕种,由农民剩余劳动所提供的剩余产品被地主直接占有,这部分被地主剥削的产品(或货币形式)为地租。

在资本主义生产条件下,土地占有权和土地经营权分离。农业资本家租种地主的土地,农业工人在土地上劳动。土地收获物中一部分超过平均利润的超额利润转归土地所有者,称这部分价值为地租。可见,地租是剩余价值的一部分或其转化形式。从这个角度看,社会主义社会不存在剩余价值的剥削,也就不存在封建社会和资本主义社会的那种地租。因而,也不能认为马克思分析地租的那些观点,完全可以套用于社会主义农业问题。

此外,要把马克思关于级差地租的原理适应于社会主义农业,还要区分两种不同意义的差额。其一,反映价值实体的差额。从价值实体看,地租在资本主义是超额利润的转化形式,在社会主义则是差级收入在价值上的表现。都要用社会必要劳动时间来反映和计算价值的大小,即价值量和地租量。但是社会主义不存在资本主义那种劳资之间的剥削关系,因而所谓级差地租的实体,就是一些土地收益高出另外一些土地收益的价值。尽管它也是剩余劳动的表现,但它不存在由土地耕种者交给土地经营者,再转到土地所有者的转移过程。因而,从价值实体上看,马克思分析资本主义地租和其他社会地租的观点,也不宜搬运于社会主义农业问题。其二,反映自然实体的差额。这种差额是从产品和收入的多寡表现出来的差额。例如同量的优等地比劣等地多生产数十斤小麦、大米和蔬菜等。这种差额同反映价值实

---

①《资本论》第三卷,第714页。

体的差额有时有一致地方,但往往是不一致的。例如反映二等地高于劣等地的二十斤小麦,在资本主义社会可能有十斤转化为平均利润,十斤转化为地租。但是,在一切社会形态下,由于土地级别不同,出现产品差额,这是劳动生产率的自然差额,反映的是使用价值之间一定自然实体的差额。马克思揭示的有关这种差额产生的原因、条件、方式等方面的原理同样适应于分析社会主义的土地级差和级差收益。

二、我国农业领域土地利用中存在的主要问题

马克思论证级差地租时,揭示出的各级土地利用方面的原理和规律,是反映农业生产过程的一些具有普遍性的原理和规律。社会主义农业生产领域是应该遵循这些原理和规律的。然而,不能令人满意的是,我国农业生产领域,包括农、林、牧、副、渔等各农业分支领域,在土地利用中却违背马克思揭示的普遍原理,严重违背自然规律和经济规律,滥用土地,给我国农业生产和国土资源的利用带来严重后果。

我以为农业领域土地利用中的主要问题是:

(一)缺乏土地的级差观念,过多地向劣等地投放生产资料和劳动力,大大降低经济效益。社会主义社会,虽然由于计划经济的指导,农业水利化、机械化的发展,贫瘠土地的改良,土地级差有缩小的可能。但是土地的不同肥力和自然条件的差异仍然很大。正如马克思指出的:"在涉及生产率的发展时,级差地租的前提就是:土地总面积的绝对肥力的提高,不会消除这种等级的不同,而是使它或者扩大,或者不变,或者缩小。"①由于土地的级差存在,就要求经营土地时必须十分重视土地等级的调查研究,合理地向各种不同等级的土地投放

①《资本论》第三卷,第729页。

生产资料和劳动力,力求最小劳动消耗,取得最大劳动成果。然而,我国许多省市在利用耕地时缺乏级差观念,把一切土地看成"等一的","同类聚宝盆"。一度提出"向荒山要粮"等口号,到处搞毁林开荒,实行粗放经营,成千上万的劳动力和数以万计的生产资料,成百亿成千亿的资金丢弃在劣等土地上。许多大面积的优等地、中等地,本来潜力很大,反而放松了精耕细作和有效经营,从而造成了许多地区农业劳动生产率和经济效益十分低下的现状。这种状况在我国西北地区更为严重。新疆多年提倡垦荒,新中国成立后已垦荒地达 6500 万亩,人均占 5 亩,不少新垦地产量低,收益少,全区平均粮食单位面积产量 238 斤。1979 年有些种棉区产量低得可怜,塔城亩产 10 斤,伊吾 3 斤,阿勒泰 0.5 斤。甘肃大部分地区是广种薄收,中部 18 个干旱县更为严重。18 个县耕地占全省总耕地的 40%。90%的是劣等地,即"靠天田",只有 10%才是保灌水地。粮食产量只有全省的 20%,平均亩产不到 200 斤,不少地方亩产不足 100 斤。这些地方的特点是"越穷越垦,越垦越穷",形成农业上的恶性循环。由于大量劳力在劣等地上打算盘,许多中等地的肥力没有提高,一些优等地的肥力还不断趋于下降。宁夏回族自治区自然条件本来比较差,高山丘陵和风沙干旱地多,但多年来没有集中力量抓优等地、中等地或通过重点改造,提高一些劣等地的等级,而一味乱砍滥伐林木,无限制地扩大耕地,使劣等地的比重越来越大,农业生产率,大大下降。就固原地区来说,虽然总耕地面积达 738 万亩,人均耕地在因人口增长相对缩减的情况下仍有 5.8 亩耕地,但 90%以上是劣等地,全地区平均亩产在 100 斤上下徘徊,1981 年全区粮食亩产仅 36 斤,全年人均收入不到 50 元的生产队占 82%。[①]青海省在农业生产中,也是功夫下在劣等或较劣地块

---

①刘永箴:《固原地区发展多年经营大有作为》。

上。目前青海总耕地面积 868 万亩,其中真正的优等地,即旱涝保收的稳产田,仅占耕地的 12%;劣等地,即浅山地占 44%;中等地,即脑山地占 28%。多数地区靠天吃饭。

我国农业遭受损失的沉痛经验表明,把千军万马和无数资财投放在大宗劣等地上,这是农业生产发展中的蠢举。以历史上看,世界农业发展的一般经验是,在农业经营中首先注重上等地或二等地,在耕地极其有限的情况下,才开发劣等地。我国古代,人们很重视土地的肥力差异,总要集中经营"近城之地,膏腴之地。"明代曾"以近郭之地为上地,远之为中地,下地""先耕近郊""后耕者远郊。"①马克思在分析资本主义的级差地租时指出:"农业的改良,在各级土地上发生的作用是不同的;这里,在最好土地 C 和 D 上就比在 A 和 B 上发生的作用大。经验表明,通常的情况总是这样,虽然与此相反的情况也可能出现"。这就告诉我们,一般情况下经营土地时,应当按照先优后劣的序列进行。

(二)缺乏集约经营的概念,农业资金利用分散,忽视重点开发。我国土地利用中,伴随广种薄收而来的是资金使用的分散和集约经营的薄弱。多年来全国在农业生产中搞一刀切,平均分配资金和劳动力。一段时间全国各地都搞平田整地,一段时间全国各村都与河争地,与湖争地,与山争地,与森林争地。在分配农业机械和化肥、农药上也是搞平均化。如手扶拖拉机,急需的川区供不应求,不需的山区照样硬性分配,农药在一个地区的各种土地上适应不适应都要平均摊派。甚至救济款,农业贷款也要"利益均沾",在各地区各县社平均分配。

由于缺乏集体经营的思想,投资分散,活劳动和生产资料使用也

---

①1982 年西北五省区经济论讨论会议文;《明史·食货志》。

分散,所以有些自然条件很差的落后地区,如宁夏的固原地区、甘肃的定西地区、陕西的陕北地区、云南、贵州的一些山区,农业生产条件长期得不到改善。而一些自然条件十分优越的地区,如太湖地区、长江三角洲、海南岛等地区农业土地资源的巨大潜力也没有得到充分发挥。

近几年,我国政府已注重集约经营和农业的重点投资,但有些地区集约经营概念仍很淡薄,不仅不规划能取得较大收益的重点农业开发项目,甚至把国家用于集中使用的农业投资,搞平均使用。这个指导思想不解决,会严重影响我国农业现代化的步伐。资本主义农业现代化的重要经验是,在农业生产中,要不断由粗放经营发展到集约经营。马克思指出:"资本在较小土地上的集中就会增进每英亩的地租量,而在相同的情况下,资本在较大土地上的分散,在其他条件不变时,不会引起这个结果。"[①]可见,根据各地的自然条件、生产力水平和经济状况、生活状态,对一定面积的土地实行集约经营,会提高资金利用率,较快增加农业收益。

(三)缺乏土地使用价值的优势和劣势观念,经营内容与土地优势相悖。土地是农业的基本生产资料,是人类赖以生活的物质基础。土地资源是与地形、土壤、植被、岩石、水文、气候等多种因素相关的自然综合体。我国土地辽阔,地区差异大,资源丰富,类型多样。这就决定了我国各种不同的土地具有不同的使用价值。哪一类土地具有什么样的性质和作用,应当因地制宜地确定经营内容,这是人类利用土地必须懂得的基本常识。

我国土地利用中一个严重问题是忽视土地的类型和性质, 千篇

---

①《资本论》第三卷,第 779 页。

一律地搞单一经营,使土地的优势受到压抑,劣势又不能克服。例如浙江省中亚热带丘陵山区,从土地结构看,发展林业和多种经营十分有利,但农业经济结构的现状则是农业比重大,林渔比重小。1981年全区农业生产总值65.26亿元,其中农业占53.9%,牧业占12.7%,副业占30.2%,渔业占0.4%,林业仅占2.8%。林渔两业的土地面积占总面积的82%,而生产总值仅占3.2%。这种结构是不符合本区优越的自然条件的。由于放松了林、副业的生产优势,丘陵山地利用很不合理,经济效益很低,每亩山地平均经济收入只有1.4元。①再如,我国茶林和竹林近一亿亩,由于没有很好利用,有五千多万亩油茶处于半荒芜状态,四千多万亩竹林,平均亩产仅300斤。②我国湖面、河流遭却的情况更为严重。例如鄱阳湖原湖面约计800万亩,由于"堵水要粮"和"围湖造田",湖面已减少到500多万亩,从1954年至1976年围垦200多万亩。由于湖面缩小,使湖的蓄洪、排洪、调洪能力降低。同时也破坏了海鱼洄游的鱼道,31个鱼类产卵场和50万亩鱼类活动水面,现仅剩8个产卵场和14万亩鱼类活动水面。③再如,青海省有广阔的优良的牧场,多年来以农挤牧,滥垦草场,严重影响发挥牧业优势。

　　总之,我国农业生产中,很多地方没有充分发挥各种土地资源的使用价值的优势,忽视了自然生产率,导致了对农业的掠夺性经营。马克思说得好,"在农业中(采矿业中也一样),问题不只是劳动的社

　　①《浙江省中亚热带丘陵山区农业发展战略研究》,《农业现代化研究》,1983年第3期。
　　②石山:《大农业与大林业的战略思想》,《经济学周报》1993年4月11日。
　　③陈家壁:《应当重视鄱阳湖的整治和开发》,人民日报1983年5月22日。

会生产率,而且还有由劳动的自然条件决定的自然生产率"。无视土地的自然条件,资源特点和性质,实际上就忽视了农业中的自然生产率。长此下去,必然受到自然规律的严重惩罚。三中全会后,党中央提出因地制宜、多种经营,发挥优势,扬长避短等发展农业的一系列方针和措施,是完全符合土地资源利用中的自然规律的。

三、我国土地资源合理利用的方针和方法

鉴于我国国土资源利用和耕地利用上存在的严重问题,必须着手研究我国土地利用的方针和方法问题。从战略上考察土地资源的开发,以造福于祖孙后代。

我以为主要方针和方法应当有如下一些:

(1)调查土地资源,建立土地等级档案,划定各种经济区和自然区。

我国土地辽阔,各地自然条件和经济条件差异很大,土地资源类型多样,加上垦殖和开发历史不同,耕作制度不同,各地区土地呈现出各种各样的级差。为了掌握各地土地资源的差异性和共同性,摸索农业生产的客观规律,最大限度地挖掘土地的自然潜力和发挥各地经济优势,必须深入调查土地资源。

土地资源是综合资源,因而对它调查也是综合调查,主要调查方面应包括:A、土地肥力和丰度的调查;B、土地位置和周围交通状况的调查;C、土地产物,主要是生物资源的数量和质量调查;D、水文和气候的调查;E、农业生产的社会条件的调查,包括人口、劳动力、机器、资金、加工业和运输业的现状。此外,特别值得注意的是要查清土地生态系统的演变史和人类改造土地的历史经验。马克思说:"动物和植物通常被看作自然的产物,在其现实的形式上,它们不仅是上年度劳动的产物,而且也是许多世纪以来在人类劳动的控制、干预下不

断发展变化的产物。"①既然土地产物都是历史发展的产物,那么调查土地演变史和资源发展史就很有必要了。

在摸清土地资源的情况下,就要按照土地的优劣、性能和各种条件,划分和建立土地的等级档案和类型档案,确定农业生产的专业化方向,建立合理的生产结构,确定土地利用和改造的步骤和方法。在此基础上建立各种经济区或自然资源区。目前我国已开展了农业资源、土地资源的调查和农业区划工作。有关部门已把全国划分为十个一级农业区,一级区下又划分为若干个二级区,由于一级区范围大,内部情况复杂多样,难以确定总的生产方向和开发方向。再在一级区内划二级区,范围小,容易在差异中寻求一致,便于划定农业生产的主要部门和次要部门。但是尽管有一、二级区的划分,但我国各地的地势、气候、温度、雨量、交通等情况极为复杂,并不能完全解决一切复杂的问题。因而各省各地区,甚至县、社也应调查清土地资源的具体情况,制定更为详细更为具体的发展规划。

(2)西北等农业不发展地区按从优地到劣地的序列组织种植业,东南等人口稠密、农业经济发展区应重点开发劣等地。鉴于西北地区,大部分省区是广种薄收,亩产很低。现在突出的问题是劳动力、资金和生产资料分散于广阔的瘠薄之地,自然条件优越的一、二等地的潜力尚未发挥。因而应下功夫改造现有的耕地,首先应加强一、二等地的治理,其次再逐渐治理三、四等以至最劣地。只有在这些地的潜力挖掘到一定程度时,再考虑荒地新垦问题。马克思在论证资本主义地租时说,集约经营主要是在"较好土地上进行""较好土地所以被人看中,是因为这种土地包含着只得利用的大量的肥力的自然要素,最有希望为投在它上面的资本生利"。撇开资本主义为资本生利的目

①《资本论》法文版中译本,第169页。

的,就投资效果看,我们国家也应十分重视向好地投资。

相反,我国东南沿海等富庶地区,已垦地占土地面积比重大,条件较好的待垦地极为有限,许多地方人均耕地一亩或不足一亩,精耕细作很有成绩,亩产很高。在这种情况下,如果只在现有耕地上或较好耕地上下功夫,潜力是不大的。对这些地区应当通过各种方式,向劣等地进军,特别是要对比较偏僻、边远或自然条件差的山区下功夫改造。农业经济越发展,机械化水平越高,优等土地的人均面积越少,越对改造劣等地提出了必要性和可能性。人工和资金以及各种先进的耕作手段,完全有可能治理好劣等地,缩小土地肥力的等级。同样,交通运输和电讯事业的发展,土地"位置因素会不断归于平衡,会发生不断渐进的趋于平衡的变化。"因而,在农业发达区开发劣等地,这是符合经济规律的。

(3)合理安排土地专业化生产和土地资源的综合利用。

由于一定区域中土地自然条件的复杂性和土地资源的多样性,就使一定面积的土地具有多种使用价值,这就提出了对土地资源的综合利用的必要性。同时,由于有些地区具有某种特殊丰度的资源,具有某种或几种作物生长的优越条件,这就需要发挥该种土地的优势,确定专业化生产的方向。在有些情况下,同一区域既存在专业化耕作,又存在综合利用的条件。

在我国农业专业化生产和综合利用的潜力都很大,而问题却很多。大部分地还没有查清资源优势,没有确定农业经济区划,没有确定专业化生产的方针和内容。有些地区曾片面强调种植业,错误的确定专业化生产方向,造成土地的浪费和生态系统的破坏。例如,青海森林覆盖率低,耕地面积不大,但草场资源丰富,可利用的草原面积有五亿亩。但前几年一度曾大搞"种粮第一","粮食自给",毁草种粮,粮食没有抓起来,倒破坏了畜牧业。所以,在我国的农业战略规划中必须首先确定商品粮生产基地区、林业区、牧业区、渔业区、瓜果区、蔬菜基地区等宏观规划区，与此同时，又要根据各地更加具体的条件和特点，再确定二级专业区，如小麦区、玉米区、苹果区、养牛区、养羊区、养驼区等。通过层层确立农业经济区的办法，切实做到农业生产的专业化，提高土地利用率和劳动生产率。

在我国，综合农业经济的特点更为显著。许多地方具有多种经营的优势，加上山大沟深，交通不便，自给性强，商品率低等情况，对综合利用，多种经营提出了更大的要求。目前，在推行生产责任制后，多种经营，农林牧副渔一起上的形势已经形成，有些省区收到了显著效果。但是，不少地区，综合利用的步子还慢，许多自然资源尚未充分利用。同时，存在对资源的破坏和浪费现象。竭泽而渔的情况在农业区、牧业区、林业区、渔业区普遍存在。这就急需要研究综合利用的方针、方法，资源开发、保护和发展的措施，使多种经营的路子更宽广，更有成效。

无论是发展农业的专业化生产还是开展多种经营，都必须提高农业生产的商品率，要克服自给自足的自然经济的束缚，应当从流通渠道、市场形式和生产计划等各个方面为农业商品化创造条件。否则，单一经营的多余产品，综合经营的各种产品，都会找不到销路，势必导致生产的缩减。

(4)改革土地的经营管理体制，做到地尽其力，防止耕地的乱占滥用。

根据宪法原则，我国土地的所有权是两级公有制，即"城市的土地属于国家所有。农村和城市郊区的土地，除法律规定属于国家所有的外；属于集体所有宅基地和自留地，自留山也属集体所有"。但是，不能因为土地所有权归公，就认为土地使用没有灵活的调节余地。多年来，许多地区对土地的使用管得太死，严重妨碍了土地的使用率。

例如,许多荒山国家不去绿化,集体和个人又不让绿化,不是任其闲置,就是被人偷偷地乱垦滥挖,资源受到破坏,自然条件本身又没有发挥其使用效果。对于农村集体的耕地乱占乱用的情况也十分严重。有些土地资源,特别是森林和草场,虽说是国家的,但管理机构不健全,尽管毁林、毁草、滥杀滥采动植物资源的情况十分严重,又无人问津。鉴于此,必须改变土地管理体制。属于国家所有的土地有些必须明确规定管理的部门和机构,有些交地方管理和使用。许多荒山、荒坡也应实行承包责任制,使用权归个人,做到劳动者治山有权,管山有责,养山有利。

土地的利用必须加强计划指导和统一规划。当前我国城市土地的利用很不合理。人口和城市设施不断在中心区增加,农用菜地和大片良田被基建、交通和其他公共设施占用。一些居民在风景游览区不经批准乱盖民房,自打窑洞。这就要求建立和完善土地资源利用法和各种调节指导土地资源利用的措施。

(5)合理调节人口分布,使落后地区的土地治理速度加快。

我国人口总数大,劳动力资源丰富,但目前人口和劳力在全国范围内的分布很不平衡。在一个地区的分布也很不平衡。我国长江中下游区,土地虽占全国总面积的8.4%,人口却占全国人口的25.15%。人口密度很大,人均土地面积很小,劳动力过剩的情况极为严重。相反,青藏区面积占全国20.22%,1979年时人口仅占全国0.55%,蒙新区占全国总面积的29.65%,而人口却占3.18%。[1]这种状况形成富庶区无地开发,贫瘠区无人开发的局面。因此,为了加强落后地区土地治理的速度,应当动员富庶区的一部分人口、劳动力和科技力量到落后区。

----

①《世界人口地理》华东师大出版社,1983年,第40页。

农业经济落后区的自然条件比较差，治理起来更加需要较大的资金和劳动力。这就需要把地方投资和国家投资结合起来，把分散的投资集中起来，保证重点。同时在劳动力的组织上，除了组织好集体生产和个人承包的经营方式外，有条件的地方建设国营农场、国营林场和国营瓜果基地。

新疆和黑龙江等地办国营农场的成功经验告诉我们，组织国营农场和国营的农业专业化公司，对我国农业的现代化是有重大指导意义的。

总之，马克思研究级差地租时揭示出的一些基本原理，对我们研究社会主义的土地利用是很有指导价值的。我们应当联系这些基本原理，研究和分析解决我国土地利用中的现实问题。

原载于《兰州学刊》，1983 年第 3 期

马克思的企业理论与我国企业制度的创新

我国面临着企业制度的全面创新，要通过对现行企业制度的改革，建立现代企业制度。马克思关于对资本主义企业的科学分析，关于在社会化大生产条件下企业的运作方式、组织结构、经济核算和经营管理形式的论断，关于企业资本循环和周转以及再生产规律的论断，等等，都被现代资本主义继续发展着的历史事实所证明。对于社会主义现代企业制度的建立，马克思的许多思想观点及整个理论体系，都具有指导意义。当然，马克思面对的是 19 世纪资本主义自由竞争向垄断过渡阶段的企业，当时的企业属于近代资本主义企业。在马克思主义学说创立之后，世界资本主义有了进一步发展，资本主义及其现代企业出现了许多新情况、新经验。马克思的论断不可能完全符合现代资本主义的运作规律和特点，尤其马克思对社会主义条件下企业形式、企业管理以及企业产权的论述，更是带有预测性。马克思的企业理论，有些适应社会主义的企业制度创新；有些在实践中碰了壁，需要重新研究这些理论的适应性。因此，在我国建立现代企业制度的过程中，要科学地、辩证地评价马克思的企业理论，实事求是地应用马克思的理论。

第一，马克思从对资本主义企业的解剖中，揭示了企业发展的普遍原理和一般特征，社会主义现代企业制度的形成中，要充分利用马克思的观点来指导。

马克思在分析资本主义的企业生产和流通时，揭示了许多企业发展的一般原则和普遍规律,这些原理、原则和规律,既适应自由资本主义,又适应垄断资本主义和现代资本主义以及社会主义。

　　马克思关于商品的价值决定于社会必要劳动时间的原理,这是适应一切市场经济形态的。资本主义的企业需要提高劳动生产率来缩短社会必要劳动时间,把本企业产品的个别价值降到社会必要劳动时间以下,从而在市场上利用价格优势,来取得更大的利润。同样,在社会主义市场经济条件下,个别企业的劳动时间不能决定商品的价值,而仍然要以社会必要劳动时间作为价值的基础和准则,这就要求社会主义的企业在市场竞争中要尽量提高劳动生产率,节约生产成本,缩短其产品的社会必要劳动时间,提高市场竞争能力。而那些生产设备陈旧、生产技术落后、管理不善的企业,个别劳动时间必然高于社会必要劳动时间,这就有必要被淘汰、兼并乃至破产。马克思关于资本主义企业生产具有生产使用价值和生产价值的二重性的论述,对社会主义企业的生产具有理论指导价值。其实,社会主义的企业的生产未尝不具有二重性,社会主义企业的生产,要满足各类人对产品的需要,既有生活资料的需要,又有生产资料的需要,还有享受资料和发展资料的需要,而提供给社会的各类产品都必须具有较高质量的使用价值。使用价值是商品价值的物质承担者,因此社会主义的企业产品的质量是至关重要的,社会主义的企业必须生产合格的产品,优质的产品和高、精、尖的产品。但是社会主义的企业还应当是独立的、自我发展、自负盈亏的经济实体,它的产品不是自给自足,而是要拿到市场上通过交换以实现商品的价值,而且还要取得更大的价值。不追求由货币所代表的价值,这不符合企业存在和发展的目的,而且企业会陷入难以生存的境地。

　　马克思关于资本循环和周转的理论,对社会主义企业的生产和经营,具有直接的指导意义。马克思关于企业生产必须经过购买、生产、售卖三个阶段的观点,对社会主义企业也是适用的,社会主义的企业也要经过这样三个阶段来实现资金和资本的循环。社会主义企业要生产商品,就必须购买到并拥有足够的生产资料和劳动力,生产出来的产品必须通过市场较快地卖出去,如果商品销路不好,商品就不能转化为货币资金,通过生产增殖了的价值也就不能实现。因此,企业的生产要和市场紧密联系起来,按照市场供求的变化,组织生产。马克思在分析资本循环的时候,提出的货币资本的循环、生产资本的循环、商品资本的循环,从理论上看,完全符合社会主义企业资金和资本的循环。马克思关于三种资本职能在空间上并存,在时间即起的条件,对于社会主义企业的生产和流通具有重大的理论指导价值。社会主义的企业也应当把全部资本按比例分成货币资本、生产资本和商品资本三个部分,使这三个部分互相衔接,彼此配合,并比较均衡地运动,以防止企业的资本(资金)在循环中受阻或中断。特别是马克思关于生产时间、流通时间和流通费用的理论,对一切企业都具有普遍的适用性,社会主义企业也不例外。应当千方百计地提高劳动生产率,缩短生产时间,特别要注重缩短流通时间,节约流通费用,提高经济效益。马克思关于从簿记到保管费用和运输费用如何节约的论述,都适应于社会主义企业。马克思关于资本周转的形式、关于固定资本和流动资本的划分,关于固定资本的有形磨损和无形磨损,以及固定资本折旧的理论,关于流动资本的构成及其补偿的理论,对于社会主义企业,都具有指导意义。社会主义的企业必须尽可能通过缩短生产时间和劳动时间,缩短产销距离、改善运输条件、掌握市场供求变化,安排产品的适应库存,以提高资本的周转速度。马克思关于企业生产成本、利润、平均利润和生产价格方面的论述,对于社会主义企业来说,也具有理论指导意义。社会主义企业虽然不以剥削剩余价值为目的,但是社会主义的企业应非常注重提供更多的剩余劳动,创造更多的新价值，这种新价值就如马克思所说的资本主义企业所创造的利润。为了增加利润量，提高利润率，就必须加强生产成本的核算工作，要在商品生产中尽量提高生产资料和劳动力的利用率，节约各类生产要素，降低生产成本。马克思关于企业有机构成的理论，对社会主义的企业来说，也具有参考价值。有机构成高的企业利润率可能低，有机构成低的企业利润率可能高。既然如此，社会主义的企业，在市场经济的竞争中，也会出现利润平均化的现象，社会主义企业的价值，也可能形成如下的公式：商品价值=成品价格+平均利润。这也可以叫生产价格。

总之，马克思关于企业的若干重大理论见解和观点，对于我国建立现代企业制度具有重要的理论指导意义。

第二，马克思对资本主义企业运动中的某些范畴和规则的否定，应根据当代经济发展的新情况，重新理解和认识。

马克思的剩余价值学说，在分析资本主义经济运动的客观规律的过程中，揭示了资本主义经济发展的一系列矛盾、冲突，从而指出了资本主义经济形态的暂时性和历史阶段性。他站在抗议的立场上，对资本主义的生产关系进行了批判和否定，揭露了这种生产关系的不合理性和对抗性，指出这种生产关系必然灭亡的命运。同样，马克思对资本主义企业的运行规则和资本的作用也持否定立场，既看到资本主义企业再生产过程能够创造巨大社会财富和新价值，又指出资本主义企业的生产过程是对工人残酷剥削过程，其成果越大，劳动者遭受的剥削越大。因此，资本主义企业的生产目的、运行规则、生产成本的节约方式和利润的分配方式，都具有暂时性，它的不合理性是严重的，资本主义企业本身的发展会自我否定这种生产方式，新的企业运行方式和管理方式将取代现存在的企业组织形式。

然而，马克思去世后，世界资本主义经济的发展进入到新的阶段,出现了许多新情况和新经验,而社会主义国家在组织社会主义经济中出现了马克思当初不可能预料到的教训。马克思预言的资本主义企业某些需要灭亡的范畴和运作规则并没有灭亡,预料可以新生的某些范畴尚难以产生。当代世界资本主义发展的新情况,我国同其他社会主义国家经济发展中的新经验和沉痛教训,都要求我们对马克思否定资本主义企业制度的某些理论和观点重新认识和理解。

关于对资本主义企业生产的唯一目的是价值增殖的观点需要重新认识。马克思说:"因此绝不能把使用价值看作资本家的直接目的,他的目的也不是取得一次利润,而只是谋取利润的无休止的运动。这种绝对的致富欲,这种价值追逐狂,是资本家和货币贮藏者所共有的,不过货币贮藏者是发狂的资本家,资本家是理智的货币贮藏者。"①在马克思看来,资本主义企业是不关心使用价值的生产,只是因为使用价值是价值的物质承担者,才不得不在某些情况下注意使用价值。完全不关心使用价值或基本不关心使用价值这是 19 世纪的企业生产的特点,而 20 世纪科学技术的迅猛发展,产品更新换代周期的加快,市场竞争把产品质量、把使用价值的好坏推到重要地位。哪个企业不重视使用价值,在市场竞争中就是落后者。所以资本主义企业把产品创新和质量监督放在重要位置,形成了产品的设计更新、质量管理、监督的专门人才和组织机构。可见,资本主义企业从资本家的主观动机和终极目的看是关心价值,但他的实际行动和管理方式,则表现为突出关心使用价值。

马克思认为只关心价值增殖的这个社会特征是资本主义独有,这样的生产目的是罪恶的,生产的发展只能是贫困的积累。而预料代替这种生产目的社会主义制度,将把企业的基本目标放在使用价值

①《马克思恩格斯全集》第 23 卷 174—175 页。

的生产上,对价值的关心将逐渐淡化以至于消失。社会主义企业的实践证明,把企业价值增殖和赢利的目标取消会造成严重恶果,企业生产不管经济效益,边生产边积压,企业的经济核算失灵,亏损企业日渐增多,企业失去了激励机制和活力。可见在市场经济条件下,在商品生产的一切社会形态中,企业生产的二重性是一个永恒的主题,不能认为一种商品生产条件下的企业只关心价值不管使用价值,而另外一种商品生产条件下的企业只关心使用价值,不管价值。二者不能偏废,这是现代企业的普遍要求。

马克思的资本学说指出资本的循环、周转和资本的运动形式只是资本主义的特有经济现象,并且指出在资本运动中剥削程度不断加深,劳资矛盾尖锐化。从当代世界经济和世界各种企业的运作形式看,马克思关于资本的学说和资本运动规律学说应当扩大其社会制度的概念。凡是实行市场经济、以市场为资源配置主体的国家,无不存在资本这一范畴,而资本无不按马克思的公式在运动。我们过去习惯于教条地推演出社会主义企业不存在资本和资本运动形式,认为社会主义的货币和生产要素不会资本化,社会主义只有资金的运动,把有资本和有资金作为姓资姓社的标准。现在看来这一观点是大错特错的。所谓资本,就是能够通过生产创造出新价值的原始价值,在资本主义社会这种新价值叫剩余价值,所以马克思把资本定义为能够带来剩余价值的价值。社会主义的企业,其投资和生产要素如果不能带来价值的增殖,那这种投资就没有意义了。因此,社会主义企业的投入资金和生产要素带有资本的特点。同样,社会主义企业的再生产运动,也有资本的循环和周转。有人认为社会主义企业只有资金的循环和周转,没有资本的循环和周转。这个观点是说不通的,资金一般指货币,难道社会主义的企业只有 G(货币)–G 的运动,而没有生产资料、劳动者和商品的运动吗?所以说马克思关于企业资本运动的理论应当扩大到认识和分析社会主义市场经济条件下的企业。应当说，要建立社会主义现代化企业，生产资本和商品资本同时存在，也存在货币资本，生产资本和商品资本的循环形式。

关于资本积累造成无产阶级贫困化和劳资矛盾尖锐化的结论，当代资本主义企业也有许多新变化。当代资本主义科学技术迅猛发展，剩余价值的榨取手段主要不是靠延长工人的劳动时间和劳动强度，而是以科学技术的应用和产品的创新为主，所以相对剩余价值的榨取占主体。同时，资本主义企业为了缓解劳资矛盾，由过去追求最大限度的利润转变为追求"适度利润"，在创造的新价值中把相当一部分拿来增加工人福利和工资，随资本家财富增长的同时，工人的生活有较快地改善，尤其在欧洲的一些所谓福利国家，劳动者的生活水平有很大提高，绝对贫困化现象在资本主义不是普遍现象。

马克思关于股份制是扬弃资本主义私有制的"过渡点"的理论需要重新理解、判断。19 世纪 60 年代股份公司有了很大发展。股份公司使众多的资本家采取入股分息的办法联合起来，出现规模更大的社会化生产和经营活动。在股份公司，资本的所有权和控制权、管理权分离，产生了一些新的阶层，如金融贵族、董事、证券投机商。马克思认为股份公司充满矛盾和腐朽面。"它在一定部门中造成垄断，因而要求国家的干涉。它再生产出了一种金融贵族，一种新的寄生虫，一发起人，创业人和徒有其名的董事；并在创立公司、发行股票和进行股票交易方面再生产出一整套投机和欺诈活动"。马克思就此断言，资本主义的股份制企业是资本主义在其生产方式内对自身"扬弃"的过渡形式，资本主义的股份制导致中小资本家财产的剥夺。在这里产权不属哪一个私人所拥有，但是它的生产就其性质还是私人的生产。"这是一种没有私有财产控制的私人生产"。马克思指出股份制发展的结果就是资本主义生产方式的完全被消除，一种新的生产资料的公有制和社会产品的直接社会分配制应运而生。

马克思关于资本主义股份制的论断尽管是非常深刻的,但是,资本主义股份制在当代的发展出现了许多新情况,股份公司的实际发展结局偏离了马克思昔日的论证。股份公司成为现代资本主义企业的典型组织形式,股份公司中资本所有权、财产控制权和生产管理权的权力和职能更为清晰,三权制衡的机制日益完善,股票对企业的监督作用和对经济发展的作用更为突出。原来预想的股份公司会使绝大多数中小企业消灭,会使垄断推进到极点。现在看来,股份制与独资或合伙、合资式的中小企业同时发展,股份制并没有消除自由竞争,而却与垄断同时发展。

至于股份公司必然引起产权的公有化趋势也没有被证实。相反,在一些公有制为主体的国家,在创建市场经济体制时,正在积极以股份公司这种形式组建现代企业。我国正在这样做,其他一些原来是社会主义的国家也在这样做。所以,我们对马克思关于股份制的深刻思想和见解,要根据变化了的经济形势加以理解,正确运用。

第三,马克思关于社会主义条件下,企业产权必须全民所有和必须实行集中计划管理的理论,在社会主义的实践中是不成功的。

马克思认为,资本主义剥削制度的最主要的根源在于私有制,而社会主义的第一任务是变生产资料私有制为公有制。马克思指出,消灭私有制是资本主义生产自身走向解体的必然要求,他把资本主义股份公司的发展看成是资本主义私有制走向消亡的曙光。他说:"资本主义股份公司的成功与失败,同时导致资本的集中,从而导致对中小资本家的剥夺。"他认为这种剥夺会最终剥夺"一切个人的生产资料",最后发展成为"只有在联合起来的生产者手中的生产资料"。而企业的产品也不成为企业所有,而是属于整个社会成员所拥有,也就是说,在社会主义条件下,所有企业的产权都不属于个人,也不属于企业,而属于全民和国家。

各个社会主义国家都曾经按照马克思主义的经典理论对私有财产进行了全面的剥夺,形成了单一的公有制,出现了产权的全民所有,在苏联、东欧和中国,都出现了国有国营企业。国有国营经济,在各社会主义国家发展的早期曾为经济的恢复起到了一定的作用,但是在社会主义经济进一步发展中,单一的公有制和企业产权的全民所有制,导致企业产权模糊,责、权、利分离,国有资产流失,效益低下,缺乏竞争机制等弊端。在这种情况下,单一的公有制和企业产权的全民所有更不能继续下去了。于是,在一些社会主义国家就采取了多种所有制形式,对企业的产权也进行了改造,实行最终所有权、控制权、经营管理权、监督权的分离与分工,并积极推行现代股份制企业的组织形式。由此看来,对马克思关于社会主义实行单一所有制和企业产权全民所有的构想,再不能僵化理解,更不能教条式地套用。

马克思指出社会主义经济和社会主义企业应由国家进行集中计划管理。马克思主义的这一思想在《资本论》《政治经济学手稿》《共产党宣言》《哥达纲领批判》《反杜林论》等著作中,都有明确的论断。马克思在《资本论》中设想未来的生产组织形式是一个“自由人联合体”,在联合体内,劳动者用公共的生产资料进行劳动,各个个人的劳动都是社会劳动的一个组成部分。在这里,资源的配置不是通过市场而是由社会直接分配;劳动者生产的是产品,而不是商品,整个联合体内,都是用计划经济的办法分配社会劳动时间,分配生产资料和消费资料。马克思多次指出,资本主义的商品生产和市场经济,以供求关系和价格工具来调节社会资源配置,必然导致经济危机和无政府状态。为了消灭生产的无政府状态,社会主义社会整个社会就是“一座大工厂”,千百万小工厂都是这个大工厂的分部。在这个大工厂内不存在商品交换和市场关系,一切是按照一个指挥中心来有计划地进行指挥和管理,按比例地下达生产指标,有计划地分配生产资料和消费资料,统一调节劳动力。

建立了社会主义制度的绝大多数国家,也都曾按计划经济的模式和计划经济的理论,进行资源配置。同时逐渐缩小乃至取消市场机制,但计划经济的命运同产权全民所有的命运一样,在许多地方没有取得成功,在实行计划经济的过程中,由于不可能掌握社会生产的全部信息,不可能迅速反映供给和需求的变化,所以经常出现命令主义、"瞎指挥"、产销脱节、效益低下、管理体制僵化,企业失去了一切生机和活力。在计划经济时代,国家和社会付出了巨大的成本,而收益甚微。在这种情况下,一些社会主义国家改变了对于马克思关于"社会是一个大工厂"的论断所持的教条主义的态度,开始倡导用市场经济形式进行资源配置,这种认识上的转变和实践上的转变是完全正确的。当然,马克思关于生产的按比例进行和计划管理的思想,并不是完全过时的,在市场经济和现代企业制度下,计划手段在宏观管理过程中还需合理运用。

原载于《兰州学刊》,1994 年第 2 期

论流通费用的节约

社会主义的商品生产要经过生产阶段和流通阶段。生产阶段,创造出新的产品,完成物化劳动和活劳动向新的商品转化;流通阶段则通过运输、购买和售卖把商品送到消费单位和消费者手里,实现商品的使用价值和价值。因此说,社会主义的商品生产也是生产过程和流通过程的统一。流通过程同生产过程一样,需要大量的物化劳动和活劳动加入在其中。担任流通职能的企业和单位,必须十分注意节约流通费用,力争以最小的劳动消耗取得最大的经济效果。目前,一些单位对流通费用的浪费是十分严重的,大量人力、物力、财力白白浪费掉了。这对国民经济的发展和人民生活的提高是极其有害的。本文就流通费用的节约问题谈点认识。

一、流通费用的基本内容

商品在流通过程中花费的物化劳动和活劳动的货币表现称为流通费用。一般说来,凡有商品生产就有流通过程和流通领域,就存在流通费用。马克思说:"在商品生产上,流通是和生产本身一样必要,从而流通当事人也和生产当事人一样必要。"①

那么,社会主义的商品流通费用到底有哪些具体内容呢? 我认为要解决这个问题,马克思在《资本论》第二卷分析资本主义流通费用

---

①马克思《资本论》第 2 卷,人民出版社 1964 年,119 页。

的理论,对我们有指导意义。我参照马克思的分析,对社会主义的流通费用归纳了如下一些内容:

第一类是纯粹流通费用。商品在流通领域中的运动,包括两个过程,一个是商品使用价值的运动过程(如胶鞋从鞋厂运送到商店,再到消费者手中),一个是商品价值形态的变化过程,即货币买到商品,商品换到货币。同商品的使用价值变化无关而同商品价值形态变化有关的费用称为纯粹流通费用。纯粹流通费用所代表的活劳动和物化劳动不是转移和凝结在商品体中,而是散失在为商品流通服务的活动中,不是以凝结状态存在,而是以流动状态挥发了。马克思对此写道:"状态的变化是费时间和劳动力的,但不是为了创造价值,而是为了要引起价值由一个形式到另一个形式的转化。"①

首先,商品买卖时间体现的费用就是纯粹流通费用。如财贸战线的营业员、采购员,他们的劳动表现为买卖行为,交易行为,但并不创造价值。他们的工资实际上是纯粹流通费用之一。用于交易的宣传广告费、通讯联系费、书报杂志费等等也都为纯粹流通费用。与这种费用有关的物化劳动和活劳动,既不参加使用价值的创造,又不参加价值的形成,而仅仅是为价值形态的变化服务。这种费用虽不能增加商品的价值量,但是,这种费用也是商品经济必须支付的费用。如果不给流通职能部门付出纯粹流通费用,生产单位就要亲自动用人力、物力、财力执行流通的职能,这是不利于生产的。因此付出这种费用也是有经济意义的。

其次,簿记费用也是纯粹流通费用的一种。簿记费用就是消耗于簿记活动的物化劳动和活劳动的费用。在资本主义社会,有相当一部分开支用于簿记上。"除了实际的买卖,又有劳动时间要在簿记上支

①《资本论》第 2 卷第 123 页。

出。"①耗费在簿记上的这类纯粹流通费用与商品买卖耗费的那类纯粹流通费用又有差别。买卖所费的时间和费用是由商品经济的存在引起的,商品经济消灭了,买卖费用也就随之消失。而簿记费用却是任何社会化大生产所共有的。马克思明确告诉我们:"过程越是按社会的规模进行,越是失去纯粹个人的性质,簿记——当作生产过程的控制和观念总结——就会越是变得必要。②社会主义的流通需要严格的监督和统计,需要一系列算账活动。这就必然要在流通领域设置一批搞统计、会计、财务的专职人员,同时,也要消耗一部分物化劳动,诸如会计人员使用办公室、笔墨、纸张、写字台、打字机、计算机等等的耗费。这种开支也是服务于商品形态的变化,是非生产性的,它是靠生产部门生产出的产品和价值来补偿的。

第二类是生产性流通费用。这类费用同纯粹流通费用不同,它是由使用价值的运动引起的。马克思在区别纯粹流通费用同生产性流通费用的差别时指出。"我们现在要考察的那些流通费用,有不同的性质。它们可以从生产过程发生,不过那种生产过程是在流通中继续进行,所以它的生产性质不过给流通的形式隐蔽住了。"③例如,商品在流通领域中的分类、包装、保管、运输等,也可以由生产部门延续着去搞,但把它交给了物资部门或商业部门,这一活动就从生产部门分离了出来,掩盖了同生产的血肉联系。

生产性的流通费用中,运输费用是必不可少的一项开支。运输能够移动使用价值的场所和位置。只有运输形式的流通运动,才能够把原料、燃料、辅助材料送到生产领域,也只有运输才能把制成品运到

①《资本论》第 2 卷第 127 页。

②《资本论》第 2 卷第 128 页。

③《资本论》第 2 卷 130 页。

消费单位或交换场所。马克思说得好:"在产品由一个生产场所到另一个生产场所的运输之后,又有完成产品由生产领域到消费领域的运输跟在后面。产品要完成这个运动,方才是完成而可以消费的。"①当然,在特殊情况下,可以不经过运输而完成商品的交换,如住宅的买卖和分配可以不通过运输。在这里,实际运动的是物品的所有权,而不是物品自身。运输是一种追加的生产过程,它虽然没有创造新的使用价值,但它把一部分劳动追加到商品中去了,是具有生产性质的。运输费用的大小,取决于运输中的劳动生产率和运程的距离,它同运输部门的生产率成反比,同运程的长短成正比。

商品的储存、保管费、用电是生产、交换、分配过程中存在的开支,也是一种生产性的流通费用。随着管理的现代化、科学化和计划化,这笔开支可以大大缩减。但在目前情况下,这笔开支还是十分庞大的。这种费用不是为了商品形态的变化,而是为了使商品妥善保存起来,使其在质和量上不要受到损失。例如,蔬菜门市部把部分蔬菜冬藏起来,不要让它烂掉;百货商店把部分衣服、鞋袜送进库房保存起来,不要受自然的侵蚀,准备陆续出售等等。这种劳动虽然没有改变使用价值的样子,但却把物化劳动转移到商品中,把活劳动追加到商品中,所以是一种生产性劳动,其费用是生产性流通费用。

第三类是辅助性流通费用或叫流通行政管理费。社会主义的商品流通过程中,行政管理人员不直接参加商品的买卖,他们的直接活动是管理流通领域的工作人员,只是间接地对商品的使用价值的运动和价值的运动起作用。所以这种流通费用既非纯粹流通费用又非生产性流通费用,而是一种辅助性流通费用。例如,公司经理、商店经理、转运站站长以及流通领域的政工、劳资等机构所费的物化劳动和

---

①《资本论》第 2 卷第 145 页

活劳动所体现的费用均为行政管理费用。

以上三种类型的流通费用是社会主义流通费用的基本内容。弄清社会主义流通费用的内容是有重要意义的,这有助于我们划清必要流通费用和流通费用浪费的界限;有助于克服小生产经营思想,敢于向运输、物资、商业等部门投资,充分发挥社会主义流通费用的作用,还有助于我们避免乱投乱支乱用,节约流通费用,以便促进生产发展。

二、分析节约和浪费的价值量

流通费用节约的余地是很大的,有些流通费用本来可以大大节约下来,增加积累,发展生产。然而,一些单位对流通费用的认识却十分模糊。他们是"铁匠没样,现打现相",用多少算多少,凡是用掉的费用认为都是必需的、合理的,似乎不存在节约和浪费的问题。在流通领域发挥职能的部门、单位,必须经常分析流通费用的节约和浪费的价值量,做到节约多少,浪费多少,心中有数。并及时采取措施,降低消耗,杜绝流通费用的浪费。

要分析流通费用的节约和浪费,实质上是分析价值量的节约和浪费。马克思说:"无论是个人,无论是社会,其发展、需求和活动,均全面性,都是由节约时间来决定的。一切节省,归根到底都归结为时间的节省"。"节省时间以及在各个生产部门中有计划地分配劳动时间,就成了以集体生产为基础的首要的经济规律。这甚至是极其高级的规律。"①要比较明确说明流通费用节约和浪费的界限与程度,就要把流通中消耗的物化劳动和活劳动以及各种人力、物力、财力换算成社会必要劳动时间,即一定的价值量,再用货币把价值量表现出来。

①马克思 1857—858 年经济学手稿之一"货币论"。转引自《马克思、恩格斯、列宁、斯大林论共产主义社会》,人民出版社,1958 年,第 67 页。

然后用标准的或正常的流通费用量加以比较，就可看出节约或浪费的情况。

要分析企业流通中节约和浪费的价值量，可以从下面两个方面去分析研究：

第一，从流通费用的类型方面去分析研究。前面已经分析过，流通费用大体有生产性流通费用、纯粹流通费用和辅助性流通费用三种类型。在分析流通费用的节约和浪费时，可以从这三个方面去着手。例如，有甲乙两个百货商店，在正常条件下，把 20 万元的商品从生产领域送到消费者手里都需要 5 万元的流通费用。但是，现在出现了新情况：甲店出售了 20 万元的商品花 6 万元流通费用，乙店出售同样价值的商品却花了 4 万元。显然，甲店流通费用超过了正常的标准的流通费用，多花了 1 万元，这 1 万元应当列入浪费的价值之列；乙店少花了 1 万元，应列入节约的价值之中。这时必须查明节约和浪费是产生在哪一个环节上。在其他条件不变的情况下，如果是在买卖时间上造成了浪费，或者在簿记上超购用品，多用会计、统计人员造成的浪费，这就要在企业的纯粹流通费用上记入 1 万元的浪费。如果是在货物转运中，调配不当，走了弯路，或多用了车辆，多用了装卸工等等，这就要把这 1 万元的损失记入"生产性费用浪费栏"中。同样，如果是行政性开支造成的，就记入"辅助性费用的浪费栏"中。如果这 1 万元的浪费是由三种类型的费用超支分别造成，那就查出具体浪费的价值量，分别记于各种类型的费用浪费栏中。节约的价值量也应这样计算。乙店如果查出这 1 万元是来自运输费用的节省，就记入"生产性流通费用节约栏"内，如果是精简机构、减少行政管理人员及各种行政性的开支所致，那就把这 1 万元的节约记入"辅助性流通费用节约栏"内。

按流通费用的类型记载企业的节约和浪费，在企业管理上具有重要的意义。它可以查明节约成果和浪费损失出在哪个环节,便于追查经济责任,督促企业的各个环节都注意加强经济核算,搞好增产节约。

第二,从劳动的消耗形式方面去分析研究。所谓劳动的消耗形式,就是指人力、物力、财力这三种消耗形式。人力的节约和浪费是指活劳动的节约和浪费;物力的节约或浪费则是指物化劳动的节约和浪费;而财力的节约或浪费,则是指活劳动和物化劳动的节约或浪费的货币表现,也就是指资金的节约或浪费问题。

活劳动的节约、浪费,是指完成一定额商品流通任务,使用的劳动力及其劳动时间低于标准和正常条件下劳动的消耗,还是高于标准和正常条件下的劳动消耗。如果是前者,就叫节约了活劳动,如果是后者,就叫浪费了活劳动。

流通领域物化劳动的节约和浪费,是指对流通中的运输车辆、包装用品、建筑物使用面积、储备仓库、燃料以及买卖对象本身的节省或是浪费。在流通中对物化劳动的使用如果突破了正常使用量就有了浪费。如果降低到正常使用量以下就有了节约。

物化劳动的节约和浪费的价值量,亦可以用时间和货币来表示。如果商店在运输中节约了汽油 100 公斤,价值 200 元,这是货币的表现方法。如果要问节约的时间,那只要找出一个劳动者在中等技术水平、正常生产的条件下一天或一小时所创造的价值量,然后用这个数字去除节约的价值量,就可以知道节约的时间。假设一个职工平均一日创造 20 元价值的话,这 200 元汽油价值可折合为一个劳动者的十个劳动日。这个商店就算节约了 80 个小时的劳动时间。

在流通活动中,有些浪费可能只表现为劳动消耗的某一种形式的浪费,有些浪费则表现为人力、物力、财力的综合浪费,对这样的浪费就要进行综合性的考察。例如,由于货物调动有差错,出现一种弯路运输,多走了路程,多用了装卸工,多使用了装卸机械,多付了运输费用,这中间就有人力、物力和财力的综合性浪费。对这类活动不能只从一个方面考察,不能只认为浪费了些运输费,而必须全面检查其多消耗人力、物力、财力各有多少,三者共有多少。

三、关于流通费用的节约指标

为了力争更多地节约流通费用,必须建立一套经济指标,即流通费用的节约指标。来核算和监督流通费用的使用情况。

要监督流通费用的节约和浪费,最重要的经济指标是流通费用量和流通费用率指标。

流通费用量就是每单位特定商品完成流通过程所需要的价值量(一般是用货币表现的价值量)。例如,一块上海表值 100 元,所需流通费用 10 元,这 10 元就是手表的流通费用量;每一吨菜,售价 100 元,需流通费用 20 元,这 20 元就是蔬菜的流通费用量。流通费用率是单位商品的流通费用量与单位商品的价格(一般是指销售价格)的比率。如上例所举的,手表的流通费用率就是 $\frac{10}{100} \times \%$ =10%;蔬菜的流通费用率 $\frac{20}{100} \times \%$ =20%。如果单位商品的价格用 t 表示,单位流通费用量用 c 表示,流 230 通费用率用 s 表示,那么流通费用率的表示公式则为:$S = \frac{c}{t} \times \%$。另外,总流通费用量同总售价格比,也可算出流通费用率。

流通费用量和流通费用率有三种情况:

一种是标准流通费用量和标准流通费用率。它是指某种特定单位商品在社会中等技术水平,正常生产条件下的流通费用指标。这种指标应由国家、部门或地区根据社会流通情况统一规定。它的计算公式是：$S=\dfrac{c}{t}\times\%$。第二种是个别流通费用量和个别流通费用率。标准流通费用一般是国家按社会中等水平规定的。但由于各个企业的技术设备、管理水平、劳动熟练程度和强度不同，所以同一类型的各个部门执行流通职能中，流通费用量和流通费用率是不一样的。于是各个企业就形成了适合于自己生产水平的流通费用量和流通费用率。这种流通费用指标就是个别流通费用量和个别流通费用率指标。第三种是实际流通费用量和实际流通费用率。商品在实际流通过程中不可能同国家规定的标准流通费用或企业规定的个别流通费用完全相符合，或者低于这两个指标，或者高于这两个指标。我们把这种特定单位商品在流通过程中实际的流通费用量和流通费用率叫实际流通费用量和实际流通费用率。

建立这三种流通费用率和流通费用量指标，对于从节约角度衡量企业经济效果，加强经济核算，提高企业管理水平有促进作用。比如，有一个百货商店在针织品的销售上，每千元商品国家标准流通费用量为 100 元，企业个别流通费用量为 50 个百货商店的生产效率和技术水平、管理水平高于社会平均水平。而这个企业的实际流通活动，在开支上是很节省的。如果另一个商店，销售每千元商品的个别流通费用量为 200 元，实际流通费用量为 300 元，而国家标准流通费用量仍为 100 元，这就反映出该企业在流通效能上低于全国水平，而该企业的实际流通费用是很浪费的。经过三种流通费用量的对比，就会立刻反映出企业生产效能的高低。

无论是标准流通费用率还是个别流通费用率或实际流通费用率，应该是一个运动的变化的指标，不应该是不变的。随着社会生产率和企业生产率的提高或降低，流通费用率的指标相应地在发生变化。生产水平越高流通费用率越低,生产水平越低,流通费用率越高。因此,国家和企业每年度应根据实际经济情况重新制定流通费用率指标,而且要用新的指标检查企业流通费用的节约和浪费。

四、开源节流的途径

目前,造成流通费用大量浪费的原因是多方面的,有管理体制上的问题,有计划不周的问题,有核算马虎的问题,有官僚主义作风的问题等等。必须多想办法,寻找节约的途径,提出切实可行的措施,降低流通费用率,开源节流,为国家节省更多人力、物力、财力,加速实现四个现代化的步伐。

第一,用经济办法管理流通过程。目前,我国整个流通过程的管理还是以行政的办法为主以经济的办法为辅的。由于行政层次多、行政机构多、行政人员多、行政事务多、行政费用多,造成了流通费用的大量浪费。就拿商品运输和采购来说,由于行政层次多,合理的流通渠道堵塞,经常造成商品运转走弯路,商品积压,周转减缓,资金停滞,费用增加。据新华社报道,我国目前还是按行政区域设置批发机构,组织货源。全国各地设置的二级批发站 1963 年为 900 多个,到1979 年已增加到 1500 多个,甚至在同一个城市中,地、市、县三级都设批发站,各搞一套,互抢货源,互相封锁,使大量人力、物力、财力白白消耗了。有些物资、商业、财贸部门和流通单位,行政机构繁多,甚至仅有几十人的公司,也把大量人力用在行政上,其中有办公室,室下设若干组,又设立政治处,处下设若干科室等等。这些机构只管行政事务,不管经济,往往人浮于事,工作扯皮,打乱仗。有些单位长官成群,书记成班,甚至一个商店也有主任、副主任五个或六个。不少单位重用外行,鄙视内行。对于在增产节约,技术革新,服务质量上有成就的人,不注意从政治和经济利益两个方面予以鼓励,压抑群众的积极性。上述情况表明,克服用行政的办法管理流通过程的缺点,是一个刻不容缓的任务。要做到用经济的办法管理流通过程,必须抓好如下一些事情:一是按经济区域组织货源、货运和流通渠道。商品从产地到销售地点,由于地理位置、交通条件、供求关系、历史传统等形成了符合经济规律的经济区域和商品流通渠道。过去按行政层次组织流通,人为地废弃了合理的经济区域。现在必须按照经济区域组织商品流通,加速周转,降低费用,节约资金,更好地为生产服务,为消费服务。二是精简行政机构,减少行政开支。目前,流通领域的非生产人员多得惊人。这些人员虽然在流通领域工作,但多数人不仅脱离生产性流通活动,而且脱离纯粹性流通活动。商业、财贸系统官吏林立,机构丛集,闲散人员成堆,这就大大增加了活劳动和物化劳动的消耗,增加了行政开支。因此,精减重叠的行政机构,减少行政领导人员和其他行政工作人员,把人力放在流通业务方面,放在劳动第一线,这会大大减少行政开支,提高劳动生产率。三是在流通领域的各个环节要建立经济奖惩制。对于那些在增产节约、技术革新、管理技术上成绩卓著的人,对于经济效果显著的企业,要给予表彰和物质奖励,使各个经济单位和个人都体会到增产节约与本单位以及各个个人物质利益的密切关系。对于那些玩忽职守,造成经济损失的企业领导人和工作人员,应给予必要的处罚。四是培养内行,重用内行。"四人帮"对经济工作的内行和专家切齿痛恨,加以迫害,并且把一批"刺角"人物,提拔到领导岗位,不懂装懂,瞎指挥,凭意志调配人力、物力,按嗜好挥霍资金,对经济工作造成严重损失。当前,必须在流通领域的各个环节提拔重用内行和专家。如果没有这些人,就积极培养,尽量使懂经济的人搞经济。

第二,改革产销分离的管理体制,实行计划调节与市场调节的结合。目前,流通领域的大量浪费现象是同现行管理体制上存在的缺陷有密切关系。我国物资管理，一向实行统购包销制度，这样往往形成生产与销售的严重脱节。人民急需，市场短缺的商品生产不出来；社会不需要的产品，不对路的产品，源源不绝运到商店。结果形成大量商品积压，长期占用流动资金。积压的商品有的因损坏、变质，就得作为废物处理；有的则因供求失调须大幅度削价，这都给国家造成严重损失。兰州市某商店由二级站强行调来民族服装、"伟人丝织象"、塑料网兜和其他市场不需要的商品，纯损失达数十万元，商店为运输、保管、贮藏和处理这些不对路商品多花费六、七万元的流通费用。

由此可见，改革现行物资管理体制是节约流通费用的重要途径。要逐步改革产销分离的物资供应和物资管理体制，做到以销定产，产需结合。要把按国家统一计划安排生产和按变化着的社会需要安排生产结合起来，要把计划调节和市场调节结合起来。这样做，可以收到开源节流的效果，既可以使生产单位按社会需要，保质保量搞好生产，又可以使负责流通的单位，顺利地实现商品的价值，为国家节约人力、物力和财力。

第三，加强政治思想教育和劳动纪律，坚持勤俭办企业的方针。流通领域的有些浪费是同对职工的政治思想教育差、纪律松弛有很大关系。有些流通费用本来经过精打细算可以节约下来，但因为大脚大手，图阔气，讲排场，不仅没有节约下来，而且还不断上升。兰州市某商店超购办公用品、增订书报杂志，花了一大笔资金，当上级提出批评时，他们还说："商店应阔阔气气的，才像个样儿。"有些商店由于不注意对职工教育，忽视纪律管理，出现了消极怠工、人浮于事、出勤率低、旷工现象不断增长的情况，严重降低了工作效率，浪费了活劳动。兰州市某商店有五百多名职工，一度竟有一百多人闲游闲逛白拿工资不干事。他们还得意地说："我们商店是楼大有逛头，人多有绕头。"因为这样，该商店的流通费用率比其他商店高百分之一点五。

可见,执行流通职能的各个部门和单位,必须重视职工的思想政治工作,教育职工树立全心全意为人民服务的思想,特别要树立艰苦奋斗、勤俭节约的好风气,真正做到"勤俭办工厂、勤俭办商店、勤俭办一切国营事业和合作事业,勤俭办一些其他事业,什么事情都应当执行勤俭的原则。"①同时,还应确定岗位责任、严格要求遵守劳动纪律。

第四,积极开展流通领域的技术革命和技术革新。目前流通费用率高的一个重要原因是流通领域的装备差、技术落后。1978 年成都市从上海调进了海鱼 20 多万斤,由于储藏设备差、烂掉了 9 万多斤,使流通费用率提高了相当大的幅度。兰州地区的许多商店和门市部,由于买卖手段陈旧,不得不大搞人海战术,使活劳动的消耗大大上升。有的年销售额为 360 多万元的蔬菜门市部,竟有 300 多名工作人员,一个柜台 20 多人。大多数柜台是蔬菜到柜台,临时提秤销售,使顾客要排长队等候。这就不仅大大增加了商业中活劳动消耗,而且浪费了购买者大量的时间,影响社会生产和人民生活。

由此可见,进行流通过程的技术革命是具有重大意义的。国外有些国家由于把电子计算机技术运用到商业部门,出现了许多无人售货商店,大大节省了人力。当前,我们的流通领域必须从实际出发,广泛开展各种技术革新活动,并且要学习外国先进管理技术、引进外国先进设备,在我国逐步实现流通过程的自动化、电气化。只有这样,才能大大节省流通费用。

原载于《兰州大学学报》(哲学社会科学),1980 年第 1 期

---

①毛泽东:《勤俭办社》一文按语,《中国农村的社会主义高潮》上册第 16 页。

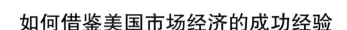

如何借鉴美国市场经济的成功经验

美国是一个高度发达的资本主义超级大国，也是典型的实行市场经济体制的国家。二战以后美国的经济有了突飞猛进的发展，整个20世纪50至60年代，美国经济出现迅速增长的势头，工业生产以4.6%的速度增长。70年代以来，美国在世界经济中的地位有所下降，1955年美国在世界经济中所占比重为36.3%，到1975年下降为26.6%。80年代以来，共和党人里根执政后，摒弃了实行四十多年的凯恩斯主义经济政策，奉行供应学派和货币主义为理论指导的经济政策，出现了一定的效应，经济增长速度又有很大回升，通货膨胀率和失业率有较大下降。到1990年海湾战争后美国经济陷入衰退，至今恢复乏力。但是总体看来，美国仍为世界第一经济大国，1991年国民生产总值已达56826亿美元，人均国民生产总值2.255万美元。目前，国民生产总值接近6万亿美元。在市场经济体制发展经验方面美国无论从市场体系及市场机制，还是从法制化建设及宏观调控看，都为世界提供了可借鉴的宝贵经验和应当汲取的教训。研究美国市场经济的特点和经验，对正在建立市场经济的我国来说，更具有特殊的意义。

一、美国的市场经济及其主要特征

美国在1776年独立以前，为英国殖民地，是以农业经济为主，90%以上的居民从事农业。在生产关系上是大土地所有者和小农并存的占有制,社会资源的配置主要依靠封建性的权力配置。英国对美国殖民地经济干预十分严重,美国的工业生产和对外贸易受英国宗主国的多方控制和压抑,市场经济只能在夹缝中生存,市场机制在工业和农业领域都不可能成为配置资源的主要手段。

美国的市场经济是随着美国的工业化而发展起来的。美国独立初期,农业经济仍然是占主体,1790 年美国开始了工业革命,美国的制造业、公路、运河、铁路都有了迅速的发展,美国还采取了允许私人投资建立国家银行的特许状,建立了统一的货币制度、税收制度和保护性关税制度,使民族工业的发展有了比较良好的软硬环境。在美国工业化的过程中,美国经济的商品化、市场化日益扩大。市场机制成为整个社会资源配置的主导力量,美国的市场体系日益完善,市场的功能多样化,市场日益法制化、有序化,国家调节市场的方式不断变更,经验日益成熟。作为美国的市场经济,它的主要特征是什么呢?

1. 私有制为主体的市场经济。美国的所有制结构是以私有制为主导的多元所有制,在美国的各个产业部门有国家垄断的国有企业,也有私人垄断的大公司,还有千百万股份制企业和公司、私人中小企业,也有集体形式的合伙企业,还有所有制成分非常复杂的外资企业。但是总的看,私有制在美国市场经济结构中占主导。目前,美国有 1700 万家企业,集体形式的合伙企业约为 150 万家,绝大多数为私有企业。而美国的股份公司,基本股份由私人企业控制,特别是近几年,西方国家包括美国,在经济结构中倡导非国有经济,掀起私有化浪潮,许多国营企业转化为私营企业,工业、商业、金融业和社会公益事业,私有企业和私人经营成为美国市场经济运行的主体。

2. 国际化的市场经济。当前世界资本主义市场经济发展的一个特点是国际化趋势加快,美国是世界经济国际化程度最高的国家。在美国,资本的国际化、商品的国际化、生产的国际化都有了很大发展。

美国是世界最开放型的市场,世界各地的产品、资本、劳务和技术向美国输入,而美国同时也向世界各国输出资金、技术、商品和劳务,建立跨国公司和无国籍公司是美国经济国际化的重要方式。在美国出现许多国际性综合产品,例如,美国生产的波音747飞机,所需要的450万个零部件,由6个国家的1500个大企业和6万个中小企业生产,1989年美国的克莱斯勒汽车公司出售的42万辆小型货车,其中78%是日本三菱公司提供发动机。美国跨国直接投资急剧增加,主要是在西方国家之间对流,1988年底与西方国家的跨国投资累积达10318亿美元。外国资本在美国大量收购企业,兼并公司,外国资本已兼并俄亥俄州美孚石油公司、哥伦比亚广播公司、哈迪公司、巴斯金—罗宾斯公司、布鲁克兄弟公司等,外国人还购买了美国高级法院大楼、联邦通讯委员会大厦、埃克森大厦、华旗公司总部大厦的一半。在洛杉矶,外国资本控制着本市商业贷款的25%,而纽约市是53%,加利福尼亚州是43%,外国人拥有美国大量民用住宅,占有1250万亩的美国土地。外国产品在美国市场所占比重不断上升,1970年—1988年,美国国内家用电器市场,外国产品所占份额从10%上升到90%,电话机从1%上升到75%,自控机床由0上升到65%。同样,美国在世界各地,特别是西方国家中,扩大建立子公司,兼并当地公司。例如,总部设在密歇根的惠尔普尔公司就与荷兰的菲利浦仪器部合并,组成了美荷仪器公司。在国际化过程中,美国依照市场机制自动调节的规律,在生产、金融、贸易以至科学文化领域同世界各地的企业、资本互相参股、互相融合、互相渗透。

3. 垄断与竞争结合的自由市场经济。在美国的市场经济中存在着垄断与自由竞争并存的现象。垄断经济在美国占主导成分,一种是私人垄断,例如,美国的汽车市场绝大部分为通用机器公司、福特汽车公司、克莱斯勒汽车公司控制,石油主要由美孚石油公司等大企业垄断。另一种是国家垄断,包括国家直接从事某种生产和服务,或采取国有民营的方式控制某些行业。美国对公用设施、邮政通讯、航天事业、某些医疗卫生设施往往采取国家控制。但是,美国的垄断从来没有消除竞争,从资产的份额上,看垄断企业往往占有很大的比重,但从企业的数量看,中小企业和非垄断性企业占很大比重。在美国市场经济体系中,一方面保护垄断,国家采取补贴方式限制其他公司进入垄断行业,另一方面,美国控制垄断的过分发展,限制某些垄断企业的经济活动,充分发挥市场机制的作用,国家制定了《反垄断法》等法规来保护自由竞争,无论在国内的生产和销售,在国内的市场占有,还是在国际市场的竞争,美国对垄断企业和非垄断企业给予同等待遇和保护。在美国,市场机制情况下,垄断企业和非垄断企业都有生存、发展、倒闭的可能。值得注意的是,美国的垄断企业不是用计划和行政的办法控制企业的生产和经营,而是采取市场竞争的方式进行生产和经营。例如,美国采用发售股票的办法把国营企业转化为私营企业,在国家垄断的邮政服务、城市供水、煤气管道行业,吸收私人企业经营;一些国防项目和重大科研项目,由国家拨款,私人承包,对某些公共需要的产品和服务,政府通过招标方式与私人企业签订合同。总之,在美国,垄断的发展水平很高,竞争的发展水平也很高。美国的竞争不仅表现在垄断企业与非垄断性企业之间,而且还表现在垄断企业之间,都已经形成了比较健全的竞争机制。

4. 结盟的市场经济。美国的市场经济有一个重要特点,就是对内对外的开放度都很大,由市场自动调节机制使企业、行业、经济组织之间不断发生参股、联营、合伙等经济关系,无论是在危机期间,还是在繁荣期间,美国在生产和经营方面的结盟之风都很兴盛。例如,在美国国内出现的"连锁加盟店"的经营方式,发展很兴盛。1973年第一次世界能源危机前出现加油站一类的连锁店,那时全美一共有

1909 家加盟店,目前,每 16 分钟就增加一家加盟店。1991 年加盟店的总营业额 232 亿美元,包括餐饮类、百货零售、旅馆、汽车租用、建筑装潢、租用器材、娱乐教育等等。

美国市场经济的结盟不仅表现在对内的经济关系,更重要的是表现在积极参与世界经济国际化。美国一贯主张贸易自由主义,虽然贸易保护主义不时兴风作浪,但总体是实行贸易自由主义。美国既追求多边贸易,又追求双边或区域性自由贸易。美国于 1986 年 5 月开始同加拿大谈判建立美国自由贸易区,1988 年美加自由贸易区协定签署,1991 年 2 月正式签署美墨加三国自由贸易协定,从而形成了北美自由贸易区和北美经济圈,在贸易区内相互减让关税、给予优惠,逐步向地区经济一体化的方向迈进。美国在经济上的结盟还表现在积极地参与创建国际经济组织。例如,世界货币基金组织、世界银行组织、关税及贸易总协定组织、世界知识产权保护组织、国际农业发展基金组织等,美国都是发起国、缔约国或提供资金和有关条件的国家。

5. 科技制胜的市场经济。市场经济是一个激烈竞争的经济,产品的更新换代和产业结构的变化都非常迅速,智力和科技在市场竞争中越来越占据主要地位。美国在世界市场经济竞争中,一直瞄准科技这一重要生产力因素。战后 40 年间,促进美国经济增长的因素比重中科技进步占 71%,美国 1957 年以来用于研究与发展的费用约占国民生产总值的 2–3%,相当于 1000 亿美元,大部分用于高新技术的开发,1989 年美国的研究和开发费用达 1450 亿美元,占国民生产总值的 2.53%。美国在全球科技竞赛中,在计算机、生物工程和材料科学研究三个方面名列第一。科技转化为生产力的周期,20 世纪为 50 年代,目前已经缩短到 3~5 年。美国产业结构主要是逐步缩减钢铁、纺织、铁路等所谓“夕阳工业”,而不断增加对空间技术、信息技术、计算机技术、光纤技术的开发。有人估计，美国投资于武器装备新技术250亿美元，而开发出来新技术、新器件、新工艺成果广泛应用于社会生产中，效益可达2500亿美元，是投资的10倍。美国人把强激光技术应用在生产上去，将力争提高生产效率150倍，美国利用气象卫星改进气象预报，每年减少损失50亿美元。美国的每一个企业都特别重视产品的更新换代和技术革新，他们千方百计提高产品的科技含量。例如，美国的医药企业有时投资一亿美元左右开发新药产品，新药往往在国际市场上大出风头，带来数亿甚至数十亿的经济效益。近几年，美国的各个企业面对经济衰退的威胁，许多企业则采取技术进步的办法，死里求生，不少企业通过设计新的产品，推广节能技术，开发新技术，引进新工艺，来增强企业及其产品在国际市场上的竞争力，恢复企业生机。

科技制胜是同人才制胜相关的。美国在发展市场经济中高度重视人才资源，美国政府和企业每年投资数以百亿美元的巨资培养人才、造就人才和吸收人才。美国曾用25亿美元的资金从欧洲吸引人才，美国企业也常用高投入吸收科学家和工程技术人才，八十年代以来，约30万外国科学家和工程师流入美国。美国企业的劳动力结构发生巨大变化，科学技术人员和白领工人比重越来越大，美国的企业大多数是白领工人多于蓝领工人，有些全自动企业基本是由科技人员组成。美国一个科学基金会认为，要生产高技术产品必须在1000名职工中有25名以上是科学家和高级工程师。总的看，美国在充分发挥市场机制的作用中，不断用高新技术装备生产过程，提高产品的技术含量和档次，以质取胜，占领国内外市场。而相反，那些技术含量低，更新换代慢的企业和产品将不断被淘汰。在美国，市场竞争促进科技的发展，而科技的发展又提高市场竞争能力。

6.体系完善、功能齐全的市场经济。美国有发达的市场经济体系,是一种全方位商品化的市场经济。美国的市场体系包括:(1)生产要素市场,其中有劳动力市场、资本市场、土地市场、技术市场。(2)货物市场,包括各色各样的消费品和生产资料。(3)服务市场,在美国的产业结构中,目前第一产业占国民生产总值的 2.2%。第二产业占26.4%,第三产业占 70.6%,第三产业主要是属于服务性产业,其中有商业、运输业、旅游、邮电咨询业等等。所以,在美国有发达的服务市场。(4)文化市场,美国的市场经济扩展到文化生活领域,所以在美国有发达的文化市场,包括新闻传媒、文化娱乐、艺术表演、出版发行等。

美国的市场体系是完备的,功能也是齐全的。市场机制首先起着资源配置的作用,劳动力、资金、技术和其他资源向哪里流动,主要看供给和需求的关系,市场的某种产品或服务如果供不应求,价格上涨,会引起劳动力、资金向该产业流动,反之,如果市场供过于求,价格下跌,生产要素就从该产业或行业撤走,流向另外一些部门。市场配置资源,固然也会产生经济危机和经济衰退,但是,总体上看,它会把资源配置到最有效益的产业或企业。在美国,市场的功能是多样化的,是齐全的,在生产、流通、消费的整个环节,在社会生活和经济生活的各个方面,市场机制都起着有效的服务作用。在美国,人类生活需要的每个环节,每个方面,都会有相应的市场提供相应的服务,由于科学技术的高速发展,美国的市场运行和市场管理高度自动化。市场对社会都能够提供快速、高效、周到的服务。

7. 自由贸易与有限保护结合型市场经济。美国在发展市场经济过程中,一贯力主自由贸易,反对贸易保护主义。在美国倡导下,1947年 10 月,制定了《关税及贸易总协定》,这个协定用最惠国待遇原则,关税保护原则,公平竞争原则,有力地促进了美国和整个世界对外贸易的发展。美国的关税已经降低到 3~5%,并且削减了许多非关税壁垒,美国已与近180个国家和地区建立了国际贸易关系,美国产品在世界市场上仍然有很强的竞争能力,美国是当今世界上出口值最多的国家,美国的飞机、纸张、化学产品、计算机、雷达设备、医药、农产品,在世界贸易中始终处于领先地位。美国仅有3%的人从事农业生产,而1/3的农产品向世界出口。美国计算机软件目前占世界市场份额的75%。同样,美国也是世界巨大的国际市场,欧共体、日本、加拿大和墨西哥,以及其他国家的各种产品和劳务,源源不断地流向美国。目前美国的贸易逆差不断扩大,特别是对日本的贸易逆差不断扩大,说明美国的市场开放度是很大的。美国在"北美自由贸易区"内自由化程度更大,协议规定,十五年内取消一切关税和贸易壁垒,实现农产品自由流通,取消对服务业和投资的限制,并开放汽车、通信设备、纺织品、食品、金融保险和投资等市场。

美国一方面力主自由贸易,但同时还实行一些有限的保护政策,限制某些产品的输出输入,保护本国民族工业利益和进出口的利益。例如,美国的《詹金斯法案》就对纺织品进口有许多限制措施,《1974年贸易法》提出反对不公平贸易的措施,迫使日本向美国开放半导体市场,迫使欧共体取消对罐头的补贴,1988年美国通过了《综合贸易法》,它的保护色彩很浓,这个法案包括对不公平贸易进行报复,对受进口损害的工业提供补贴,加强出口计划,加强知识产权保护,等等。美国还经常利用关贸总协定的条款,对外国产品征收倾销税和补贴税,美国经常掀起同国外的贸易战,其中有汽车战、纺织品战、农产品战,美国同欧共体在农产品贸易上的长期争执,同日本在大米市场准入上的争执,同欧洲的空中客车飞机制造公司在航空工业上的争执,都反映了美国的贸易保护主义。但从整体上看,美国的贸易保护主义是有限的,而贸易争端多能通过和平谈判得到解决,贸易自由化则是美国对外贸易政策的主流。

8. 法制化的市场经济。美国的市场经济曾经经历过放任主义的时期,那时法规不健全,市场的约束机制弱,市场很不规范,曾出现过无政府状态。20世纪30年代以来,美国加强了市场经济的立法,目前,美国的市场经济完全被纳入在法制的轨道上。所有企业虽有充分的经营自主权,但必须依法行事,政府对企业干预和管理也必须依法行事,政府对经济的措施、政策和主张只有形成法律之后才具有法律效能。美国的法律覆盖社会的各个方面,有针对全社会的法规,如《公司法》《反垄断法》《环境保护法》《社会安全和保护法》,还有针对特定行业的法规,如限制一些公司进入特定行业,限制某些特定行业的利润,规定律师和医生必须经过相应的培训和领取执照方能行业。在公司内部也设有法律部,使整个经济运行在法制范围内进行,比如美国电报电话公司的法律部就有800名工作人员,350位律师,它主管公司的各种诉讼,与业务部门一起起草活动条款,对重大项目和合同提出预防性意见和措施。

美国在涉外经济活动中,也注重运用国际公法和国际惯例。例如美国经常引用《关贸总协定》的条款,反对一些国家对美国进行产品倾销,美国还利用一些双边经济协定,处理两国之间的贸易争端。美国还利用《巴黎统筹委员会》对向一些国家出口战略物资、高技术及军用产品进行限制,美国还积极促成国际贸易中一些法规的形成和制定,例如美国在乌拉圭谈判中积极促成技术贸易壁垒协议、服务贸易多边框架协定、知识产权协议、与贸易有关的投资措施协议的制定。

9. 积极干预的市场经济。美国的自由市场经济,政府不是放任不管的,而是经常采取积极干预的政策。在20世纪上半期的大萧条时期,美国总统胡佛最先采取不干预的放任主义,曾公开反对联邦政府干预农产品价格。但后来他自己不得不采取影响经济的政策,如根据自愿原则,劝告铁路公司董事长,金融、工业、贸易、建筑界的领导。要他们维持生产投资和现行工资,还要求州、市政府和联邦政府一道增加公共工程开支。罗斯福总统上台后,比较彻底否定放任主义政策,以凯恩斯经济学为指导,大刀阔斧对经济进行积极干预,他加强对银行、信贷和货币的管理,限制金融资本的极端行为,由联邦政府举办救济事业和建立社会保护制度,授权农业调整局控制基本农产品数量等。二战后,历届总统上台,多数人采取积极干预主义。里根上台后推崇供应学派、货币主义,他通过财政与货币政策来干预经济。他采取大幅减税和增加军费开支的办法刺激经济,还通过严格控制资本总量,使货币的供应增长与国民生产总值的增长大体保持一致的办法,来实现经济稳定发展。布什上台后由昔日的减少政府干预到加强政府的经济调节,他大幅度削减军费,实施增税措施,采取紧缩货币政策,抑制通货膨胀。

美国政府对经济的积极干预主要表现在市场机制下的宏观调控。美国依靠市场机制分配稀缺资源。资本—效率—利润的公式是企业自我运行的动力和自我约束机制。企业依靠质量、科技、价格优势在市场上竞争。但政府却要通过立法形式和财政金融手段在宏观领域对经济活动进行干预。美国调控经济的财政措施主要是税收和政府预算。税收政策的选择是:增税以解决财政赤字,紧缩经济活动,减税以刺激投资或消费。预算是通过政府多花钱或少花钱的办法影响经济发展。金融措施主要有提高或降低银行利率,增加或减少对商业银行的贷款。此外,还对对外贸易采取关税、非关税手段、法律手段进行影响。

二、根据国情借鉴美国市场经济经验

中国的国情与美国有很大区别。就社会经济制度来说,美国是资本主义的自由市场经济制度，中国则是以公有制为基础的社会主义经济制度，美国的市场经济已经有近二百年的历史，中国尚处在计划经济向市场经济转轨时期。就政治制度而言，美国是三权制衡的资产阶级议会民主制，中国则实行共产党领导下的人民民主专政制度。就国际地位来说，美国是发达国家的排头兵，中国则是发展中国家。就历史来说，美国从发现新大陆算起，不过三百多年的历史，而一百多年就处在资本主义制度；而中国有五千多年的历史，竟经历了两千多年的封建制度。就人口和劳动力而言，美国不过两亿多人口，而劳动力素质较高；而中国则有 11 亿多人口，80% 的为农业人口，整体上看劳动力素质比较低。就经济实力来看，美国国民生产总值近 6 万亿美元；而中国不过 2 万亿多人民币。以上这些是国情的基本不同点，具体的细微的差别就更多了。

尽管中美具有不同的国情，但作为资源配置的市场经济体制而言，美国的市场经济体制应当同中国将要建立的市场经济体制有许多共同点。例如，资源的配置都要采取市场调节的方式，要实行企业行为自主，要有完善的市场体系和多功能的市场机制，要有平等竞争的法规体系，要有发达的买方市场，要有宏观调控和计划影响，等等。从这个意义看来，美国市场经济成功的经验，对中国来说是有许多借鉴之处，同样，它们失败的教训对中国也有借鉴的意义。我们认为应当从以下五个方面批判地分析借鉴美国市场经济的经验：

1. 在宏观调控方面

美国是自由市场经济体制，企业有最大的自主权，创业自由、歇业自由、生产经营销售自由，政府一般不干预经济组织和微观经济活动，不用计划约束垄断资本和企业的手脚，不倾向于实行国有化和计划化，在分配领域通过税收对收入进行调节，但不伤害企业家的积极性。在这方面，我们应当借鉴美国的经验，目前，我国在贯彻《条例》方面存在的严重问题是企业的自主权不能落实，政府主管部门的干预太多，用行政方式约束企业手脚的问题严重存在。在这方面，美国不干预微观经济活动的做法是值得我们借鉴的。

美国的宏观调节主要是运用经济杠杆，包括税收、政府预算、利率等手段，在这方面，美国也存在着调节失灵的时期，但也存在着调节有效的时期。例如艾森豪威尔时期，美国通过利率和税收等手段，调节经济发展，使经济危机在 9 个月内基本消除，经济开始复苏。里根上台后，面对严峻的经济衰退，改革财政政策和货币政策，通过减税和增加军费支出，鼓励投资，刺激经济增长，产生了良好的调控效果，从 1982 年底到 1989 年底的 7 年间，美国经济实现了连续 7 年的增长，通货膨胀率也有所下降。美国用经济杠杆调控经济，其控制指标具有刚性，只要通过立法程序批准，全国经济领域都要执行，否则就是违法。目前，我国在利用经济杠杆方面，虽然取得了很大成绩，但这种手段运用还不够充分和及时，而在执行中弹性较大，约束力较差，有时在运用上往往伤害一部分企业的积极性，而又使另外一些行业、阶层逃避国家的经济约束。例如，提高税率往往加重国营大中型企业的负担，而三资企业、乡镇企业、个体企业在优惠照顾政策的保护之下，逃避税赋，还有些高收入阶层根本不知纳税为何。在这方面，我们应当学习美国用经济杠杆调节经济的经验：政策一经出现就具有法律的效力，任何人不得违背；政策法规具有统一性和透明度，不给一些企业给予保护，而对另一些企业歧视。

我们必须看到，美国在宏观调控上其指导理论是不可取的，例如他们利用凯恩斯主义进行赤字预算刺激有效需求增长，这在我国是不适应的。此外，美国的国有经济在运行方式上基本实行市场经济的办法，国家指令性要求比较少，这方面在我国不能完全仿效美国，我国的军工生产、高新技术产业、社会服务产业、资源垄断产业，国家的计划干预程度应当高于美国。

2. 在市场经济体系和市场功能方面

美国有完备的市场体系,包括生产要素市场、货物市场、服务市场及其他市场,特别是美国有发达的金融市场,股票、证券、黄金、外币都有自由交易的场所,金融市场的发展对经济有巨大的推动力和刺激力,美国还有比较发达的科技市场、信息市场,这对推动产品的更新换代、经济的飞速发展,推进经济社会的自动化水平具有不可估量的作用。美国的市场功能是齐全的、多样化的,通过市场,可以满足社会生产和社会消费过程的一切需要,给人们的生活提供全方位的服务,在整个社会经济活动过程中,有效地配置社会资源。在这方面,美国的经验是丰富的,值得我们借鉴之处更多。在我国计划体制时期,我国的市场处在消灭状态,只有一种消费品市场,由于票证管理而变得残缺不全。改革开放以来,我国的市场体系有很大发展,目前不仅有各式各样的消费品市场,而且还有生产资料市场,各种生产要素市场,特别是金融市场也崭露头角,深圳、上海出现了国家正式批准的证券交易所。但是,我国的市场体系仍然处于初期发展阶段,有些市场还很薄弱,特别是金融市场、技术市场、信息市场、期货市场、劳动力市场都十分欠发达。在市场秩序方面,由于法规不健全,漏洞很多,无章可循,出现欺行霸市,敲诈勒索,假冒伪劣商品横行。在市场体系建设方面,我们应当借鉴美国的一些经验,如美国全方位、多功能的市场体系,市场法规完善化,市场管理的现代化,市场的平等竞争机制,国内国际市场的有机结合等,都需要我们研究其中的有益经验。

但是美国市场体系建设的路子也有它的弱点,例如,价值规律对市场自发调节的作用很大,"看不见的手"往往魔法似的造成周期性经济危机和经济衰退,美国计划职能薄弱和私有经济的主体性难以有效地制止周期性经济衰退和危机期间经济遭受的破坏。在这方面，我国社会主义制度下，计划的范围和内容，国家发展战略的指导作用，行政手段的作用应当高于美国。

美国是全方位、市场化、货币化、商品化的经济，反映到某些精神文化领域，出现一些黄色文化市场，出现一些损害人类尊严和伦理道德的商业活动。美国的市场经济基本上是按利润原则运行的，所以只注重经济效益，很少强调社会效益。这些方面美国的市场经济活动方式对中国是不适应的，我们在精神生产领域既要讲商品化，又要防止黄色文化利用市场机制损害精神文明，文化活动既要讲经济效益，同时也要讲社会效益。

3. 在国际经济关系方面

美国经济在世界上是最开放的市场经济，在产品和劳务上既能大出，又能大进，美国的经济完全纳入国际经济大循环的轨道，它的资本、产品、劳务、资源、信息都实现了国际化，它建立双边多边经济贸易集团和自由贸易区、美国经济组织和经济实体之间互相参股、渗透、协作、联合、分化，完全按照价值规律和市场经济运行规律进行结构改造，可见美国是一种在国内的小结盟和世界范围内的大结盟的市场经济。

在市场的国际联系上，美国有许多值得我们借鉴的经验。三中全会前，我国奉行封闭政策和国际阶级斗争政策，拒绝同西方资本主义国家建立多方面的经济联系，拒绝参与世界经济组织的会议和活动，给国际经济交往套阶级的帽子，主张同穷国来往，反对同富国结盟，在自力更生的口号下，拒绝接受国际先进生产力，从而整体延缓了我国经济的发展步伐。目前，我国要实现社会主义市场经济的目标，至关重要的是要走向世界，参与国际经济大循环。我国可以借鉴美国进行结盟的经验，参加各种区域性的集团，特别是要参与亚太地区的各种经济联盟的活动,在其中扮演主角。我们还要借鉴美国全方位实现国际化的经验,要大胆地引进外资,吸收国际资本,开放国内市场,引入国外先进技术和产品,同时要把我国的劳务、技术、资金输向世界各地,开辟国际市场。我们也要借鉴美国多方面参与世界经济活动的经验,要充分利用世界银行、国际货币基金组织的活动并在其中发挥作用。吸收国际贷款,加速国内开发。特别是我国要积极努力,早日加入关贸总协定,参与国际市场竞争。我们要借鉴美国利用国际法规体系和国际惯例,提高本国企业的国际竞争能力,有效保护民族工业。

4. 在分配和社会保障方面

美国是资本家剥削剩余价值的剥削制度,所以它的分配制度是按资分配,但也存在着按劳分配和其他分配方式。在美国国民收入中,一部分作为工人的工资,相当于马克思称作的劳动力的价格或价值,另一部分则是剩余价值,由资本家占有,这是资本主义分配的基本结构。当然,当代资本主义在收入分配上比基本收入结构复杂得多,工人还有自己的股份收入和其他收入,国家通过税收和国债等形式,以社会保障和福利支出形式把一部分收入再分配给一些劳动者。但是,由于美国奉行按资分配为主体的原则,收入上的两极分化十分严重,美国的巨大财富都集中在少数富人手里,广大劳动者的收入尽管也在不断增长,但是同富有阶层相比收入还是很低的。在美国,人们按富裕程度把家庭分为四组,最富的占 0.5%,称为超级富豪,他们财富的下限为 250 万美元,财富的上限可高达百亿美元,平均每户为 683 万美元;其次有 0.5% 的家庭为非常富户,其财富的下限为 142 万美元,平均每户为 179 万美元;次后有 9% 的家庭称为富户,财富的下限为 20 万美元,平均每户为 39.7 万美元;余下 90% 的家庭为普遍户,平均每户只有 39584 美元。超级富户的财富是普通家庭的 172 倍。

我国在分配方面应参考美国具有刺激力的多元分配方式，克服目前的平均主义，在收入分配上应尽可能地引入市场机制，激励人们发明创造，勤奋创业，提高收入。当前尤其要在收入分配上打破大锅饭，拉开档次，允许一些人先富起来，对于在工资收入以外的其他收入应给予合法地位，如第二职业收入、专利收入、稿费收入、资本利息等收入来源要有适当的发展。然而，我国人口众多，经济实力不足，人均收入平均很低，我们不能像美国那样，完全用市场机制调节分配，在分配形式上要始终强调按劳分配，激励人们在生产和经营过程中尽多地投入体力和智力，对非劳动收入要有一些限制措施，尤其要加强税制建设和税收管理，要把一些超高收入、非劳动收入，通过税收转化为财政收入或社会福利基金，对剥削收入在适当允许的情况下还要大加限制，要防止两极分化，不能效法美国财富向少数人集中的做法。

在美国普遍实行社会福利制度和社会保障制度，美国对社会贫困问题越来越予以高度重视，美国联邦政府及州市政府都大力开展各种社会保险和社会福利。70年代以后，职工中的保险受益面已扩大到90%的职工，社会福利开支在政府经费总开支中已上升到1/2，占国民生产总值的20%左右，美国不断开辟社会保障的项目和来源渠道，其中有老年退休、遗属、残疾和老年健康保险，退伍军人的各类保障收入，贫困线以下人的食品券制度，分众救济，医疗补助制度，公共住宅补助，公立大专院校补助，失业保险金，私营企业的养老金，对抚养儿童家庭补助、职业培训费，此外工会及慈善机构、基金会、宗教团体，居民团体也有各种社会保障和社会服务项目。80年代中期每年社会保障的开支已高达7000亿美元，美国社会保险在解决贫困者的生活困难，解决老弱病残和失业人员生活困境，缓解社会矛盾方面起了很大作用，目前我国也应当借鉴美国实行社会保障方面的经验，解决企业改革中解聘、开除、调整富余人员产生的基本生活保障问题,调节家庭收入差距过大的问题,解决低收入、老弱病残、退转军人等阶层人士基本的生活需要。要多渠道地建立社会保障项目和社会保障收入,大力开展医疗、养老、赡养等方面的保险业务,以此来稳定社会秩序,保障向市场机制的顺利转轨。但是,我们不能仿效美国的福利国家政策,社会福利在国家财政收入中不能占过大比重,社会保障的项目和开支主要要由企业、经济组织和各种社会团体来筹集,不要主要依靠财政,社会救济的方式主要不是发救济金,而要开辟就业渠道,照顾那些贫困家庭,使其有更多的人就业,在实行社会保障过程中,还要注意克服大锅饭,反对懒汉和惰性习气。

5. 在人才战略和劳动力管理方面

美国高度重视人才,高度重视技术进步和产品创新,在人才战略、人才管理、技术进步方面具有非常成功的经验。美国在这方面的优势正是我们的劣势。美国在这方面的许多经验是值得我们借鉴的,我们应当像美国那样,在每个时期和每个年度,都应当制定完备的科技兴国战略和科技开发计划,无论从中央到地方,从企业到事业单位,都应当高度重视科技的发展。当前尤其要像美国那样,把企业的振兴、把国际市场的开拓要放在科技取胜上,要彻底改造传统产业,兴办高新技术产业,企业要加速产品的更新换代,推行技术创新,改造陈旧的设备,推广现代化管理形式。在科技研究和开发的费用方面,应当痛下决心,提高比例,增大分量,保证科技兴国战略在我国的实施。当然,我国有自己的特殊情况,对传统产业不是完全抛弃或向国外转移,而是重在改造,我们要注目于多办高新技术产业。

在人才的培养、选择和竞争机制方面,美国有许多成功经验值得我们学习。例如美国大开国门在全球接纳人才的方式值得我们借鉴,我们应当破除昔日的以阶级画线的思路,在全球范围,不分民族、宗教、种族和富裕程度,只要是有利于中国现代化建设的人才,我们都应当大力吸收。在国内要加大教育投资,提高人才培养的开支水平,全面提高劳动力的素质。在科技人才的待遇和知识的应用价格上要有较大幅度的提高,不仅要形成尊重知识、人才的社会风气,而且要真正创造人才发挥作用的物质条件。要按照市场经济原则评价智力成果。要在国内有适应市场机制的各类人才市场和技术市场,做到人才的合理流动,防止人才的浪费,把人才资源配置到社会最需要的产业。目前,我们借鉴美国等西方国家人才管理的经验,要废弃那些鄙视人才、贬低知识成果人才价值的规定,要改革束缚人才手脚的规章制度,要简化人才流动的繁琐手续,真正使各类人才有用武之地。

原载于《兰州学刊》,1993 年第 5 期

参与国际贸易竞争的战略选择

我国恢复关贸总协定缔约国地位的谈判工作，有了很大进展，1993 年可望"入关"。恢复关贸总协定缔约国地位之后，我国同世界经济的相互依存更加紧密，我国面临着广阔的、多元的国际大市场，面对这种情况我们必须从世界经济发展的大趋势出发，选择国际贸易发展战略，迎接新的机遇和挑战。

一、要创出经济发展的较快速度，保持发展水平的优势，增强我国国际影响力和知名度。

九十年代以来，世界经济和科技都保持着较好的发展势头，特别是世界经济的国际化和集团化趋势进一步加深，对世界经济的发展有很大推动。但是，世界经济中的矛盾、摩擦和不平衡状态进一步加剧，美、英、法等西方国家经济从 1990 年开始衰退，至今恢复乏力；德国、日本经济增长速度明显下降；独联体各国生产以 20% 的速度下降；东欧国家的经济转轨困难重重；发展中国家从总体上看，经济状况略有好转，但一些国家债务、饥荒、战乱十分严重，威胁着其生存和发展。亚洲太平洋地区是世界经济最活跃的地区，特别是东南亚地区经济保持着很高的发展速度.东亚地区保持着 6% 的增长速度，泰国等国家都在以 7% 以上的速度发展。

面对这种世界经济形势，对我国经济发展的水平和优势必须有一个正确认识。由于改革、开放启动了我国的经济活力，使我国的经济增长速度处于世界最高水平。1992 年我国国民生产总值增长 12%,我国的粮食、煤炭、油料、肉类、机电产品等都保持了良好的增长势头,其中粮食、煤、水泥、电视机产量已名列世界第 1 位。但是我们应当看到,我国经济发展在速度和效益的关系上还存在一些问题,部分行业产值虽不断增长,利税却很低,效益很差;另外,在增长过程中,出现了固定资产投资和信贷投资过猛,生产资料价格全面上涨,外汇调剂价格上涨,部分物资供应缺口扩大的情况。为了迎接入关,我们在确定发展战略上要实现速度与效益的齐头并进,同步增长。我们应当保持目前经济发展的速度,没有较快的速度,谈效益也是一句空话,在国际经济竞争中也就缺乏实力。有人把目前经济的较快增长同"经济过热",甚至同"冒进"画等号,这是不正确的看法。我国人口多,底子薄,主要经济指标的人均占有额很低,再加上前几年整顿中出现市场疲软和经济发展减慢的状况,目前这种速度带有恢复和补偿的性质,可见,对我国目前的发展速度不宜大惊小怪。中央已把我国经济发展的速度由原来的 6% 调整到 8%~9%,这是完全符合实际的,一般情况下不能低于这个速度。如果我们的速度太低,在国内外延的扩大再生产和内涵的扩大再生产都会失去扩张力,国际竞争力也都会大大下降,所以我国"入关"以后在经济发展速度上必须保持 9% 以上的增长速度。与此同时,我们决不能放松对经济效益的要求,要实现速度与效益的比翼齐飞,无论是内销为主的生产还是外向型生产,都要把效益放在突出位置,要弱化产值考核指标,强化利润考核指标,要下决心淘汰那些长期亏损的企业,淘汰不适销对路、质量低下的国内产品,要把"效益战略"放在突出的位置,力争效益增长速度不低于国民生产总值增长的速度。

二、根据"比较利益"选择国际市场

"入关"之后,我们必须从比较优势、比较利益、比较条件出发,对全球范围内的市场供求做出及时、正确的判断,根据我国产业和产品的优势,力争更多地进入不同地区、不同国家的市场。

目前,我国的有些轻纺产品在美国和欧共体市场很有竞争实力。例如,中国对美出口的玩具占美国该产品全部进口的31%,鞋类占45%,纺织品和服装占26%,旅游箱包占40%。可见,"入关"之后,我们要利用发达国家的最惠国待遇原则,把更多的高精尖的轻纺产品推向欧美市场。

独联体各国和东欧一些国家,近几年对我国的农副产品、轻纺产品和机电产品的进口有很大增长,特别是中国新疆、内蒙古、黑龙江的数十个边贸口岸开放以来,中国的机电产品、农副产品和日用消费品大量投放独联体市场。我国"入关"之后以及独联体各国相继"入关"之后,中国同独联体各国以及东欧各国之间贸易还会有更大的前景,我国产品对这些国家的竞争优势还会有更大的发展。

我国的机电产品和高科技产品,在东南亚地区有广阔的市场,随着香港、澳门的回归,我国在这些方面的贸易实力将进一步增长,我国的机电产品、高科技产品在东南亚市场上会进一步展示雄姿。

在中东各国,在非洲和中南美洲一些国家,我国的服务贸易发展比较活跃。我国在承包这些国家的工程建设项目,向这些地区进行劳务输出方面都有很大的进展,在我国科学技术不断进步和劳动力素质不断提高的情况下,"入关"后我国对这些国家的劳务输出将会有更大的发展,我们应及早在这方面确定发展目标。

其实,从比较优势看,我国经济的各个部门,生产的各个门类,在世界一些国家都会找到相对优势。开辟国际市场一方面要从整体上提高我国的综合经济实力,形成一些绝对经济优势;但是,非常重要的还是要从比较优势和比较利益的角度来寻求国际市场,要从"我有你无,你有我优",这方面来瞄准国际市场,促进我国对外贸易的增长。

三、确立外向型产业发展重点,争夺国际市场。

关于我国的产业结构和产业发展重点问题,"八五"规划和党的十四大都已提出了明确的指导方针和政策。其中有:大力加强和发展农业,加强基础工业和基础设施的建设,大力发展能源业,优先发展交通运输,大力促进第三产业的发展。中央的方针既符合我国实现现代化的要求,又符合进一步扩大对外开放的需要。然而,从参与国际贸易和世界经济大循环的角度来看,"入关"以后的产业发展重点是什么,必须进一步研究对策。这个发展重点必须以国际市场供求为导向。从目前国际贸易发展的趋势和我国在国际市场上竞争的优势看,应当确定如下重点产业和行业。

纺织品产业应作为出口导向型的重要产业。近几年我国的纺织品出口有很大增长,1988年纺织品出口达130亿美元,占全国商品出口总额的27.3%,占世界纺织品出口贸易总额的7%,名列世界第五位,纺织和服装工业出口创汇占全国整个创汇额的四分之一。我国纺织品对美国出口数量占美进口量的首位,占欧共体进口量的第二位,仅1991年中国向美国出口鞋类4.24亿双,据有关专家推测,乌拉圭谈判如果达成取消"多种纤维协定"对纺织品的限制配额,我国纺织品的出口有可能在现有的基础上增加322%。由此可见,把纺织业和服装加工业作为外向型产业的重点是完全必要的。现在的问题是我国的纺织品和服装生产应当由劳动密集型向技术密集型转化,因为发达国家已经把电脑、机器人等先进技术引进纺织服装业,有可能抵消我国的竞争能力，所以运用高新技术装备和改造我国的纺织业及服装业是至关重要的。纺织品出口导向型企业必须根据国际市场信息及时变更花色品种，提高产品质量，纺织行业的规模经营也非常重要，国内生产同类纺织品的行业企业遍地林立，但规模生产还很有限，信息迟钝，产销脱节，质次价高，价低而质次的情况严重存在，这些方面的问题必须及时克服，以顺应国际市场的需求。

农副产品的发展也应同国际贸易紧密结合。我国的农副产品出口的主要市场在独联体的一些国家和亚太地区的一些国家，而我国从西方国家，特别是美国、加拿大每年要进口相当数额的小麦、大米等农产品。发达国家对农业实行高额补贴，使我国的一些经济作物和肉类的出口处于不利的竞争地位。如果乌拉圭回合达成美欧取消农产品补贴的谈判，这对我国农副产品的出口同样会带来实惠，一些国家会对我国的出口农产品给予最惠国待遇，降低关税壁垒和非关税壁垒。从另一方面看，乌拉圭回合达成取消农副产品补贴协议，会使世界农产品的平均价格回升，有人估算，世界农产品价格将回升22%，其中小麦价格回升36.7%，大米价格回升26.2%，奶制品回升65.3%，食糖回升52.7%，我国又是小麦、食糖和乳品的进口国，这将使我国处于不利地位。可见，从哪个方面看，我国都应当把农业的发展放到重要地位，要着力抓出口创汇农产品基地的建设，发展优质高效农业，对于小麦、大米、食糖和乳制品的生产必须采取综合性措施，从产量到质量，都要有新的发展水平，以预防同类农产品冲击国内市场，力争降低我国进口农产品所要付出的代价。

在初级产品和制成品的关系上，除了继续发展纺织品、服装、农副产品等初级品生产外，我们要把更大的功夫下在制成品的外向型生产上。战后初期，初级产品的贸易占国际贸易的60%；目前恰恰相反,①制成品的贸易占国际贸易的 60% 以上。而在制成品中,机械产品、电子产品的比重有所上升。而许多制成品,我国在国际贸易上处于劣势,尤其是我国的机电产品和汽车工业同发达国家相比,差距很大。我国机电产品的原材料消耗、能源和劳动力消耗都很高,但产品在质量上同国际先进水平有很大距离。我国机电产品的能源消耗是西德的 18 倍,法国的 17 倍,英国、日本、意大利的 15 倍,加拿大的 10 倍,韩国的 6 倍,由于产品能耗大,成本高,影响了我国机电产品的国际竞争能力。我国的汽车工业中也存在着类似的情况,尤其是生产厂家林立,规模生产有限,成本大,价格高。"入关"之后,我国的关税会有较大幅度的降低, 机电产品和汽车工业等, 都会受到很大冲击。所以,我们在这些劣势产业方面要采取重大措施,扭转这种局面。要及早组织机电、汽车工业的规模生产和高效经营;要大量吸收国外的先进技术,要及时自行淘汰技术落后、设备陈旧、效益低下的生产企业;要从国际贸易发展的趋势着手,调整我国的对外贸易结构,要在制成品的生产上下大功夫。1991 年,我国的制成品出口已经占出口总额的 77.45%,1992 年上半年,制成品出口比 1991 年又增加了四个百分点。这说明我国的制成品的国际市场还是宽广的,而今后,要基本保持制成品的出口,要在制成品的生产工艺、技术、生产管理、经营方式等各个方面进行大的改进, 追赶世界 80 年代末 90 年代初的先进水平。

推进我国服务业的发展,参与国际服务贸易的竞争,这应当列为我国对外贸易的产业重点。当代国际贸易的一个最大特点就是服务贸易以比货物贸易更快的速度在增长。目前国际服务贸易的进出口

---

① 李岳云:《恢复关贸总协定席位对我国经济贸易的影响》,《世界经济》1992 年第 11 期。

总额已占整个国际贸易总额的 1/3。传统的跨国境服务贸易和服务业的对外直接投资收益都在发展，需求和供给两个方面的增长势头都很强劲，市场规模日益膨胀。我国的服务业同发达国家相比还是很落后的，我国的服务业在国民生产中的比重和服务行业的就业人数，都还适应不了经济发展和国际贸易的需要。一些发达国家服务行业的人数占全部就业人数的 75% 左右，我国服务行业的从业人数所占的比例还是比较小，名列世界一百位次。而我国服务行业门类很不齐全，信息、会计管理、咨询等行业尚处于起步阶段。关贸总协定的乌拉圭回合把服务贸易作为谈判的一个重要内容，形成了服务贸易多关协议，乌拉圭协议一旦生效，我国的国内服务市场也得开放。我国现在的服务业水平和服务市场规模都同世界服务业的发展存在较大差距，所以我们必须在服务业方面急起直追。首先要发展多层次的服务市场，围绕国内经济发展和国际贸易的需求发展各方面的服务行业，包括金融咨询、医疗、教育、法律、关税、语言、信息等方面的服务。其次是要重视开拓国际服务市场，要既搞国境服务贸易，又抓服务业对外直接投资收益。尤其在我国要高度重视服务质量和服务水平的提高，要把先进技术引入服务行业，用国际规范和标准，培养服务业队伍，在国内培植各种服务市场，形成社会服务体系。

发展高新技术产业，这是"入关"后迎接国际贸易挑战的一个不可或缺的重要问题。当前科学技术的发展迅猛异常，在经济增长中，科学技术的因素越来越占据主要比重，在世界贸易发展中，科学技术的贸易越来越占有很大比重。技术贸易、商标专利、知识产权、教育投资效益成为当今国际技术贸易中的重要内容，发达国家在国际贸易中寄希望于信息、专利以及各种各样的高新技术。乌拉圭谈判把知识产权保护作为重点内容，发达国家对于专利、外观设计、商标、版权等都提出了保护的要求。我国原来对国外的医药、机电产品仿制较多，今后要按照知识产权保护规则作为专利来购买，这要付一笔很大的费用，这对我国的技术引进是有影响的，所以我国要把发展技术产业放在首位，特别是要把发展高新产业放在突出的位置。

当前要加快我国科技体制的改革，建立科技和经济相结合的运行机制，加速科研机构和科研行业的产业化以及科研成果的商品化；特别要注意要尽快把科技成果转化为具有高附加值的出口商品；要授予有实力的科研机构的外贸经营权，使其直接参与国际科技贸易的竞争；要建立贸、工、农、技有机结合的外向型企业，把科研开发同引进国外先进技术结合起来，把生产、流通、消费的各个环节结合起来，把开拓国内、国外两个市场结合起来；要加强知识产业的保护，从物质利益和精神鼓励两个方面调动科技人员的积极性，要大力培养懂技术、懂经营、懂国际贸易的复合型人才，形成一支能够开拓国际市场的外贸工作队伍和业务骨干力量。

改革开放以来，我国的科学技术以迅猛的速度在发展，我国的高新技术产业发展也很快，目前我国已经建立了120个高新技术产业开发区，中关村电子一条街、联想集团、四通集团以及全国各地的高新科技产业在国际市场上都有很大影响，有些产品和技术已经占领了世界一些市场。原来我国是技术引进国，而现在也开始技术出口，1991年我国技术进口为35亿元，技术出口也达13亿美元。在"入关"之后，我国更应当在高新技术产业的发展上跨上一个新台阶。

四、根据国内地区的不同特点，选择相应的对外贸易战略。

我国地大物博、人口众多，各地区在自然资源、经济实力、交通运输条件、劳动力素质、开发环境和对外经济技术交流的环境等方面都存在着很大差异，尤其是新中国成立后在布局重点工业项目、建立"三线"军工体系以及十多年改革开放的地区倾斜政策等因素，使地区经济发展水平、产业结构都呈现出不同的特点,所以在中央制定的总战略目标下,各地应当有相应的开拓国际贸易的地区战略。

我国东部、中部和西部在经济发展水平和层次上尽管各有所长,但梯度差异还是明显的。在中国最近评定的"城市综合实力五十强"中,东部城市有 36 个,占 72%;中部城市 8 个,西部城市只有 6 个,东部城市在人口和劳动力素质、经济效益、第三产业发展度、基础设施和生活水平等方面都高于中部和西部。这就需要在对外国际贸易上确定东、中、西部不同的发展战略,东部应当发挥深加工产品的优势,提高外向型生产的比重,把"三资"企业、乡镇企业和国营大中型企业的多数推向国际市场,尤其要把高新技术开发区的建设搞得更好,大力发展高新技术产业, 要把高新技术含量大和具有高附加值的商品推向国际市场。中部地区要利用其交通、能源、纺织和部分原材料的优势,确定自己的国际竞争战略;西部要利用自然资源、工业能源、农业资源和毗邻独联体、中东、南亚一些国家的地理优势,确定发展战略。

在全国三大经济地带内,各个省区和各个经济开发区、小经济带也有不同的特点,比如珠江三角洲改革开放以来经济迅猛发展。广东省从 1979 年到 1991 年的 13 年期间, 国内生产总值年递增 12.1%。工农业生产总值年递增 15.8%,进出口总额年递增 22.5%,出口贸易总额占全国 1/5 以上,具有如此的经济实力,其发展战略应当放在一个最高的层次上。珠江三角洲的目标是应在 2000 年前后赶上亚洲"四小龙",把对外经济贸易作为国民经济的支柱来发展,要扩大对外开放、提高开放的层次。要提高第一产业的质量,把第二产业的发展放在优先地位,加速第三产业发展,重点放在商业、信息业、经营保险业、房地产、旅游服务业等方面,要依靠科技进步发展高新技术产业,形成很强的科研开发能力, 实现工业生产由劳动密集型向资本密集型、技术密集型转化。①长江三角洲地区也在突飞猛进，上海将要建成世界最大的国际商业、金融、贸易城市，苏、锡、杭等城市以惊人的速度在发展。苏州1992年已完成产值1200亿元，深圳不过年产值300亿元，远不及苏州。所以长江三角洲完全有条件同珠江三角洲媲美，应当进一步发展外向型产业的企业，发展高新技术产业，利用这个地区的经济优势，在全球范围内开拓国际市场。

我国还有一些沿边地区和沿边城市，包括云南、广西、新疆、内蒙古、黑龙江等省区及所在地区的城市，其最大的特点是毗邻亚洲的一些内陆国家，近几年边境大开放已经自发地形成了边贸优势，出现了百余个边贸口岸。如广西防城县仅1992年上半年从东兴口岸过境的中国人达70万人次，到越南各地观光考察，开展贸易投资。防城县1992年前7个月贸易成交额已达7亿多元。黑龙江省黑河市的边境贸易也十分活跃，人们把它比作"北方深圳"。还有新疆的阿拉山口地区，内蒙古的海拉尔地区都出现了活跃的边境贸易。由此可见，我国的边陲城市和边陲地区，要在"入关"前后把发展边境贸易作为战略重点，要把传统产品的交易和高精尖产品的交易结合起来，扩建、新建对外经贸口岸通道，加快引进外资的步伐，加速资源的开发利用，稳住国内市场，开拓国际市场。

总之，在我国恢复关贸协定的前夕，就要着手制定各个方面的入关政策，包括产业开发重点、发展速度和效益战略、地区开发战略、国际市场占有战略等，及早着眼、及时动手，才能知己知彼，扬长避短，立于不败之地。

原载于《甘肃社会科学》，1993年第3期

①《朱森林谈追赶"四小龙"》，《半月谈》1992年第20期。

关于环境经济学的方法论

　　环境经济学是一门研究环境变化和经济发展的相互关系的科学。这门科学在世界上是一门年轻的科学，在我国才刚刚才开始研究。研究环境经济或环境经济学，不仅要了解研究的对象、研究的任务和研究的目的，而且要了解研究的方法。这里就个人的体会，概括地谈谈环境经济学的基本研究方法和具体研究方法，以求教于学术界的同行。

一、环境经济学的基本研究方法

　　环境经济学一方面既涉及到环境，另一方面又涉及到经济生活，这就要求研究人具必须既有科学的自然观又有科学的经济观、社会观。西方资产阶级的环境学家和经济学家，虽然在研究环境经济上取得了重大成果，然而他们也产生了不少错误的结论和不正确的主张。追其主观上的原因，就在于他们在研究问题的指导思想上受唯心主义和形而上学的影响。马克思主义的辩证唯物主义和历史唯物主义的方法论和历史观，是我们研究环境经济科学的根本指导原则。在马克思主义辩证唯物主义指导下，环境经济学研究的基本方法有：

　　第一，从对立统一中看环境与经济的平衡及平衡的破裂。环境与经济之间的关系是对立统一的关系。在自然和社会的发展中，在一定的环境中形成了一定的经济发展条件，在环境与经济之间出现了相对稳定的协调发展关系，这可谓之为环境与经济的平衡。然而，环境的变迁与经济的发展之间,经常存在着严重的矛盾。或者是环境的巨大变化引起现存经济条件的破坏;或者是经济的发展破坏了某些原有的生态系统、环境系统,形成了环境与经济发展的对立状态。这可谓环境和经济关系的平衡破裂。

经济发展史和环境变迁史都证明,在环境与经济的关系中存在着这样既对立又统一的辩证关系。例如古代在森林中居住的原始居民,以采集和狩猎为主,但因火灾、干旱、冰冻造成森林面积的减少,迫使这些居民不得不从森林区移徙于草原或海滨,于是昔日在森林的采集和狩猎经济活动,不得不变成放牧或渔猎活动。同样,经济的发展引起环境变化的事例也是不乏的。例如,资本主义的原始积累时期曾在英国使许多具有幽闲的田园风光的农村,变成了大片大片的牧场。一些荒僻的海滨变成了城市。资本主义的生产方式用"刀和剑"或"铁和血"的手段改变了自然环境的面貌。

但是,人们在分析经济问题上并不是经常从环境与经济的对立统一观点出发的。而往往只是从经济一方面去一厢情愿的对待经济的发展。恩格斯曾批评过人类只注意生产而忽视生态的有害行径。他说美索不达米亚、希腊、小亚细亚以及其他各地的居民,为了想得到耕地,把森林都砍完了,但是他们梦想不到,这些地方今天竟因此成为荒芜不毛之地,因为他们使这些地方失去了森林,也失去了积聚和贮存水分的中心。阿尔卑斯山的意大利人,在山麓南坡砍光了在北坡十分细心地保护的松林,他们没有预料到,这样一来,他们把自己区域里的高山牧畜业的基础给摧毁了;他们更没有预料到,他们这样做,竟使山泉在一年中的大部分时间内枯竭了,而在雨季又使更加凶猛的洪水倾泻到平原上。在欧洲传播栽种马铃薯的人,并不知道他们

把瘰疬症和多粉的块根一起传播过来了①。新中国成立三十年来,有很长一段时间在生产和建设问题上,只考虑生产不考虑生态,只注重从环境中索取,不注意对环境的有效保护,严重破坏和污染了环境,也反过来损害了生产和经济建设。就农业而言,由于农业、农垦部门为了增产粮食和经济作物,采取填湖围垦,毁林开荒,破坏了森林和水产资源,生态环境恶化,粮食和经济作物不能稳步增产,甚至得不偿失。在工业方面,由于在工业布局、厂址选择和环境治理方面不当,形成工业"三废"和噪声对大气、水质和生活环境的严重污染,造成了十分严重的公害。诸如此类对待环境和经济的办法,都是在环境与经济的关系上缺乏对立统一观点表现。恩格斯在环境与经济、环境与生产的相互关系上,提出了一个正确的观察问题的基本方法和基本观点:"但是我们不要过分陶醉于我们对自然界的胜利。对于第一次这样的胜利,自然界都报复了我们。每一次胜利,在第一步都确实取得了我们预期的结果,但是在第二步和第三步却有了完全不同的、出乎预料的影响,常常把第一个结果又取消了"。这正是分析环境与经济相互关系的辩证方法。我们只有坚持环境与经济相互关系上的对立统一观点。才能看清经济发展与环境变化之间的内在联系和相互作用,才能合理治理环境,有效的发展经济。

第二,从生态规律与经济规律的交互作用分析经济效果。因为环境经济学是从环境与经济两个方面的关系研究经济发展和经济效果的。所以在研究过程中,既要注意分析自然规律又要注意分析经济规律,特别要分析这两类规律之间的相互扰动作用。

人类从事生产活动和一切经济活动的环境有其自身运动的各类

---

①恩格斯:《从猿到人转变过程中的作用》,《马克思恩格斯选集》第三卷,第517—518页。

客观规律,但最重要的是生态平衡的规律。而人类的经济活动本身又有自身发展的经济规律,如生产关系与生产力相适应的规律、商品生产的价值规律、社会主义的基本经济规律、有计划按比例发展的规律等等。生态平衡规律和经济规律是密切相关、互相影响、相互作用的。因生态系统是人类经济活动的最基本的物质条件,一般说来生态平衡制约和影响着经济的平衡。如果生态平衡遭到破坏,一定会在经济上有强烈反映,造成经济的损失;而对经济规律的认识和运用如何,也对生态平衡起重大的影响。如果违背客观经济规律,主观蛮干势必破坏生产平衡,受到生态平衡规律的惩罚。例如,生态平衡的规律客观上要求在人类的生产活动中,各经济部门要保持一定的比例关系,而生态平衡破坏就会影响到有计划按比例规律发挥其作用。同样,商品生产中的价值规律同生态规律之间的相互作用也是明显的。如果人们违背价值规律或让价值规律盲目的发生作用,反映在人类改造自然、进行经济活动时,往往会盲目的无限制的掠夺生态资源。在近代农业和近代工业生产中,人们在价值规律、竞争规律的驱使下,无限制的掠夺性的开发矿产资源、生物资源、生态资源(恒定资源)。造成了生态平衡的破坏,反过来又影响了人类的经济生活,造成了能源枯竭,许多动植物品种灭绝和大气、水质的恶化等。

由此可见,人们一定要从生态规律与经济规律的交互作用中分析、评价经济效果。那种认为发展经济只注意经济规律就万事大吉了的想法和做法,都是极端片面的。这样做,人们往往由于其片面的认识,往往会在经济目的和经济效益之间产生巨大的矛盾,得到相反的结果,即为了得到一定的收益,结果造成了严重的经济损失。

第三,从环境与经济的复杂联系中研究环境变化对经济发展的影响。环境系统的各个功能单元之间、各个分系统之间有着多方面的关系和联系;经济运动过程中的各个方面之也存在着复杂的联系;而环境系统和经济系统之间又以各种方式建立了有机联系。这就要求人们在分析研究环境经济问题时，要时刻注意从环境与经济的多方面联系中研究环境变化对经济发展的影响。例如，生产力和生产关系都同环境之间有着密切的联系。随着生产力的发展，人类生活和生产的环境发生了巨大的变化，一方面人类改造和美化了自然环境，建立了美好的人工环境，另一方面往往向自然生态系统中倾注过量的有害物质，超出了自然生态系统的调节功能，导致生态平衡的破裂，反过来又使人类和生物受害，使生产和经济遭到损失。不仅生产力同环境有着多方面的联系，而且生产关系同环境也有密切的联系。先进的生产关系往往会对自然环境进行合理的改造和利用，同环境之间建立协调发展的关系；而反动腐朽的生产关系则会对环境产生巨大的破坏性，会促使人们无限制破坏各种环境系统和各种资源，从而形成经济与环境关系失调。

任何一个经济部门同一定的环境都建立着有机联系，互相发生功能作用。例如农业同生态系统的关系十分密切。农业生产如果不考虑生态环境的合理利用和开发，必然同生态系统发生尖锐冲突。我国一些地区多年实行掠夺性经营方式，破坏了生态系统，形成了农业的恶性循环。表现为种植业广种薄收，重用轻养；林业过量采伐，重采轻造；草原超载过牧；渔业资源滥捕，结果形成水土流失严重。沙漠化面积增加，草原大面积退化，森林资源、渔业资源和部分耕地的土地肥力明显衰退。这就是只从经济的一个方面孤立认识经济发展的结果。恩格斯曾指出："当我们深思熟虑地考察自然界或人类历史或我们自己的精神活动的时候，首先呈现在我们眼前的，是一幅由种种联系和相互作用无穷无尽地交织起来的画面"。这是人们认识世界的一般方法论，更应该是环境经济学研究的方法论。

第四，运用发展的观点研究环境与经济关系的动态平衡。构成环境的任何一个系统都一方面具有自身相对稳定的结构，进行着自身的协调和补偿，同外界也进行着物质交换和物质或能量的循环；维系着自身的存在。这种相对稳定的结构和存在形式，在受到内部或外部扰动的情况下具有内负反馈机制，能减低扰动的力量，使扰动不致破坏。但是，构成环境的任何一个系统和物质要素从来都不是不变的，而是经常处于运动发展中的。环境的各个组成要素之间、各个系统之间的平衡都是相对平衡，而这种平衡的不断破裂、不断建立新的平衡，则是正常现象。恩格斯说过："任何一个有机体，在每一瞬间，它同化着外界供给的物质，并排泄出其他物质；在每一瞬间，它的机体中旧细胞在死亡，也有新的细胞在形成"。[1]既然自然界的整个物质世界都是如此合乎规律的进行新陈代谢，那么环境系统之间的平衡、生态系统的平衡则是动态平衡，不是静态平衡，反映在环境与经济发展的关系上，二者之间的平衡也是一种动态平衡关系。这就要求人们在进行物质生产和经济建设时，要分析环境系统的运动变化趋势，以求得环境变动与经济发展之间的平衡关系，绝不能用静止的观点来看待环境与经济之间的平衡。

在这个问题上有两种方法上的错误。一种人把动态平衡看成是非平衡，极力否定环境系统、生态系统或环境与经济关系的平衡。借口平衡是相对的，不平衡是绝对的，根本否认客观上需要建立一定的平衡关系，甚至无视环境条件，人为地破坏环境与经济之间的平衡关系。另一种人则持静态平衡的观点，他们看不到在自然和社会的发展中，环境与经济的关系需要时刻调节。主张回到原始状态去，极力反对大工业。这种观点是极端错误的。我们认为只要人类能够处理好环境与经济之间的关系，工业、农业、交通运输、科学文化等不论有多高

---

①恩格斯：《反杜林论》，《马克思恩格斯选集》第三卷，第60页。

的发展水平，并不一定都会造成公害，而会更有条件保护环境，改造
环境，促进经济文化进一步发展。

二、环境经济学的具体研究方法

环境经济学是介于社会科学和自然科学的边缘科学，所以它可
以广泛地运用社会科学和自然科学的许多研究方法和手段。具体说
来，它主要有如下一些具体研究方法：

其一，历史类比法。利用类比法，比较分析历史上的环境状态同
经济状态的关系与现在环境状态同经济状态的关系，从而揭示出环
境与经济关系的一般规律。这种历史类比法已广泛地被运用在环境
科学和经济科学之中。

历史类比法很能说明环境与经济之间的相互作用和变化规律。
例如有的同志在分析我国目前自然环境遭到破坏，影响农业生产时
就运用历史类比法。他把明代正德年间"树木丛茂，民寡采薪"形成的
"咸浚支渠，灌田数千顷，祈以比丰富"的情况，同嘉靖年间对"南山之
木，采无虚岁"，弄得"天若暴雨，水无所得"，农业减产十分之七的情
况相对比；再同当前我国一些地区乱伐林木，刮削植被，造成水土流
失，灾情严重的情况相比类，从而可以看出人们对生态系统的过度掠
夺，则会受到自然规律的报复，反映到经济上必然出现贫困落后的现
象。

其二，仪器观测法。在研究环境经济时，人们已广泛利用各种科
学手段和各种科学仪器，对环境现象和经济现象进行观察和测量。例
如研究环境工效学（环境经济学的分支）时，人们利用精密声级计和
一些光学仪器，观测和计量生产车间的声级统计值和明亮度；同时用
一些仪器观测劳动者的工作速度和效率，然后把环境方面各种情况
下的观测指标同生产活动方面的观测指标相对比，就可以看出劳动

者生产的车间环境,在多大的声级和亮度状况下,才有很高的工作效率,从而指导人们改造生产的环境条件,提高劳动工效。

其三,实验法。实验法被广泛运用于自然科学研究。单纯的政治经济学研究一般运用抽象法不用实验法。马克思曾说过:"分析经济形式,既不能用显微镜,也不能用化学试剂。二者都必须用抽象力代替"[①]。但是环境经济学作为环境学的分支或经济学的分支,它不同于政治经济学。它虽然也可以运用科学的抽象法,但它并不排斥实验法。人们为了寻求环境与经济效果之间的最佳比例关系,已广泛运用实验法。例如为了农业的丰收,人们在不同土质和水分涵养量的地方种植同一种作物,看看哪种环境条件能最大限度地提高农业产量。

其四,抽样调查法。人们为了寻找环境与经济、环境与生产、环境与工效之间的关系,往往依据随机原则进行抽样调查。例如我国的一些环境科学工作者为了分析大气污染对劳动力的影响,曾在我国若干个大城市进行抽样调查,测算了在怎样的污染情况下造成多少人的额外死亡,损失多少工作日。贵阳市一些人曾对 1880 名师生进行抽样调查,来分析烟尘污染造成多少人有烟雾弥漫感,多少人家不能开窗、多少人家家具落尘,多少人弄得迷眼,多少人咳嗽,多少人头痛等等,从而定性和定量地判断大气污染对劳动力的生产和再生产的影响程度。

抽样调查一般依据的是随机等距的原则,一个地区的各种不同类型的单位都有被选取的可能,因而调查的结果在一定范围内、具有普遍意义。人们可以广泛运用这种方法。

其五,统计法。利用统计学的原则和手段,对环境和经济的一些

---

① 马克思《资本论》第一卷第一版序言。

数量变化进行统计对比，从而发现环境变化与经济运动之间的相互作用和相互影响。环境经济学的研究中统计法是经常使用的方法。人们没有对环境的一些数量指标和对经济的数量指标进行科学对比，是不能认识环境与经济的本质联系的。例如研究城市噪声污染对劳动生产率的影响，就必须对一定范围内的噪声级进行准确的测量和统计；同时对不同时间、不同工作部门的人且受到噪声影响的程度进行统计，从而才能寻求在多大的噪声强度下影响人的工作，影响的程度如何，造成的损失如何。我国一些环境科学工作者曾在上海、天津、北京、南京、杭州、兰州等城市进行过噪声影响劳动工效的统计，得到了大量数据，通过分析，对噪声控制提出了很好的意见。

其六，因素分析法。因素分析法已被广泛的运用于各门科学的研究，环境经济学更需要因素分析法。环境经济学要分析环境对经济效果的作用和影响。人们生产活动造成的经济效果有多方面的因素。有生产手段改进的因素，有劳动技能提高的因素，也有生产关系改善，经营方式、管理方法改善的因素；经济损失也同样有多方面的因素。无论是经济效果还是经济损失，因为人们的经济活动是在一定环境中进行的，所以往往有环境的因素在内。

因素分析法在环境经济学中的运用，就是对一定的经济效果和经济损失，通过各种因素的归类、分解和分析，从而找出环境因素占有多大的比重，在弄清环境因素在经济发展中的作用和在某种经济效果中的地位后，人们可以自觉地利用一定的环境条件促进经济的发展。

其七，微观与宏观比较法。环境经济学既研究微观经济效果也研究宏观经济效果。所谓微观经济效果就是企业或单位的现实经济结果。例如，某企业控制噪声污染，提高劳动生产率所得的净收益；某项回收某种污染物所需的投资与收益的比较等等，都为微观经济效果。

宏观经济效果是整体经济效果或社会经济效果。微观经济效果同宏观经济效果有一致的方面，又常存在矛盾和对立。往往一个微观经济效果对宏观经济带来重大损失。例如有些企业为了增产，不惜使二氧化硫等废气污染农田、水质和空气，造成植物大量死亡，农业减产；甚至毒害劳动者的体质，损害劳动力的生产和再生产。这样从微观经济效果看是不错的，但是从宏观经济效果看则是有害的。同样一个企业投入一定资金控制环境污染，从企业当前的经济效益看，支出多了，但从整个社会收益看则反而得到了较大的经济效果。

微观与宏观比较法，则可以打破人们对经济效益的狭隘看法，使人们从长远从整体从为子孙后代着想来考虑经济效果。对于在微观与宏观上都能造成较大经济效果的经济活动就应当干，对于只有微观经济效益而对宏观经济有严重损害的经济活动，就要有效地控制或者制止。

其八，系统工程法。系统工程学不仅是一门新兴的学科，而且是一种科学的组织管理技术，也是科学的研究方法。环境经济学的研究是很需要系统工程的方法。人们把复杂的研究对象称为系统。而环境经济学的研究对象环境和经济都是复杂的对象，都是由互相依赖、相互作用的各个部分结合成的具有特定功能的系统，任何经济系统都处于环境系统之中，经济系统对环境系统必须有适应性，环境的变化对经济的大系统和分系统都有重大的影响。这就要求对环境与经济的关系进行系统分析，从而找出最优方案，经决策机构从环境与经济两个方面的关系入手，制定经济发展的政策。

此外，环境经济学还有其他一些具体研究方法和特殊研究方法，如生物监测法、区位法、功能探究法、理想比较法等等。这里不再赘述。

原载于《环境经济》，1982年第2期

略论破产企业职工的安置

　　破产企业的职工安置是困扰政府、企业和社会的最大难点,因此,这个问题是在破产程序进行前、破产程序进行中乃至破产程序完结之后都必须始终重视的同题。这里就破产职工安置的优先地位、方式方法、费用等措,以及安置过程中新型劳动用工机制的运作做一些分析。

一、破产企业职工安置的优先地位

　　职工做为劳动力资源和企业重要生产要素,他不仅具有多方面的使用价值,而又因为劳动力的再生产和使用需要支付工资成本,因此他也具有价值。但是,劳动力资本的价值和劳动力创造的价值是两个不同的概念,劳动力所创造的价值,包括劳动力本身的价值,即工资成本,也包括劳动力创造的新价值,即利润。而劳动力的价值,即工资形式体现出来的那部分价值,只是劳动力所创造的价值的一部分。在企业所形成的财富中, 劳动力的价值不断以工资形式为劳动力所占有,劳动力以外的其他价值,则以物化的形式或资本形式,做为企业的财产而存在。所以我们界定企业的财产时,不能把职工做为企业的财产, 而只能把企业的物质资料体现的价值和资本形态体现的价值做为破产财产。所以在企业破产程序中,职工不能做为破产财产抵偿债务,也不能作破产财产予以分配,职工只能走重新就业或待业、失业之路。在完善的市场体制下,破产企业的职工,主要由本人寻求再就业之路。而当前对于国有大中型企业来说，一旦面临破产，非常突出的问题就是主要靠政府如何安置职工的问题。

对破产的国有企业来说，职工的安排遇到的困难最大，涉及到整个破产程序是否能够顺利完成，也涉及到职工的生活出路和社会的稳定问题。国有企业破产，职工的安置问题之所以突出，这是因为：1. 国有企业的职工人数多，富余人员多，供给过量、需求不足，这一矛盾非常突出；2. 国有企业的职工是在"大锅饭""铁饭碗"体制下生长起来的，习惯于依赖国家和政府找职业，自谋生路的愿望淡薄，谋生的技巧短缺。3. 各类企业并存，劳动力市场竞争激烈，且国有企业亏损面大，陷入破产境地的企业比较偏高，这就加剧了国有企业职工再就业难的局面。4. 国有企业职工的劳动岗位技术变化性概率很小，技术定型化程度很高，破产企业的职工很难同另外新的劳动岗位实现专业技术的吻合，造成了重新就业难的现状。5. 国有企业退离职工比重大，失去劳动能力靠吃企业劳保的人员数量较多，破产企业仍然面临着解决这类职工的饭碗问题。6. 国有企业破产的促成因素比较复杂，既有经营管理不善的问题，又有政府部门的决策失误，以及旧体制僵化的因素，这就形成了企业职工靠政府找出路的各种理由。以上这些因素形成了破产国有企业职工安排难的问题。在完全按照市场经济规则实行劳动就业的国家不可能在企业破产时存在这样严重的职工难以安排的问题。因此可以说，国有企业实行破产，应当把职工安排放到优先的位置。

我国《破产法》和国家的有关政策，已根据我国企业转型中的实际问题和特点，对破产企业职工的优先安置做了立法规定和政策规定。我国《破产法》第 37 条规定：破产财产在优先拨付破产费用后，清偿顺序的第一位是"破产企业所欠职工工资和劳动保险费用"。《破产法》第 4 条又规定："国家通过各种途径妥善安排破产企业职工重新就业,并保障他们重新就业前的基本生活需要,具体办法由国务院另行规定"。国务院于 1994 年下发 59 号文件,进一步确定了破产企业安置职工的优先地位。文件要求:"在实施企业破产中,采取各种有效措施,首先妥善安排破产企业职工,保持社会稳定"。各地在实施企业破产过程中的经验也告诉我们,国有企业进入破产程序,如果对职工的安置工作放在优先位置,做得细致,措施得力,就会出现"无震荡"破产;反之,如果忽视职工的安置工作,或者安置工作不适当,则可能出现"有震荡"破产。当然,破产企业把职工安置放在优先地位,这是我国企业转型过程中特殊条件和因素所确定的,一旦我国的市场经济体制基本完善,企业完成了向现代企业制度的转型,在新型的就业体制和多样化的就业市场中,破产企业职工的再就业可能不会是一个突出问题。

二、破产企业职工安排的主要方式

如果模糊地考虑问题,就会觉得破产企业职工的安置是非常之难的。如果我们把破产企业的职工从他的技术岗位、年龄档次和自谋职业的能力以及新的市场就业渠道联系起来考虑问题的话,破产企业的职工会找到多种多样的就业出路和安排方式,从目前一些地方安置亏损企业和破产企业的经验,破产企业职工至少有如下一些安排的方式:

1. 赢利企业接纳。一些赢利企业和优秀企业,固然不一定缺乏劳动力和技术人才,但是,他们有比较强的容纳和消化劳动力就业的潜力,特别是赢利企业还需要扩大生产经营规模,不断开拓市场,接收劳动力的必要性是存在的。而破产企业的有些熟练工人和技术人员可以在这些企业施展才干,发挥特长。所以在企业破产时,在人员安置上要把赢利企业的接纳作为一个重要渠道。

当然,赢利企业和优秀企业也在进行劳动用工制度的改革,优化劳动结构,不是能够随意接收破产企业的任何一个劳动力的。而应当坚持两个原则:一个量才选人。不要把破产企业的职工,向好企业硬性摊派,要让接收企业自己有人员挑选权,把需要的人员接收过去。二是有偿接收或带资接收。某些劳动力的安置需要费用的,为了不影响接收企业的经济效益,需要从破产财产中划出一部分或政府拨出一部分专款,作为接收人员的安置费。

2. 组织职工自救。要倡导破产企业的职工积极主动地建立生产和经营性自救组织。在旧体制下,职工能进不能出,就业岗位全由政府和企业包下来。实际上,国有企业的很多职工能够在破除"铁饭碗"之后,凭借自己的技术特长和生产经营本领,创造新的就业门路,企业破产以后,一部分具有新的就业观念的职工就有了开辟新的就业门路的本领。不少破产企业,有相当数量的职工面对破产的厄运,并不等待政府最后来安置,而是几个人或几十个人自愿组织起来,利用自己的技术能力和特长,建立各种小型工厂、开办公司、组织各种服务社,创造出了生产经营自救的路子。

职工组织企业自救,应当受到当地政府和破产清算组的支持和鼓励。在职工自筹资金不足的情况下,破产组可以考虑从破产财产中拨出适当的部分,政府有关部门也要给予一定的财力支持。

3. 个人自谋出路。新的用工体制是坚持"双向选择",个人就业主要靠自己,本人有完全选择职业的自由,用人单位有权按自己用人的标准和需要选择最合适的人员。目前,国有企业的有些职工已有自谋生路的强烈愿望。有些亏损企业和濒临破产的企业,实际有不少职工已经找到第二职业,"厂内损失厂外补"。有些职工表面上在待业,实际上从事着个体经营或合伙经营。在企业破产程序进行中,要大力倡导职工自谋生路,走个体经营、集体经营或职工自谋生路之路,开办各种公司、企业、商店、摊点,有的可以就地自谋生路,有的可以跨地区、跨行业寻找就业渠道,破产清算组对自谋出路的职工,要依法补偿他们谋业过程中的经济损失,也可以一次性地发放安置费,不再保留国有企业职工的身份。国务院规定破产企业职工的一次性安置费大约是上年平均工资收入的三倍。

4. 部分分离再造。一个企业在整体上看,亏损严重,资不抵债,需要破产;但是该企业的某些部分,比如分厂、分店、分公司、经营部等,还保持着较好的效益。在这种情况下,濒临破产的企业在申请破产前仅拥有三分之二以上债权额的债权人同意,由当地政府批准,可以将效益好的部分同整个企业分离。分离的部分除了原有的大部分职工可以留在岗位外,还可以从破产企业的其他岗位上选择一些职工。采取部分分离的形式,既可以使企业有活力的部分没有因为企业整体资不抵债而连带破产,又可以减轻破产企业安置职工的负担,开辟了职工安置的又一条新路。

5. 组织劳务输出。国内各地区在劳动就业市场的供需方面差异很大,不同所有制企业和各个不同行业对劳动力的需求也是不一样的。一方面在破产企业出现了大量待业和失业劳动力,而有些地区的乡镇企业、"三资企业"和重要工程建筑部门,对劳动力的需求又很迫切。破产企业的职工有各种各样的专业特长,有的具有较好的经营管理能力,有的又是年富力强的青工,这些劳动力具有比较好的输出条件。因此,企业清算组、企业主管部门和劳动就业部门在安置工作中,要积极组织劳务输出。根据市场需求和职工的劳动技能优先让破产企业的一部分职工通过劳务输出,重新找到工作,劳务输出可以跨行业、跨地区、跨所有制,有条件的地方可以进行跨国输出。劳务输出的费用,可以采取政府资助、破产财产中拨付和个人出资等办法予以解决。当然,劳务输出还要做好国有企业输出对象的思想工作,让他们转变"铁饭碗""铁工资"的老观念,树立重新就业的新观念。劳务输出,要做到稳妥可靠,防止盲目输出引起劳动力的不正常流动。

6. 公共设施的整体接受。国有大中型企业普遍实行企业办社会的原则,多年来建立了许多公共设施,包括职工住房、幼儿园、托儿所、各类学校、医院、俱乐部、电影院等等。在企业破产时,公共设施一般不计入破产财产,而这些设施保留下来的必要性很大,一般应由当地政府接收,辖归文化、教育、卫生等部门管理。在公共设施的整体接收中,一般把在这类设施中就业的职工也由接收单位予以安排。当然接收单位并不是无异议地全部接收安置的包袱,也有权利、有必要进行适当的选择,以保证公共设施的各个岗位上劳动组合形成优化状态。

7. 劳动力市场的推荐与介绍。目前,每个大中型城市以至于县区、乡镇,都建立了一批劳动力市场和人才市场,也设立了许多劳动服务公司、就业介绍所、劳动服务所、人才交流中心,这给劳动力就业提供了比较好的市场条件。破产企业的一部分劳动力可以有组织地或自由地进入劳动市场,在市场上进行双向选择。国内不少亏损企业和破产企业的一部分职工,特别是学有专长的职工,都通过劳动力市场和劳动中介机构,重新找到了工作。

8. 转岗培训。破产企业职工就业难的一个重要原因是岗位和技术定型化,对新的岗位不能及时适应。如果这部分职工能够重新掌握一项或几项专业技术,就可以适应新的就业岗位。因此,转岗培训是为破产企业职工再就业的一次良好机会。

转岗培训应当重点放在年富力强的中青年职工身上,让他们掌握一些新的知识和技能,为自己的再就业创造条件。从社会的长远发展看,企业职工更新知识技术的必要性也很大,只有不断地更新知识技术和操作技巧,才能适应产业革命的需要和企业创新的需要。转岗培训不仅有利于当前的就业,而且有利于职工长远的发展前途。转岗培训有长期的、有短期的。技术难度大的岗位可能需要较长时间的培训,例如电子计算机操作。技术难度小的工作岗位可以短期培训,例如理发、缝纫、修缮。转岗培训的费用,一部分可以取之于破产财产,一部分可以由社会保障部门和社会保险机构提供。

9. 提前退离。破产企业的一部分职工,因伤残、疾病或丧失劳动力者,可做离退休职工安置。国务院规定,距离退休年龄不足五年的职工,经本人申请,可以提前退离,提前退离的职工,其退离休费和医疗费应同到期退离职工一样对待。退离职工的退离休费和医疗费由当地社会养老和医疗保健机构掌握。

10. 对合同工和临时工按照国家有关规定对待。有些企业在破产时,一些本来属于临时工和合同工的人员,则乘破产之机,提出由政府和破产组同原固定工一样安排其就业出路, 这是一种不合理的要求。合同工可按合同协议补偿其工资和损失,由自己自谋职业;临时工在企业破产之时,可宣布停止使用。清偿组和有关单位及部门,也不能通过非正常途径利用企业破产之机,为合同工、临时工找"铁饭碗"。因为这样做一方面是一种不正之风,一方面还在人为地固化"铁饭碗"体制。

三、破产企业职工安置的资金筹措

从理论上看,职工是重要的生产要素,一旦找到劳动就业岗位就会创造出社会财富。但是,任何社会的任何历史时期,劳动者创造社会财富的先决条件,是要同生产的物质条件、技术条件相结合。在现代生产和经营过程中, 劳动力甚至要和各种生产要素相结合才能发挥其创造财富的作用,例如同操作机械、劳动空间、资本、技术、管理等等达到有效结合,才能从事生产劳动与非生产劳动。由此可见,职工要找新的工作岗位，必须有一定资本或资金投入来解决就业的劳动条件。当然,也有一些企业和生产经营部门,可能已经有齐全的物质条件而缺少具有专长的劳动力,在这种情况下,一部分职工则可以较顺利地找到工作岗位。但在目前存在劳动力供过于求的总趋势的情况下,有物质生产条件而只缺少人员的现象比较少有。因此,无论如何,破产企业的职工安置,都得投桃报李,采取有偿方式,需要筹措相当数量的资金。那么,资金怎么筹措呢? 我们认为可以采取如下一些方式:

一是从土地使用权有偿转让资金中取得。破产企业的土地,是否属于破产企业的财产,这在我国是一个复杂的问题。如果企业的土地是国家无偿划拨的,企业的土地使用权当然也要属于国家,土地无疑不能列入企业的破产财产。如果企业所使用的土地是企业通过购买方式和其他有偿方式取得,这样取得的企业用地对企业来说,已经就获得了占有权和使用权,应当列入破产的财产之内,不管是国家还是企业法人,而目前破产企业最具有吸引力,最容易变卖的,还是土地,特别是那些地处城市黄金地带和交通要道的企业, 地价还在不断上涨。因此,从破产企业土地使用权的转让中取得的财产,应当主要用于安置破产企业的职工。对此,国务院也做出了明确的规定。"企业破产时,企业依法取得土地使用权,应当以拍卖或者招标方式为主体转让,转让所得,首先用于破产企业职工的安置,安置破产企业职工后有剩余的,剩余部分与其他财产统一列入破产财产的分配方案。"①

当然,用破产企业土地使用转让的收入,主要安置劳动力就业,这应当是阶段性的方针政策,并不应作为长期的方针政策。当现代企业制度形成,劳动力市场又十分发达的情况下,破产企业不会再把土

---

①国发(1994)059 号文件。

地使用权转让的资金,用于安置那些下岗、待业的职工。

二是从破产财产变卖中取得资金。破产财产变卖所取得的资金,有许多支出渠道,例如破产费用的支出、对债权人的债务支出等,而破产财产变现的资金,应当有一部分作为职工安置费。我国《破产法》把破产财产的分配拨付的顺序也做了明确的规定,确定在优先拨付破产费用后,第一位的要用于"破产企业所欠职工工资和劳动保险费用",这就含有职工生活安排和劳动就业安置的优先地位。而国务院在规定破产企业的政策时,明确指定,处置企业土地使用权所得不足以安置破产企业职工的,不足部分应当从处置其他破产财产所得中拨付。

当然,依靠破产财产处置的经费去安置职工,其经费不一定都是充足的,有相当一批企业,本已到不破自破的境地,但没有及时做出破产处理,变成了吸收贷款的无底洞,造成资不抵债,有的企业的债务甚至超过净资产的一倍到数倍。这样的企业在破产程序中,清偿债务的担子很重,要拨付更多的变现资金来安置职工是不可能的。对破产企业,做出立法和政策规定,要求破产财产优先安置职工生活是完全必要的,即便是全部债务清偿率很低,或清偿数额为零,也得先行考虑职工的安置费问题。

三是从政府破产救济中获得。我国的国有企业,大部分是改革前由各级政府拨款建立的,其中有一部分是在"拨改贷"政策之后,通过银行贷款建立的。不管用怎样的投资渠道兴建起来的国有企业,政府对这些企业的生死存亡,都是有责任的,特别在实行"拨改贷"后,政府应当为自己的决策行为承担责任,并付出一定代价。国家和各级政府应当通过财政渠道或发行债券形式建立企业破产救济金。这部分基金其主要的部分应当用在破产职工的安置上,一部分用在破产企业的再建、整体接受和其他开支方面。目前,一些地方政府对于由财政提供破产处理基金尚有疑义。他们的主要论点是,财政提供的资本用以支助优势企业,会带来良好的经济效益,用以支助破产企业完成破产程序,是一种无效的基金,所以不敢理直气壮地设立这种基金。但是,我们认为,从体制创新的角度看,这种观点是不正确的,如果财政继续给优势企业提供无偿投资和援助, 等于政府继续在办昔日的那种国有国营企业,政府仍然是企业的婆婆和靠山,政企分开和企业转型是难以实现的。对破产企业的职工提供财政支持,从眼前看是得不到效益的,但从长远看,将使政府甩掉职工继续依靠政府就业的担子,一次性安置破产企业的职工并实行新的用工体制,从此这部分职工的失业、再就业问题,再不由政府承担了,这种财政支出的代价有利于促进政企分开和整个企业的转型。

四是从专业技术人员的有偿再聘中取得。破产企业的普通职工要进入优势企业或转入其他企业,一般是采取带资接收或者无偿资接受,但是破产企业的高科技人员和高水平专业技术人员,对他们的安置和再就业,应当是有偿的。如果由政府和清算组出面安置这部分职工,就要向用人单位征收人才转岗费,由接收单位给清算组交付一定的费用。而这些费用可再用于普通职工的安置,在市场经济的进一步发展中,在企业向高层次演进中,高科技人才和专业技术人才的市场销路一般是兴旺的,破产企业通过人才筹资和人才转移筹资,也是一个重要的渠道。人才转移有偿筹资,是否出现这样一个理论上的疑问:破产企业的普通职工不能作为破产财产,而高科技人才是否能成为破产财产呢?其实,对普通职工转岗难以收费和对高科技人才转岗实行收费制,这反映的是劳动力市场需求的差异和不同劳动者对接收单位的预期贡献。在劳动力市场供过于求的情况下,破产企业的普通职工很难实行收费转岗,往往要带资转岗才能得以安置。但是高科技人才不是这样,目前总的趋势是供不应求,特别是有某些专业技术特长的人,还处于"奇货可居"的地位。在这种情况下,企业破产时,政府和清算组就要利用当前的市场机遇和商业机遇,由人才的有偿转岗筹集一笔破产安置费,这笔钱不宜列入破产财产参与其他分配,而只能作为职工安置的专款。当然也会产生这样的问题,破产企业人才转让的费用能不能扣除一部分,交付被转让的本人。普通职工用特殊人才的转让费来安置,从公平分配的角度看,这是普通职工侵占了技术人员的劳动力转让价值,但从破产企业职工安排难度和紧迫性看,这样做也是容易被理解的,这是一种破产企业职工安置中的利益均化或者内化,科技人员出于企业职工患难与共的信念是可以接受的。

五是从社会破产风险金中取得。社会的保障机构,各种基金会和各类慈善事业,应单独或者联合设立破产风险金,专门来安置破产企业的部分职工。破产风险金的来源可以有各种渠道,进行社会性的捐赠,是这类基金的重要来源,近几年来,由共青团、工会、慈善机构和各个单位发起了向所谓特困企业职工"献爱心"活动,数以千万计的捐赠和赞助送到了特困企业,供"特困职工"买粮买米,维持特困企业的残存。对社会捐赠采取"献爱心"的分配办法是一种消极的使用办法,尽管这种捐赠行为的高尚值得我们肯定。如果把这部分资金作为破产风险基金,用于破产企业职工的培训和再就业,它的作用就更大了。另外,这类基金还可以从劳动者的收入中,以参加社会保险的形式筹集,这种保险主要不是医疗、养老保险,而是预防破产后再就业的保险,应当从其他保险中划出。如果绝大多数企业的职工都能参与破产风险的再就业保险,这笔资金的数量也会是可观的,毕竟企业的兴旺再造是主流,而破产总是少数,这是一种以十补一的方式。破产风险金还可以由其他渠道筹集,例如盈利企业的无偿资助或是有偿投资,国外捐赠和投资。风险基金会还可以由基金管理机构和基金组织通过生产经营的渠道,创造利润使其增值,扩大基金数额。

六是从优势企业的无偿接收或有偿接收中取得。企业在破产时，对破产财产的处理往往采取整体接收或部分接收的方式。对破产财产甚微、负债严重的破产企业，往往出现接收财产的低估或概括地无偿接收，而对职工的安排也一般是带资进入或无偿接收。对破产企业职工的无偿接收，这等于减轻了政府和清算组为安置职工而筹资的负担，这在目前情况下是可行的，如果接收破产企业职工的人数越多，政府和清算组支付的安置费就越少。但还可以考虑对破产企业的部分有价值的财产，包括某些土地使用权，不要采取笼统兼并和无偿接收的方式，在优势企业不能接收大量职工的情况下，可以通过资产评估以优惠办法收缴破产企业的财产兼并金或购买金，从优势企业得的这批购买金，可用来安排剩余职工的再就业或者再培训。

七是从贷款、借款中去取得。在破产财产寥寥无几，地方财政十分亏空，职工安置别无出路的情况下，可以采取贷款安置或借款安置的办法，这种贷款不要以政府的身份向银行贷款或向其他企业借款，而应当由政府疏通、按照新的银行制度和金融制度，由接收单位、新建企业或某些基金会、社会保障机构作为债务人。这部分贷款按投资贷款对待，债务人要按规定还本付息。当然这类贷款的风险很显然是存在的，如果用贷款新建的企业是盈利的、前景很好，付本还息不会成为问题，如果这笔贷款的投资决策有失误，企业是亏损的，这笔贷款的偿还就成问题。如果接收单位对贷款使用得好，接收人员的管理和作用发挥得充分，这笔贷款付本还息就有希望，如果接收单位把贷款胡花乱用，对劳动力的安排和使用不当，那贷款可能又填入"黑洞"，引发接收企业的破产。

对于借款安置破产企业的职工，主要是由政府和清算组向盈利的大公司、企业集团或财团借债，这种借债也应当是付本还息的，如果债权人能够考虑到国家安排破产企业职工的困难，有支持国家进行企业体制改革的意愿,可能低息或无息借出。

八是失业和退离职工保险费用的筹措。破产企业职工失业期间,有的可以依照《国有企业职工行业保险规定》享受失业保险待遇,失业保险期满,无法重新就业的职工符合社会救济条件的,由当地民政部门发给社会救济金。破产企业的离退休职工,其离退休和医疗费由当地养老保险机构承担,破产企业参加养老保险、医疗保险基金社会统筹的,其离退休费和医疗费由当地社会养老、医疗保险机构从养老、医疗保险基金社会统筹中支付。没有参加养老保险、医疗保险基金社会保险统筹或社会保险统筹基金不足的,从企业土地使用权出让所得中支付;处置土地使用权所得不足以支付的,不足部分从处置其他破产所得中支付。离退休职工的养老医疗保险,是破产企业职工安置工作中的一个重要内容,也是一个难点,还可以探索各种各样的渠道。

四、职工的安置与新的就业机制的创建

目前,破产企业职工的安置基本由政府包揽或大部分由政府包揽,这是市场经济体制还未完全形成时期的过渡办法。而当市场体制完全成熟,现代企业制度基本建立后,破产企业职工的安置就再不能以政府为主了。有些地方,固守计划经济时期的老观念、老办法,把国有企业职工的待业、失业、再就业完全地毫无异议地推给政府。一些企业破产,政府用大量人力、财力来组织职工安置,而职工却挑三拣四,这里不去,那里不去,上访告状或集会闹事。整个安置的方式和原则仍然是铁饭碗的一套就业办法。这就给破产企业职工的安置工作提出了一个新的课题:既要安置好破产企业的职工,又要立足于劳动就业制度的改革,在安置中建立适应市场经济的劳动就业机制,预防第二次建立铁饭碗就业制。

一是允许接收单位择优选用。目前,一些地方政府及其企业主管部门为了及早甩掉人员安置的包袱,往往对破产企业的待业职工采取概括处理和行政命令安置的办法。向优势企业和接收单位全员输送职工,或硬性摊派职工,不允许接收单位按需要选用。其结果,或者把一些素质很差的人员塞到好企业,降低了优势企业职工队伍的素质,或者把业务技能不对口的人员转移过来,难以优化组合,这样做还对破产企业的职工形成了永久抱铁饭碗的习惯,自身丧失了就业的压力和动力,这是后患无穷的。

因而,在破产企业职工的安置中,允许接受单位按照企业的用人标准和需求数量,择优挑选。让有能力有水平的职工优先找到就业岗位,面对那些不知上进,混天度日的人形成就业压力,甚至有较长的待业、失业时间,以迫使他们努力学习技术,提高素质,树立创业意识,力争以自己的才能和本领找到新的工作,对于那些没有技术特长、而两次安排拒不到位的人,应当以自我放弃安置对待,对那些利用破产企业职工安置之际,无理取闹、行凶闹事的,应按有关法规和法律处理。

二是职工再就业要按新的就业体制行事,接收单位一般应实现劳动合同制,以合同形式确定职工的责任、岗位、权利和再选用的期限,合同中要体现双向选择,合理流动的政策;同时还要签订岗位责任书,对就业职工完成的任务和经济技术指标做明确的规定,职工应得的劳动报酬和福利待遇,以及职工对企业应当创造的劳动成果,都要有明确的规定,在采用新的劳动用工制度的同时,还要实行新的工资制度、培训考核制度和社会保险制度。对于专业技术人员,最好实行专业技术职务聘任制,要根据实际需要,设置专业技术岗位,根据接收的专业技术人员技术水平的高低,聘任高、中、低级专业职务。专业技术职务一般不要搞终身制,要把学衔、专业技术职称与任职分开,把报酬与任职结合起来,并且允许新来的技术人员流动,废除职务聘任上的终身制和能进不能出的旧体制。对于一些干部的安排,一般应采用聘任制,企业要与受聘干部签订合同书,规定受聘人的任期、职责、任务、报酬和奖罚,使接收到企业的干部能上能下,能出能进。

三是发挥劳动力市场的调节作用。目前企业职工的安排主要靠政府,政府的婆婆作用非常大,职工对政府的依赖感非常强,在破产制的实施过程中,要逐步淡化政府的婆婆作用,要重视劳动力市场的调节作用,要引导职工参与各行各业的招标、竞选等活动,凭自己的能力和水平,争取再就业。要由破产清理组发布企业职工再就业和劳动力交流公告,吸引各方面的用人单位到破产企业去招聘职工,劳动人事部门要广泛组织就业市场的签约活动,尤其要号召职工自己到各类劳动市场去自谋职业。要发挥劳动力市场的作用,特别要重视劳动中介组织,包括那些劳动服务公司、劳动介绍所、人才交流中心的作用,这些中介组织要为破产企业安置就业牵线搭桥,开辟地盘。劳动就业的中介组织不仅要承担就业推荐的任务,而且还要做好职工再就业的培训工作,开办各类专业技术培训班,组织破产企业的职工全面更新专业技术知识,为重新找到工作岗位创造条件。职业培训学校和成人教育学校也要重视对破产企业职工的专业教育和培训,使破产企业的职工和失业人员,进入学校攻读专业技术知识,通过深造谋求未来的工作岗位。

四是广泛组织职工参与社会保障体系。在安置破产企业职工的过程中,各级政府和社会保障部门要广泛组织企业职工参与社会保障,对于破产企业的职工来说,养老费用、退离休费用、医疗费用的主要部分,目前仍然是由政府提供和企业破产财产中解决大部分,但劳动者个人也要积极参与社会保障基金的统筹活动,特别是再就业以后,要从自己的劳动收入中拿出一部分作为养老、医疗、失业等方面的社会保障。对于非破产企业的职工更要消除依靠政府、依靠企业解决养老、医疗及其他社会保障的强烈依赖感,企业要在改革中逐步甩掉办社会的包袱,把社会保障的任务交给社会。各地方还要完善社会救济体系,对那些长期失业、生活没有保障的人员发放社会救济金。总之,在对破产企业职工的安置过程中,要深化劳动制度的改革,要把优胜劣汰机制引入职工再就业活动中,这样做有利于我国传统企业制度向现代企业制度转型。

原载于《甘肃社会科学》,1996 年第 1 期

地方发展问题研究

论西北地区旅游资源的开发

西北地区包括陕、甘、宁、青、新五省区,总面积303.15万平方公里,总人口6934万①。西北地区历史悠久,文物古迹甚多,自然景观雄伟壮丽,物产丰富,工业和交通已有较大发展,开发旅游资源前途广阔,具有重大的经济战略意义。现就开发西北地区旅游资源的几个问题做初步论证。

一、开发西北旅游资源的经济战略意义是什么

当前,开发国内的旅游资源,发展我国的旅游事业,对我国国民经济的发展和四个现代化建设将日益显出不可估量的巨大作用,对西北地区来说,更具有特殊的经济战略意义。

其一,开发西北地区的旅游资源是我国经济和人口发展的客观要求。

经济的发展是旅游事业发展的物质基础,一般说来,经济、交通越发展的地区,旅游事业也越发展。在我国,经济文化比较发展的东南地区和东北地区、华北地区,旅游业的发展也非常快。然而,经济的发展同旅游事业的发展并不完全是平行并进的。一般经济的发展同旅游经济的发展条件并不完全一致。旅游业的发展有许多限制性的条件:(1)人口的密度的限制。如果一个地区人口密度太大,旅游者的

①分省面积据1981年《中国百科年鉴》,人口据1982年人口普查资料。

人数又太多,这必然提出人口疏散和旅游者的移点问题。(2)土地面积和建筑容积的限制。如果一个地区的土地利用率很高,建筑密度很大,这将对开辟新景区、建设服务设施等方面造成困难和障碍。(3)自然景观的利用和历史文物发掘情况的限制。如果一个地区的大部分自然景观已被开辟为旅游区,历史文物的发掘、陈列、展出又很充分,这也给进一步扩建旅游胜地形成限制。用这些条件来把西北地区同东北、东南、华北相比,西北地区的缺点在于目前旅游景区少,旅游设备差,旅游人数少,旅游业不发展,但优越性在于它开发的余地大,发展的前途很宽阔。从人口密度看,东北、华北、东南地区的城乡人口密度比西北大。再从近几年旅游人数看,西北地区比我国其他地区少得多。甘肃1981年头九个月旅游旺季,总共接待国外游客不过4200人。而我国南方和东南地区一些城市和风景区,旅游人数增长很快,甚至达到饱和的程度。苏州1981年旅游旺季每天竟要接待中外游人数十万。我国东部、中部、南部和东北部的旅游业发展的速度大大快于西北地区,而同时也提出了一个尖锐的问题:过若干年这些地区旅游景区的新建是否会存在一些困难?这些地区旅游人数是否有些饱和?事实上,苏州、杭州、上海、北京等地已经提出了难以接待更多游客的问题。

由此可见,我国旅游业的发展,必然有一个地区的重点转移,西北地区旅游资源的开发将会越来越提到议事日程。

其二,西北旅游资源的开发,将对西北地区经济和交通事业的发展来个大的推动。

经济的发展是旅游业发展的条件。然而,旅游业的发展将会反过来推动经济的发展。从历史上看,西北在汉唐时期经济的发展,同当时与西域、中亚和欧洲的友好交往有密切关系。近代比较荒凉的敦煌、武威、张掖,在汉唐时期曾是"丝绸之路"的集散地,大量的商人、技艺百工以及外国人,来此进行经济和文化交往,成了热闹的国际都市。而盛唐时代的长安,由于与三百多个国家和地区交往,对经济特别是对商业经济的发展有很大的推动。当时长安富商"金宝不可胜计""遍满海内,四方货物尽为所收"①尤其对交通的发展起了迅速的推动作用。长安周围的交通线四通八达,以长安为起点的"丝绸之路"的交通大道,原来只有天山以南的南北二道,这时又增加了天山以北的北道。而这几条道路上出现了一些繁华的大城市,如"凉州七里十万家,胡人半解弹琵琶"的诗句,就写当时凉州的盛况。这个历史经验我们应当吸取。当前,开发西北地区的旅游资源,其经济战略意义比古代来说更大。首先,旅游事业发展起来,会推动西北地区水陆交通和航空线路的发展。特别是因向各地景区修建各种类型的交通要道,运用各种交通工具,会使一些偏僻落后地区的交通事业发展起来。随着交通事业的发展,铁路、公路和一些小路的开辟,国内外游客的剧增,将会大大推动商品交换和商品市场的发展。同时,西北地区的资源优势,包括矿产资源、生物资源的优势就会得到发挥,昔日被认为是"不毛之地"的国土,今日会充分显示出其不可估量的经济价值。当前,西北地区的某些商品生产虽然比较发达,只因为比较闭塞,流通渠道没有打开,声誉不能外传,往往造成滞销。旅游业的发展将会冲破堵塞流通渠道的一些藩篱。特别是旅游业发展起来,围绕旅游业而进行的诸如"唐三彩"仿制品、酒泉夜光杯、天山玉器、甘肃洮砚等工艺品的生产和销售业务就会大大发展,而西北风味的各种"小吃"和食品也会兴旺起来。

其三,西北地区旅游资源的开发,会有力地推动本地区文化和科学技术的发展。西北地区文化和科学技术不发展的一个重要因素是

①武伯论:《西安历史述略》,陕西人民出版社,1979年。

自然经济的传统影响根深蒂固。各个地方因交通不便和经济贫困等原因而显得闭塞,故步自封,本地区人们相互之间、本地区与国内其他省市之间、与国外的往来,都比较少,这对西北地区接受国内外的先进科学技术和文化都造成不利的影响。从西北地区的历史发展看,什么时期人们之间的经济文化交流多,什么时期比较开放,科学文化就发展快。这个历史经验不能不引起我们考虑发展现代西北旅游业的问题。西北地区旅游业发展起来,将会在西北的热闹城市、深山老林、名胜景区,甚至穷乡僻壤,接待中外科学家、文学家以及各种各样的人才,便于本地区学习和吸收他们的先进科学技术和文化;同时,西北地区旅游业发展起来后,还会给一些人提供条件,使他们到国内外学习或观光,吸收外地的先进科学技术和文化,以人之长补己之短,并把本地的科学技术和文化传播于各地,接受各地的鉴别,不断完善本地区有特色的科学文化事业。毫无疑问,一旦西北地区的旅游事业大发展之后,文化科学事业将会以更快的速度发展。

其四,开发西北地区的旅游资源,有利于国内人口和劳动力资源的合理调节。

西北五省区占有国土面积303.15万平方公里,占全国960万平方公里31%,而总人口为6934万,占全国总人口10318万的6.72%,人口平均密度为22人/方公里。且西北地区的森林面积、森林覆盖率、草原面积、淡水面积、内河长度、水力资源蕴藏量都是可观的。可见,西北地区容纳人口和劳动力的潜力很大。相反,我国东南、东北、华北等地区,人口密度太大,劳动力的就业已发生很大困难。新中国成立后我国东南方的劳动力和人口,曾有组织地或自发地向西北地区转移过数百万,目前一些有技艺和各种特长的劳动力,正在不断流动到西北城乡就业。如果,西北地区的旅游资源得到很好的开发,不仅西北的城镇人口和劳动力可以分散于西北各地区谋生和建设,减少西北城镇人口过剩的压力，而且可以充分吸收国内人口稠密地区的劳动力，疏散这些地区的一部分人口，合理调节国内人口的地区分布和劳动力资源的利用。

其五，开发西北旅游资源，有利于国内城乡环境保护和抑制生态平衡的破坏。

目前，我国东南地区由于人口密度太大，建筑密度过高，旅游人数太多，生产建设基地多，交通线路密，形成严重的环境污染。特别是一些风景旅游城市的污染更严重。例如苏州的沧浪亭原来三面临水，碧波环绕，现在池塘被填，只剩一面临水，沿岸分布十多个污水管，水色变黄发臭。拙政园本来以水景为主，由于水泥厂、制药厂的污染，水面盖上油器，水质变黑。市区其他地方，由于建筑布局不合理，侵占园林建筑，破坏园林风格的情况很严重。太湖地区山清水秀，有 10 个风景名胜区，100 多个风景点。现在由于围湖造田，开山采石，侵占景区，兴建公墓，使得太湖这颗明珠遭到严重破坏①。这些情况说明，保护我国著名风景旅游区，除了加强环境保护立法和文物古迹保护的措施外，还得有一些战略性措施。开发广阔的西北地区的旅游资源，充分利用西北地区冰川沙漠、山岭湖河、森林草原、长城古迹、丝路古道，将会大大减少西北人口密集地区的环境污染和生态平衡的破坏。与此同时，会有效地分散我国东南地区和其他人口稠密区的居民和旅游人数，调节我国不合理的经济布局，抑制环境污染，保护自然生态平衡。特别是，西北地区风景旅游区的开辟，将会推动本地区的园林建设和大地绿化，有利于改造沙漠和干旱地区的自然面貌，使本地区的一些荒无人烟的地方变成鸟语花香的旅游胜地。

---

①人民日报，1982 年 7 月 29 日。

其六,开发西北旅游资源,有利于发挥西北地区的经济和自然优势,促进经济结构的调整和改革。

西北地区有许多经济和自然优势,但由于交通不发达,经济和文化方面闭塞,许多经济和自然优势不能得到充分发挥,祖国的半壁大好河山还没有充分利用。旅游事业发展起来,不仅能促进生产力本身的发展,而且能够促进经济结构的改变,便于调整不合理的经济结构,使经济结构逐步走向合理化。首先,旅游业的发展会改变劳动力结构的不合理状态。目前,西北劳动力在城乡分布的比重结构不合理,城市人口和劳动力固然增长快,而农业劳动力增长速度更快,过剩劳动力更多。旅游业发展以后,就能够就地吸收很多农业劳动力就业,改变农村劳力过多的现状。同时,旅游业的发展还有利于改变劳动力的部门结构。目前,西北地区的劳动力主要分布在轻重工业部门和商业部门,饮食服务业至今容纳的劳动力仍然很少。旅游事业发展后将会大大提高饮食服务业的社会劳动占用量,一方面减轻工业、商业部门劳力过剩的压力,另一方面给劳动就业开辟一些新的路子。

旅游业发展起来还会更充分地发挥西北地区资源丰富、重工业基础雄厚的优势,同时有利于推动轻工业的发展。可以预料,旅游业发展必然会吸引国内外客户关注西北地区石油化工、煤炭、冶金等部门的生产和销售,刺激这些重工业部门发挥作用。更有利于促进西北地区的纺织工艺美术、皮革、制糖、食品等轻工业的发展,改变轻工业落后的面貌。特别是旅游业发展后,会对一些农村的经济结构带来新的变化。目前西北大部分农村是自给性生产为主,商品性生产为辅,而在经营项目上主要是粮食和油料等作物,多种经营的路子不宽广,地区特产没有充分找到销售市场。旅游业发展后,会使农村的工艺品生产、编织业、商业、饮食业服务业和修缮业等都活跃起来,广开生产门路。旅游业发展带来的这些结果,有利于我国国民经济结构的调整和改革。当然,开发旅游资源是十分艰巨的任务,它也会带来一些诸如影响其他方面的建设速度、影响环境保护、造成人口转移过快等问题。但是,总的看,利大于弊。只要措施切实可靠,许多不良后果都可以克服和消除。

二、西北地区的旅游资源是什么

要研究西北旅游资源的内容和范围,必须明确现代旅游业的广泛内容和人们旅游的动因。大体说来,引起人们旅游的动因有:(1)观光赏景;(2)文化交流;(3)体育锻炼;(4)经济贸易;(5)科研教育;(6)医疗保健;(7)外事交往;(8)探险考察。既然,人们旅游的动因是如此之多样化,那么,旅游资源的对象和内容也必须是各色各样的。广义地说,西北地区的旅游资源主要是:

壮丽的自然景观。从自然地理区划看,西北虽处于我国干旱区和青藏高原区,但它有独特的自然风貌和自然景观。崇山峻岭遍布西北各地。天山山脉横贯新疆中部,陡峻巍峨,山顶白雪皑皑,冰河悬垂,山腰森林成片,绿草如茵。吐鲁番盆地具有红色山岩的火焰山。唐代诗人岑参赞"火云满山云未开,飞鸟千里不敢来"。还有"天下之良山,瑶玉之所在"的昆仑山。称为我国自然地理分界线的秦岭,其主要部分横亘于西北的陕西境内,其最高峰太白山海拔达四千米以上,另一峰华山拔起于渭河谷地,壁立千仞,雄伟险峻,号称"华山天下雄"。耸立于甘宁地区的六盘山, 贯卧于甘青交界地区的祁连山, 都各俱姿色。西北地区还有许多美丽的湖泊和温泉。新疆博格达峰下的天池,像块巨大晶莹的蓝色宝石,人称"瑶池阿母绮窗开";新疆布鲁克大草原的天鹅湖,风景十分秀丽,是避暑胜地;库鲁克塔山下的"戈壁明珠"博斯腾湖,是内陆淡水湖,烟波浩渺,白帆点点,水鸟翱翔,景色秀丽,赛里木湖天鹅、野鸭、大雁成群;喀斯纳湖被称为"金山明珠"①。青海湖面积4200平方公里,是我国第一大湖。青海省境内还有一些中小湖泊星罗棋布。驰名中外的陕西临潼华清池温泉,有数千年历史,已成为中外游客沐浴和游览胜地。位于新疆境内部分的帕米尔高原上的塔合曼温泉和甘肃的武山温泉都吸引了各地游客。西北地区的天山、祁连山、昆仑山都有大型冰川。这些冰川的运动,形成了如镜的冰湖,深幽的冰洞以及冰柱、冰墙,千姿百态,琳琅满目,蔚为奇观。西北境内还有世界屋脊之称的青藏大高原,有世界最大的黄土高原。有塔克拉玛干沙漠,古尔班通古特沙漠,腾格里沙漠等大小数十个沙漠区。有些无边的沙漠,犹如大海的波涛,有的沙丘,像无数的新月,一弯连着一弯,组成条条沙链,有的沙漠之中有河流通过,生长着枝叶婆娑的胡杨林和怪柳,形成各种各样的沙漠景观。西北地区的草原也十分美丽壮观,宁、甘、新有许多山地和盆地草原,新疆有荒漠草原,各个草原上牛羊成群,五彩缤纷,把草原点缀得像一幅幅美丽的图画。西北地区的河流也独具风格,形成各种各样的景观。我国第二大河黄河流经青海、甘肃、宁夏、陕西,"九曲黄河"处处是景。它进入海子滩,就出现闪闪发光的群星,形成有名的星宿海,到了岷山地区又激流转折,到青铜峡,奔腾急下,到银川平原,则平缓如镜。此外,西北地区还有开都河、伊犁河、额尔齐斯河、湟水、洮河、清水河、延河、泾河、渭河等等河流,沿途都形成不同的景观。

名胜古迹和历史文物。西北地区历史悠久,是汉族的发祥地,是中国许多少数民族的摇篮。西安从西周到唐朝曾是十五个王朝的都城。银川曾是西夏的王都。西宁、乌鲁木齐在历史上也颇有名气。西北地区名胜古迹和历史文物十分丰富。

在陕西有原为唐代高僧藏经的大雁塔；为高宗献福而立的小雁塔；迁葬唐玄奘遗骨的兴教寺；始建于晋武帝时的大兴善寺；有埋葬印度译经法师鸠摩罗什的草堂寺；有明代的雄伟建筑物钟楼和鼓楼；有始建于唐中宗神龙二年，安葬和祭祀佛教净土宗第二祖师善导和尚的香积寺；有创建于隋代、宋太宗改名的卧龙寺。此外还有八仙庵、安庆寺、楼观台、广仁寺、城隍庙、清真寺、明代城墙等文物古迹。阿房宫遗址、汉长安城遗址、汉长乐宫、未央宫、建章宫遗址、大明宫遗址、青龙寺遗址，也是具有重要价值的历史遗迹。陕西的帝王墓在全国堪称首屈一指，除传说中的黄帝陵外，在陕西有建筑宏大的秦始皇陵、汉武帝刘彻的陵墓——茂陵、葬唐太宗的昭陵、唐高宗和武则天的合葬墓——乾陵[①]。此外还有一些帝王将相的墓数百座。另外，陕西省碑林博物馆、西安半坡村博物馆、乾陵博物馆、秦始皇兵马俑博物馆、昭陵博物馆，都珍藏有大量历史文物。

甘肃的五泉山，传说远在汉武帝元狩三年骠骑将军霍去病西征曾住于此。有"嵯峨宫殿耸天穹"的崇庆寺。有"回环拱抱着天锁"的文昌宫，"飞阁危楼驾碧空"的千佛阁。此外还有形制美观，铸造精良的泰和钟和铜接引佛等重要文物。位于兰州市黄河北岸山顶的白塔寺，初创于元代的云月寺，三星殿、迎旭阁，都是别具一格的古建筑。值得提及是甘肃的石窟文物。莫高窟石窟，位于三危山与鸣沙山之间的峭壁上。从前秦建元二年开始凿窟造佛，后经十六国、南北朝时期、北魏、西魏、北周、隋、唐、五代、宋、西夏、元等十多个朝代不断开凿，形成了一座内容丰富，规模宏大的石窟群。至今仍有洞窟 492 个，彩塑两千多身，壁画 45000 平方米，是驰名中外的一颗艺术明珠。甘肃麦

---

①西安市服务公司整理汇编：《长安导游》。

积山石窟也是我国四大著名石窟之一。炳灵寺石窟也是佛教艺术胜迹。庆阳的北石窟,现存窟295处,造像2250余身。夏河县境内的拉卜楞寺,创建于清康熙四十九年,表现出藏族建筑风格,楼台层叠,窗户洞启,飞檐雕龙,金瓦红墙。

宁夏和青海也有许多名胜古迹和历史文物。银川市北郊的海宝塔寺是汉晋间创建,它"高势孤危欲出云",是宁夏八景之一。银川市西南角的承天寺,始建于西夏毅宗天祐垂圣元年,是西夏著名的佛教寺院。贺兰山东麓的西夏陵区有陵园九座,陪葬墓七十余座,现存遗迹是研究西夏文化的重要历史文物。位于青铜峡水库西面峻峭山崖上的百八塔,位于同心县西北角的清真寺,位于固原县的须弥山石窟,位于中卫县的高庙,都是具有重要历史价值的文物古迹。青海的塔尔寺和瞿昙寺都是历史悠久的名胜古迹,其中塔尔寺为全国重点文物保护单位。

新疆有极其丰富的文化遗产。新疆的库东、拜城地区,有古龟兹石窟,其中有许多寺庙和石窟寺群,驰名中外的克孜尔千佛洞,现存窟236个,周围河水萦流,林木繁茂,风景优美。此外还有玛扎伯哈石窟,克子喀拉罕石窟,苏巴什石窟等。沙东县境内的大礼拜寺,惠远钟鼓楼,秃黑鲁帖木儿玛扎,昭苏县的圣佑庙,伊宁市的回族大寺,吐鲁番的额敏塔[1],都是享有盛名的文物古迹。至于新疆出土的文物和一些古代故城遗址,都是祖国珍贵遗产。如楼兰古城遗址,汉至元时期的交河故城遗址,十六国至元时的高昌故城遗址,汉代的尼雅故城遗址,都是有重要价值的古代历史遗存。此外,新疆出土的云纹瓦当、陶瓴嵌宝石金戒指、藤奁和梳妆用具、卢文木牍、汉归义羌长铜印、晋翟

---

[1]《甘肃的动物资源》,《甘肃日报》:1980年10月10日。

姜女买棺木简、骨笛、突厥墓前石人、庸调布、侍马图绢画、青瓷盘铜炮等等，都是古代劳动人民的伟大创造，具有很重要的文物价值[①]。西北地区的这些名胜古迹和历史文物，不少是古代中外游人旅行佳话的记录，在今天将会吸引更多国外游客观光赏景。

丰富多彩的生物资源。生物资源包括动物资源和植物资源。西北地区土地辽阔，有崇山峻岭，沙漠草原，千沟万壑，在这复杂的自然环境中生活着各种不同的动植物。据有关部门多年调查的资料表明，甘肃有野生动物：两栖类 16 种，占全国两栖类总数的 8%；爬行类 42种，占全国爬行类的 13%；鸟类约 340 种，占全国鸟类总数的 26%；兽类 115 种，占全国兽类总数的 27.9%。总共动物 513 种，36% 到 39%是国家保护的动物[②]。陕西、青海、新疆、宁夏同甘肃一样，动物资源十分丰富。在西北地区的深山密林中有大熊猫、金丝猴、羚羊、苏门羚、鹿、锦鸡；在草原和山地上有狍鹿、黄羊、狼、石貂、狐、鼬；在茫茫荒漠上有善于奔驰的鹅喉羚、野驴、野骆驼和野马。

新疆广大地区覆盖着荒漠与草原植被。在高山深处和荒漠内部有天然森林。天然森林面积大，木材蓄积量多，为西北主要林区，乔灌木果树丰饶，有新疆杨、银白杨等速生树种和胡桃、桑树等经济树种。准噶尔盆地有假木贼、小蓬、羽茅、琵琶柴、梭梭林等荒漠植被。青海省的野生动植物资源也很丰富。不仅有毛皮兽、肉用兽，而且有药用兽和珍禽。已发现的有用植物达五百多种，其中有大黄、冬虫草、羌活等重要药材。宁夏的北部牧业区，为我国骆驼的主要产区之一；卫宁盆地是我国著名的枸杞产地；宁中丘陵农牧区养羊业很发达，为滩

---

① 甘、青、宁、新的历史文物参见《古建筑游览指南》。
② 《中国省（区）地理》，商务印书馆，1977 年。

羊、沙毛山羊的重要生产基地①。最近,国家在西北地区建立了许多自然保护区,这些保护区有些已成为旅游胜地。新疆巴音布鲁克草原中尤禾斯都,是我国保护得最好的天鹅繁殖地,这里水草丰美,水域宽阔,芦苇茂密,目前每年夏天的天鹅多达万只,成为我国著名的天鹅湖。青海湖鸟岛建立了鸟类保护区,青海玉树隆室滩黑颈鹤保护区,甘肃武都地区建立了大熊猫自然保护区。这些保护区将成为重要的旅游胜地。

独具特色的民族风貌。西北地区自古以来是多民族杂居之地。除汉族外现有回族、藏族、东乡族、土族、撒拉族、保安族、裕固族、维吾尔族、哈萨克族、柯尔克孜族、锡伯族、塔吉克族、乌孜别克族、俄罗斯族、塔塔尔族等数十种少数民族。各民族都有很多传统生活习俗和生活方式,内容丰富多彩。回族每年要举行圣纪、开斋节、古尔邦节,有些节日常常吸引众多来访者。维吾尔族的衣着打扮简直是独特的"一景"。男子穿长袍"裕祥"右衽斜领,无纽扣,用长方形扎腰。过去女子多在宽袖的连衣裙外,套黑色对襟背心。现在她们喜欢穿西式短上装和裙子,头上都喜戴"尕巴"(四楞小花帽),不少妇女还戴耳环、手镯、项链做装饰品。维吾尔族还能歌善舞。"十二木卡姆"(十二部大曲)是古代维吾尔族人民创作的音乐舞蹈史诗。还有传统的顶碗舞、大鼓舞、铁环舞普塔舞等舞蹈,舞姿优美,别具一格。还有一种多朗舞,富有生活气息,表现古代盖提一带人民的狩猎活动。舞的动作骠悍、刚劲、热情奔放,有很强的节奏感。土族的装饰另有一番风味,男女身上有绣花高领,花纹精巧,色彩鲜艳而柔和。男子常穿布袍,冬天套上大领的白板皮袄,系腰带,喜戴围以织锦的毡帽。妇女上衣都是斜襟,两袖由五节不同颜色的宽布围组成,有时外面套上黑色背心,显得很别

①《中国少数民族》,人民出版社,1981 年。

致。还有"干粮头""三叉头""簸箕头"的头饰。至于其他各民族无不具有自己的一套令人神往的风俗①。我国西北少数民族的风俗，已吸引了不少历史学家、民族学家、人口学家和法学家去探访和观光，不少中外游客对此也很感兴趣。

地方特产和商品优势。一个地区的地方特产是最吸引游人的，而一个地区的某些商品优势，往往会推动本地区与国内其他地区以及国际之间的经济交往，导致旅游业的发展。

西北地区的特产十分丰富，有些是驰名世界的稀有产品。新疆的天山之玉驰名全球，有翡翠、青金石、白玉、松石、孔雀石、紫晶、紫玛瑙等数十种。新疆吐鲁番的葡萄、哈密瓜也誉满中外。此外伊犁马、大尾巴羊也是特有的品种。甘肃酒泉的夜光杯在历史上就享有盛名，唐代诗人称道"葡萄美酒夜光杯"，就是指此地之名杯。青海省产有熊胆、麝香、鹿茸、冬虫夏草、雪莲、灵芝等名贵药材。甘肃兰州的白兰瓜、玫瑰、百合在全国享有盛名，每年有相当的部分出口。西北地区的商品生产有很多优势，新疆的针织品深受国内外群众欢迎。巴音郭楞蒙古自治州棉纺厂美工人员，参照国际流行式样和国内产品，设计出具有时代特色的圆领衫插肩袖的新式针织服装，上绣李白"明月出天山"的诗句，受到国内外游人的欢迎②。甘肃有丰富的矿产资源，在这个具有丰饶资源的基地上已建立了以石油化工、有色金属和机械工业为主的重工业基地，其中有些产品畅销国内外，许多国外朋友和港澳同胞慕名而来订货。新疆、青海的牧业具有悠久的历史。青海全省百分之九十的地区为半农半牧或纯牧区，全省围绕牧业而发展的纺织品地毯、毛毯、长毛绒，驰名国内外。陕西纺织品生产有很大发展，

---

①《中国少数民族》，人民出版社，1981 年。
②《旅游报》1982 年 6 月 29 日。

关中平原成为全国新兴纺织工业基地之一，现有纱锭占全国十分之一左右。目前陕西各种纺织品种类达五千多，优质产品远销几十个国家和地区，宁夏拥有丰富的煤矿，本区所产的炼焦煤，在西北地区占有重要地位。如此等等的商品生产优势是旅游发展的重要物质条件。有些是直接的旅游资源，有些也至少是间接的旅游资源。

具有特色的地区文化。西北地区有许多具有特色的文学艺术。秦腔是我国一个重要的剧种，它遍布西北城乡，是西北地区的文化特产。陕西的"信天游"是独具一格的民间艺术。西北的"花儿"分布在青海的民和、乐都、湟中、大通、互助、循化，甘肃的广河、东乡、和政、康乐、永靖、皋兰，宁夏的西吉、海原、固原、同心等地。甘肃莲花山每年一度的花儿盛会，常有五六万甚至十万以上的人参加和观光。可成为专题旅游的一项重要活动内容。

西北地区有著名的博物馆、文献馆、陈列馆，收集和珍藏着古代文物和革命文物。陕西省博物馆，展现了周、秦、汉、隋、唐几个朝代的政治、经济、社会、文化各方面的历史概况。西安碑林收藏了汉、魏、唐、宋、元、明、清各代碑志共二千三百余件。此外还有西安半坡村博物馆，展出了一个仰韶文化的村落遗址。此外还有毛泽东同志在延安的革命纪念馆、八路军西安办事处纪念馆。甘肃省博物馆陈列了甘肃从旧石器时代到明清的历史文物。馆藏的"肃本淳化阁帖刻石"具有重要的历史价值。甘肃省图书馆西北文献部，收藏有甘肃地方志203件，计省志 7 种，其中《沙州都督府图经》是唐代的地方志书。[①] 西北师院图书馆，藏 1112402 册书，其中有善本古籍 140 种，如明景泰七年内府本《饮膳正要》、元顺元年蜀府大字本《增修埤雅广要》、成化二十三年唐刻本《文选注》、清末禁书《未禽馆集》，外文方面有 1921 年

①《甘肃地方志述略》，《图书与情报》1982 年第 2 期。

的《美国化学会志》等。这些文化宝库吸引着国内外大量学者来查阅文献,收集资料①。

　　新辟园林和新型建筑。 西北地区虽然新辟的公园较少,现代化建筑不多,然而也有相当一部分优美的园林已建设起来,各地区在逐步地开辟着新的园林。例如,陕西的兴庆公园、莲湖公园、革命公园,兰州的滨河公园,西宁的人民公园,银川的中山公园等建筑古朴,风景秀丽,是人们游憩和避暑的风景区。另外,西北的有些建筑也别有风味,吸引着不少建筑学家、工程技术人员和广大游人观展。西安华清池的小宾馆,由于飞檐红柱,色彩调和,布于竹林花草之间,与骊山脚下的华清池相协调,在世界建筑学会的展览中博得了设计奖。乌鲁木齐机场、兰州十四层统建大楼、西宁体育馆等在设计和建造上都有自己独特的风格。随着西北地区经济和建筑业的发展,现代化建筑将日益增多,这方面的旅游资源将不断放出异彩。

三、如何开发西北地区的旅游资源

　　西北地区的旅游资源如此之丰富,应从如下几个方面着手进行开发:

　　第一,制定合理开发旅游资源的规划。

　　目前,西北除陕西外,其他省区还没有把旅游业列入议事日程,更没有旅游业的开发规划,旅游活动处于被动状态。现在应着手制定这样的规划。每个省区应把旅游业的发展和旅游资源的开发列入自己的经济和社会发展规划中。同时,还应考虑制定旅游业发展的专题规划,这个规划应包括长期规划、中期规划和近期规划。规划应当考虑到旅游景区的建设、文物古迹的修复和保护、导游人员和旅游服务

――――――――――――

　　①《西北师范学院图书馆的今昔》1982 年第 2 期。

人员的培训,旅游设施的配置等等。规划除按行政省区编制外,还应当有西北地区的协作规划。当前西北地区旅游业开发规划中,亟待研究如下几个方面的开发事宜:一是陕西王陵的开发。目前陕西数十座帝王陵无一座开发的。陕西已开发的只有永泰公主、章怀太子、懿德太子、徐茂公等人的墓,此外就是秦陵的兵马俑坑。以后开发的任务很大。而从旅游业发展需要看,急待考虑逐步开发西北的地下文物库——陕西古墓。二是自然保护区的扩建和开放。首先应考虑华山、六盘山、青海湖、白龙江地区、天山等自然保护区的建设、扩建和开放。

第二,建立具有西北地区特色的旅游设施。我们国家在旅游业上要走中国自己的旅游发展道路,要建立具有中华民族传统和中国各地区特色的旅游设施。我们西北地区在开发旅游资源,发展旅游业上,也必须体现西北地区的特色,不能照搬外国的一套东西。

在旅游饭店和旅馆建筑上要根据西北地区的民族分布情况,建立具有各民族特色的一些旅馆、饭店。例如陕北和甘肃陇东地区可建立窑洞式饭店,涉藏州县可建立藏包式旅馆,维吾尔族地区可建立幽静而美丽的庭院式旅社。西北许多地方可建立朱门彩绘的四合院旅馆。当然有条件的地方也可建立现代化高层建筑,但仍应有地方特色。在交通工具上,长途客运一般使用飞机、火车、汽车等先进交通工具。短途客运尽量使用一些为中外游客喜欢体验的传统工具,如牛拉花轿车,骑骆驼、毛驴、牦牛等,以便慢行观光。西北地区在公园建设上,也应体现西北的自然风貌。西北有森林、沙漠、草原、峻岭、雪山、急流,公园布景上应反映这些景观。如大型公园可设沙州园、草原园、雪峰观光园等园中园。西北饭店的饮食服务也要体现地区特色。例如陕西的羊肉泡馍、新疆的烤羊肉、甘肃的酿皮、青海手抓羊肉等等,应考虑向游客供应。

第三，根据西北的旅游资源的优势，确立多种形式的旅游活动。目前应着手抓如下一些旅游活动形式：

专线旅游：主要开辟从西安中经敦煌到楼兰古城遗址的"丝路"旅游；从青海中经甘肃到陕北、宁夏河套地区的"黄河"上游中游的专线旅游；从甘肃临洮到宁夏地区可开西北秦汉长城遗址的专线。

专题旅游：主要有甘肃石窟欣赏，临夏花儿会，陕西墓考，雪峰攀登，草原跑马，沙漠行舟等等。

科学考察：接收中外一些组织派出的科学考察队进行黄河、雪峰、原始森林、珍贵动物和历史古迹的考察。

体育旅游：接收中外游客来西北的崇山峻岭、河流湖泊、沙漠草原，进行爬山、渡河、穿戈壁等体育活动。

第四，建立和完善旅游组织机构，培养导游人员和服务人员。近几年，西北地区的旅游活动有了发展，旅游人数逐年增加。然而，旅游管理机构中人员少，机构不健全，许多需要抓的旅游事项也难以考虑。如陕西省的旅游业在西北地区最发展，而省旅游局仅有四十人的编制，下管导游服务人员只一百多人。其他各省的情况更为严重。应当较快地建立和健全省市级旅游机构。省一级旅游行政管理局应相应扩充，下面应设国际旅行社、华侨旅行社和国内旅行社。西北省会的五市亦应建立旅游机构及其相应的下属组织。各主要名胜和风景区也应有专管旅游的机构。

西北地区导游人员之缺乏和质量之差令游客惊叹。陕西省的旅游点除主要的几个外，多数没有导游人员介绍，连华清池、碑林、秦马俑博物馆也看不到导游介绍。而兰州、西宁地区的旅游点基本上没有专门导游人员，塔尔寺、五泉山、白塔山景区无一人给游客介绍。甘肃博物馆有数十名青年进行旅游服务，大部分人对馆藏文物缺乏了解，不会作导游介绍。鉴于这种情况，西北地区应把培训导游人员放在旅游工作的重点位置上。西北地区的师范院校、民族院校和综合大学应设旅游学系或旅游专业,省会城市应有旅游学校。目前,应主要培养较多的初级导游人员,安排在各旅游点进行一般性导游介绍;同时,也应注意培养些中级导游人员和高级导游人员,担任主要风景名胜区的导游工作和对国外专家、贵宾做导游。

第五,文物的保护和修复。西北地区"四人帮"横行时对文物古迹的破坏十分严重,有些名胜区的文物一扫而空。近几年文物的保护和修复有了一定成绩,但进展速度仍然很慢,文物的毁坏情况依然存在。因而,应当立即着手文物的保护和修复。当前应从如下几个方面入手:(1)对全部古建筑和文物进行调查统计,提出分级保护的具体措施。目前,省会所在地的主要文物一般都确定了保护级别,但散存于省会以外地区的文物,没有保护级别和单位,应当按照历史价值提出县级、地级、省级保护单位的具体意见。对于原来有些珍贵文物应当提出升级的保护措施。例如兰州五泉山金刚殿的巨型接引铜佛,原为省级文物保护单位,应申请国家级文物保护单位。(2)对于正在遭劫的古建筑和文物应立即制止各种破坏行为。如兰州白塔寺和城隍庙的古建筑中还住着居民,应着手搬迁;甘肃省博物馆花坛旁躺着的"将军柱"应移入室内或修亭展出;陕西顺陵的石雕应圈地修亭保护。(3)对已经毁坏的文物要寻查历史资料,着手修复,恢复原来的面貌。如兰州白塔山文昌阁的造像应根据有关资料进行重塑;陕西乾陵的直阁将军石雕和六十宾王的石雕,应该依据文献资料或传说,缺头的补头,缺腿补腿。(4)文物和古迹区派一定数量的专门人员管理,如乾陵、昭陵、始皇陵,现应派出一定人员管理,对于这些墓地的开发、文物资料的收集和开放都有好处。(5)各地应广泛征集散失在民间的文物。现在西北地区散失民间的珍贵文献、玉器、金器、陶器和工艺品很多,有的正在毁坏,各地应由文管部门抓紧收购,抢救这些文物。

第六,编写导游读物,加强西北旅游区的宣传介绍。西北是个文物古迹的大宝库,是多姿多态的自然景观的聚居地。但是,由于该地区文化落后,对这些名胜古迹和优美风光的介绍很不够,使本来应当赫赫有名的胜地,却至今使人很不了解。因此加强西北地区导游读物的编写和旅游宣传工作是至关重要的。否则,就会辜负祖国西北的大好河山和悠久历史。西北地区的导游读物和导游宣传应抓如下几方面:(1)综合性宣传和综合性的导游读物。就是对本地区的历史文物、名胜古迹、园林风光、自然景观、特产和经济优势进行全面地介绍,如《西安览胜》《古都西安》《西北旅游景区》《甘肃旅游手册》《新疆风情》等。(2)专题性宣传和专题性导游读物。就是对某一个旅游点、某一条旅游专线或某一种文物进行专门介绍。如《丝路风光》《塔尔寺介绍》《地下兵营——秦马俑》《陕西王陵》《五泉泰和钟》《敦煌石窟》《香妃墓》等等。(3)历史宣传和历史导游读物。对于西北地区的历史沿革、历史上的战争、宗教发展和演变以及山水风物的形成历史,进行宣传介绍。可以编些《兰州史话》《长安史略》《华山的来历》《临潼温泉从何来》《新疆历史上的少数民族》《西北古战场》《西北长城史话》等等。(4)历史传说和佳话。西北名胜区的传说很多、很生动,至今尚未组织人收集和编写。应着手开展这方面的导游宣传。如炳灵寺姊妹峰的传说,兰州五泉山传说,陕西马嵬坡的传说,新疆天池的传说,青海塔尔寺的传说,黄河流域的各种传说,都应有尽有,需组织人力编辑印刷这类读物。现代旅游业,人们比喻为"风景出口"或"风景商品",如果忽视宣传和介绍,这种商品既无使用价值又无价值。

第七,创造性的扩建和开辟新景区。我们认为西北地区扩建和开辟新景区有如下几个办法:一是"复古",就是把某些历史遗址按古代的建筑式样恢复起来。例如,昭陵曾在九嵕山"缘山傍岩架梁为栈道,悬绝百仞,绕山二十三步,始达元宫门",陵山周围北有祭坛和玄武门,门内有十四个少数民族的石刻像,门内东西两侧原有"昭陵六骏"浮雕,此外还有献殿等等。如能按此古模式,把昭陵加以修复,不是一个很吸引人的景区吗?陕西最近拟在大雁塔地区建立所谓"唐城",除唐代名刹慈恩寺、玄奘翻译佛经的历史遗迹外,还有唐代帝王、文武大臣等蜡像群。城内有唐餐馆,露天市场出售各种仿唐制品。二是"仿制"或"学搬",就是对国内外有些风景区的建筑和布园形式进行学习仿制。这个方式在世界景区建设中已经采用,如,美国纽约的公园就将苏州网师园的"明轩"园复制出来;苏州东园也对"明轩"进行了复制。西北有些城镇公园可以学习苏州拙政园、狮子林、杭州黄龙洞等公园布局,有的可直接命名为仿制品,如兰州的"沧浪亭",西安的"明轩",有的如只照外地的部分布局,无需搬用其名称,可另命新名。三是"独创"。就是根据自然条件和传说,扩建和新建一些富有特色的公园和景区。如兰州五泉山可以根据汉代霍去病远征来五泉的传说,增建霍去病饮马亭和饮水泉;炳灵寺可根据姊妹蜂的传说兴建姊妹园,将现在的姊妹峰圈在园内,修石阶登临姊妹峰顶。根据自然条件和景观建立景区的内容更多。如兰州城区可以沿黄河两岸开辟一些小型的公园,组成河滨公园罗网,用古水车吸黄河水造些小巧玲珑的人工湖。新疆"风城"还可建观风台。六盘山下可建"西北植物园"。如此等等,路子十分宽广。谁言西北无景区?

第八,调整经济结构,适应现代旅游业的发展。旅游业的发展必须同整个经济的发展相适应,离开整个经济结构的改革和调整,孤立考虑旅游业是会出偏差的。目前,总的看,西北地区的经济结构不适应日益发展的旅游业,这主要表现在对旅游业的投资微乎其微;旅游部门的社会劳动占用量的比重太少;旅游方面的物质设施很不足;旅游交通线路的开辟很不理想。这些都应当在国民经济调整中统一解决。当前,应重点抓两个方面的问题:其一,保证景区建设的投资和落实景区建设的数量质量;其二,在劳动就业上应把相当一部分劳动投入到旅游业或与旅游业相连的商业、饮食服务和园林建设上,提高旅游业的劳动占用量。与此同时,要改革现行旅游管理体制,在国家计划指导下,让各地区在旅游事业上办更多的事,给地方上多给些自主权。旅游业的发展方针也应有所调整,不仅要发展国际旅游,而且要重点考虑国内旅游。

原载于《社会科学》,1983 年第 1 期

西部的优势、劣势及强势

各个国家和地区的优势和劣势并不是一个绝对存在的概念,它是一个动态概念和比较概念。优势和劣势往往存在着相互转化的过程,因此,它是动态的,优势和劣势又是同周边地区相比较、相交流而相对存在,因此,它是个比较概念。中国西部的比较优势和劣势是非常明显的,分析它、认识它,有利于发挥优势,转化劣势,形成发展的强势。

一、西部的比较优势

1. 资源丰饶,开发潜力巨大。

中国西部虽然经济上贫困,但它的资源是非常丰富的,是中国资源开发的大宝库,它的资源优势主要表现在以下几个方面:一是矿产资源。在西北和西南各省、市、区都有诸如镍、铁、铝、铬等金属富矿,稀土和锡等非金属资源远景储量居全国之首,新疆的塔里木盆地、准噶尔盆地、吐鲁番盆地,甘肃的河西走廊、陇东高原,陕西的陕北地区,四川的四川盆地都探明有整装油田和气田,是中国开发石油、天然气的重要基地。已探明天然气蕴藏量 26 万亿立方米,占全国蕴藏量的 86%,它将为我国能源工业和重化工业提供重要的资源保障。二是水力资源。长江、黄河发源于中国西部。中国西部还有众多的河流和湖泊,有巨大的冰川覆盖地,特别是中国西南地区水力资源占全国一半左右,青海湖和鄂陵河、扎陵河,以及西藏星罗棋布的湖泊都是珍贵的水力资源。有关资料表明,西部水能蕴藏量为 5.57 亿千瓦,占全国水能蕴藏量的 82.3%,可开发利用的水电资源 2.74 亿千瓦,占全国可利用水电资源的 72.3%。目前西部已经建成的刘家峡水电站、龙羊峡水电站、青铜峡水电站和正在发展的三峡水电工程已经为西部的发展和全国的能源需求做出了重大贡献。三是生物资源。中国西部地区地域辽阔,地形地貌复杂。森林、草原、荒漠、戈壁纵横交错,内含着丰富的生物资源,有金丝猴、大熊猫等珍稀动物,有藏红花、雪莲、冬虫夏草等珍贵药材数千种,有云杉、柚木、楠木等名贵树种,还有成千上万种千姿百态、姹紫嫣红的花草树木。西部的生物资源为建材业的发展、自然保护区的设置、花卉业的发展、中药材的开发、畜牧业的发展提供了重要条件。四是旅游资源。中国西部是世界屋脊,又是大漠戈壁分布最大的地区,冰川、冻土、溶洞、奇峰应有尽有,汹涌的江河,秀丽的湖山也令人神往。尤其是几千年来,西部人创造的灿烂文化和人文景观为全世界人所倾慕,甘肃的莫高窟为世界十大文化奇迹,四川的黄龙九寨沟为世界级自然保护遗产。作为佛教文化象征的石窟寺,80%集中在甘肃、新疆、陕西、四川等西部省区。这些人间稀罕的自然景观和不可再生的人文资源,为西部旅游业的发展提供了得天独厚的源泉。

2. 历史悠久,文化底蕴深厚。

中国西部是人类祖先的重要发祥地,考古学家在陕西蓝田发现的"蓝田人"距今 80 多万年,云南大理发现的"大理人"距今 20 多万年。这说明,人类始祖就在西部地区生息。旧石器时代的文化在西部俯仰皆见,新石器时代黄河流域特别是上中游地区,人类活动更为频繁,公元前 5000 年至前 3000 年期间的仰韶文化就是在黄河流域发展起来的,西安半坡村遗址和甘肃大地湾遗址是中国仰韶文化发展的高峰。在中国西北地区,自远古时期就有以狩猎和放牧为主的众多部落,他们创造了原始草原文化,为后代畜牧业的发展创造了经验。炎黄始祖也是在黄河流域兴起的,姜、姬炎帝和姬姓黄帝就在西北和中原一带发展,他们创造舟车,作八卦,制耒耜,创农耕,炎帝出生于陕西宝鸡地区,黄帝的许多后裔出生于陕西、四川地带,人文初祖伏羲就出生在甘肃天水。夏朝、商朝其起源地在河南、山东、河北等地,但它所辖地区已经扩展到陕西、四川、甘肃一些地方,周王朝的始祖就出生于陕西,而整个周部落是从渭水中游、黄土高原发展起来的,周武王伐纣取胜后建镐京,地在今长安县。秦始皇祖籍的封地在甘肃清水,秦统一中国后,把西北地区的安全放在首位,修筑长城的起点放在甘肃临洮,汉武帝大规模向西运兵,在甘肃河西走廊建立了敦煌、酒泉、张掖、武威四郡,从此,形成了一条以西安为起点,经甘肃河西走廊,通往新疆和中亚、西亚的丝绸之路。唐代一直在今陕西长安一带建都,并且大规模扩展丝绸之路,发展中外文化交流。宋以后,中国经济发展的中心转向南方,但中国西部的发展历史并未结束。元代在开拓疆域中把甘肃、新疆、西藏一些地区作为拓疆的重点,而清代正式收复新疆全境,并管辖了西藏的事务。从而使中国西部的面积占全国一半以上。在5000年的中国西部开发过程中,我们的祖先创造了灿烂的文化,留下了重要的业绩,中国的四大发明和其他发明创造多出于西部地区。例如,陕西灞桥附近发现的灞纸早于蔡伦时代的造纸术,是人类最早的纸张。四川的都江堰、陕西的郑国渠、宁夏的汉岩渠、唐徕渠都是中国最早的水利工程。从北魏开始,佛教文化传入中国,在古丝绸之路上留下了成千上万座石窟寺,也从国外传来了大量农业、手工业技术。中国的大型城市也是在汉唐时代从西部兴起,敦煌、长安、成都曾发展为通衢三江四海的国际大都市。

中国历代在西部大地上留下的众多帝王将相和名人墓葬表明了中国西部是中国历史文化的精华所在地。民间有一句通俗的偈语:

"江南才子山东将,陕西黄土埋帝王"。在中国关中地区、黄土高原、四川盆地确实留下了帝王将相、文人墨客的足迹。炎帝陵在今陕西宝鸡市,黄帝陵在今陕西黄陵县,伏羲故里在今天水市,周文王、周武王墓在今咸阳市,秦始皇陵在今陕西临潼,秦二世陵在今西安市,汉朝的武帝、惠帝、吕后、司马迁、霍去病、蔡伦死后都埋葬在今陕西境内,唐高宗、唐太宗等18个帝王死后都埋在陕西,而关中地区的陪葬墓3000多座,在成都有刘备墓,在西藏有松赞干布和文成公主的合葬墓,在甘肃和新疆、青海、宁夏省区,古代曾建立了众多的少数民族王朝,留下了诸如西夏陵、回王墓等少数民族代表人物的墓葬。这些皇帝、王公和名人的墓葬,表明中国西部地区文化底蕴极其深厚,说明中华民族的渊源和根基在西部。

西部的文化底蕴是今日西部大开发的宝贵遗产,这些遗产的挖掘和开发是西部大开发的重要内容,具体作用表现在:振兴丝绸古道有利于发展欧亚大陆桥的新经济文化走廊;整理历史遗存有利于推动西部旅游业的深度发展;弘扬古人的开发创业精神,有利于增强中华民族爱国图强的伟大品格;研究总结西部古代的开发史有利于借鉴历史上的开发经验;研究历史上的民族关系有利于增强民族团结,发展有特色的民族文化。

3. 民族众多,便于多元开发。

中国有56个民族,55个少数民族,大部分少数民族聚居在中国西部地区,除了朝鲜族、满族、赫哲族、达斡尔族、毛南族外,其他各少数民族在中国西部都有聚居地。在新疆,维吾尔族人数占全国维吾尔族人数的99.8%,此外有哈萨克族、乌孜别克族等少数民族。在青海,藏族、蒙古族、回族、土族、撒拉族等民族占全省人口的42.1%。在甘肃,有45个少数民族居住,其中甘南的藏族占人口多数,临夏回族占人口多数,而裕固族和保安族、东乡族人数占全国这三个少数民族人数的 80%。云南是全国民族最多的省份,有彝族、白族、哈尼族、壮族、傣族、苗族、傈僳族、回族、拉祜族、佤族、阿昌族、怒族、德昂族、蒙古族、基诺族、水族、独龙族等 51 个少数民族。贵州有苗、布依、侗、土家、仡佬等 48 个少数民族,全国近半的苗族,多半的侗族,全部布依族、仡佬族都在贵州。四川少数民族虽占人口的 4.6%,但却有 52 个少数民族种类,尤其彝族在四川凉山地区占人口的主体。宁夏少数民族占人口的 42.1%,而回族在少数民族中间的比例最大。在西藏,藏族人口占全区人口的 75.5%,占全国藏胞的 45.69%,此外还有门巴族、珞巴族等少数民族,为全国独有。从总体看,西部地区的少数民族占全国少数民族的 70%以上,西部少数民族种类占全国少数民族的80%以上。

历史经验表明,多民族杂居地区,如果出现分离主义和分裂倾向,对一个地区的发展会造成巨大破坏,而如果多民族处在和睦相处的时代,对该地区的经济发展和文化提高都有巨大的向心力和凝聚力。我们现在处于各民族空前团结、和睦相处的时代,西部多民族的杂居总体上看是西部开发的一大优势,西部多民族聚居有利于形成多样化有特色的民族经济。例如云南的傣族善于建筑有特色的民居竹楼,善于饲养大象和珍奇动物,云南的少数民族是中药材的种植和制造能手,西藏和甘、青地区的藏族能够制造精致的藏袍、衣帽、藏式地毯、贡噶围裙、藏靴等手工业产品和酥油茶、糌粑等食品,维吾尔族善于种葡萄、养骆驼、种棉花、烤全羊、烤鱼。许多少数民族都是畜牧业的能手。在少数民族中还出现过成千上万的精工巧匠,在西部开发中发挥各民族的特色经济有利于在全国形成新的经济增长点。

各少数民族都有其独特的优美的文化,云南的许多少数民族都能歌善舞,白族的"三月节"、傣族的"泼水节"都富有民族文化情趣,宁夏的花儿和甘肃临夏的花儿反映了回族文化的精华。维吾尔族能歌善舞是驰名于世的,藏族的特色油画唐卡是举世闻名的,这些特色文化在西部开发中会焕发出又一次青春。

在民族大团结的气氛中,少数民族的多元经济和文化有利于和汉民族形成经济文化的交流和互补,在一个地区的发展战略中,既要突出支柱产业的优势,又要突出民族特色的经济和文化,这对一个地区的经济文化发展是十分有利的。

4. 地域辽阔,开发时空巨大。

中国西部总面积 545.99 万平方公里,占全国土地总面积的 56% 相比之下,人口显得稀少。在这广袤的国土上有许多未开垦的处女地,有一些地带是传统的开发方式难以对付的。西部地区的荒僻和贫穷这是一个劣势,但是从现代开发的眼光看来,随着开发手段的改进和资产的积聚,这些荒僻之地也正是用武之地。在西部的甘肃、青海、新疆有巨大的草原面积, 但由于采取传统的放牧形式, 草山未能改造,且畜牧业的产量低、品质差,如果把这大片的草原采用发展现代牧业的方式种植优良牧草,改良牲畜品种,优化开发草原环境,消灭毒草鼠害,畜牧业的发展会进入一个新阶段。新疆的三大盆地和甘肃的河西走廊有近 200 万平方公里的荒漠戈壁和未开垦地, 而这些地区有着丰富的石油、天然气等地下资源,如果把这些地区加以开发,将会把国内人口稠密区的一部分人口转移过来, 以缓解沿海地区的人口压力,而且在这些荒漠地区会出现一批新兴的城镇和工业区,使西部的面貌为之改观。

西部地区城乡分异很大,80%的人口聚居在农村,传统的生产方式在农业领域还占优势, 在农村和农业的开发上具有长期性和紧迫性,西部农村有广阔的地盘需要采用现代耕作技术来加以改造,有些地方还能容纳更多的劳动力来生存和发展。东部和全国其他地方先进产业向西部农业转移的空间是巨大的, 接受国内技术人员的市场也是巨大的。

西部具有艰险的自然环境和比较落后的交通设施，所以在开发交通通信上具有巨大的空间和需求。要形成西部的现代铁路、高等级公路和航空事业，需要有巨额资金和先进技术，而且开发的周期还是很长的。西部开发显然是劳动密集型和技术密集型开发方式并用。产业的升级换代主要靠技术创新和人才的使用，生态环境的建设、基础设施的建设需要有大量的普通劳动者的密集操作，要有千百万人的参与。

由此可见，西部土地宽广的优势给全国开发西部提供了广阔的空间，给西部实现现代化提出了长期战略任务，经过几代人的艰苦努力，西部会实现山川秀美、经济繁荣和社会文明的大目标。

5.人口稀疏，便于提供就业机会。

西部和东部比，人口密度较小，其中宁夏、青海、西藏人口密度都低于全国平均水平。有一些地区人口极为稀疏，如青海人口密度为7人／平方公里，西藏为2人／平方公里。在西部地区内部人口的分布也是很不均衡的，人口主要集中在城市和河谷地区，广大的山区、草原、戈壁、荒漠和高寒地区居民寥寥无几。由于经济的不发展和开发的步伐较慢，西部在劳动力资源的利用上有很大的产业缺陷和地域缺陷，传统产业领域里劳动力也显得过剩，就业难的问题严重存在，但从大开发战略的实施看，西部的劳动力市场是广阔的，劳动力的需求是巨大的。

西部生态破坏严重，实施生态治理战略需要万亿以上的资金投入，这一战略的实施将会带动相关产业的发展，加强西部基础设施的建设在近几年同样需要万亿元的投资。这一战略的实施将会带动建材、汽车、火车、石化等工业的发展，会对西部人提供更多的就业机会。西部大开发不仅为西部人创造了就业的机会，而且为东部和全国其他地区的一些劳动力提供了就业机会，特别是适应于西部大开发的技术人才,西部给他敞开了就业的大门。

6. 科技实力雄厚,有利于发展"知识经济"。

新中国成立 50 年来西部地区在科学技术发展上,国家采取了许多重大措施和步骤,通过发展高等教育,沿海科研机构的搬迁,根据西部地区的自然资源特点,国家兴建科研基地等方式,从而使中国西部地区从科研机构、科技队伍、基础研究、应用研究、开发研究和科技普及等各个方面都形成了科技强势,取得了巨大成果。1978 年统计,西部地区属政府部门的科研机构和开发机构及情报机构共 1178 个,占全国同类机构的 20.39%,从业人员 223977 人,占全国此类机构从业人员的 23.96%。中国科学院一些重要学科的研究所布建在西部,其中有地质、地震、沙漠、冰川、近代物理、盐湖、计算机应用等科研机构都设在四川、甘肃、陕西等地。还有国家级的研究机构,如草原生态、生物制品、兽医研究、动植物研究机构,在西部各省区都有重要机构和科研人员。国家在核物理研究上,在甘肃建立了重离子加速器,目前已经发现了数十种同位素,国家还在甘肃酒泉、四川西昌建立了卫星发射基地。西部各省区目前有百余名科学院院士和工程院院士,有数十个国家重点实验室, 西部的一些科研机构每年都取得一批国内领先的科技成果,有一些成果处于世界前沿科技水平。中国科学院在测算可持续发展进程上, 从智力支持系统对全国各省区的水平进行了分析评价, 而西部有些省区智力支持系统列于全国正资产栏目的项目很多,重庆有 11 项,四川有 20 项,云南有 12 项,陕西有 28 项,甘肃有 19 项,均列入正资产,有些资产品质良好。

西部各省市区在新中国成立 50 年来都打下了良好的科学技术基础,尤其改革以来,科教兴省、兴区、兴市的方针取得了惊人的成就。重庆建立了高新技术开发区,成立了技术市场。1999 年取得重大科技成果 230 项,技术资产成交额达 8.66 亿元,民营科技企业技工贸总收入达 65 亿元。四川省是科技大省,拥有先进的科研设备和大批高级科研人才,其科技地位仅次于北京、上海。四川多年来实施种子工程,科技增粮工程,农业产业化示范工程,新兴工业工程,传统工业改造工程,实施 20 项高新技术产业化示范项目。四川有中国最大的受控热核聚变装置——中国环流器一号,有绵阳科学、电子城,有工程师以上职称的科技人员 110 多万。贵州 1998 年统计有 422 个科研机构,有 1.04 万科研人员,目前科技对经济的贡献上升到了33.7%。云南省改革 20 年来,科技突飞猛进,获得国家和省级科技奖励项目达 529 个,有些项目达到国际领先水平。西藏科技事业也有较大发展,1998 年已有独立科研机构和开发机构 15 个,在这些机构中的科技人员达 845 人。整个自治区科技人员达 2.73 万人。陕西省已有独立科研机构和开发机构 898 个,拥有各类科技人员 57.51 万人。改革 20 年来获省部级以上重大科技成果 9324 项,其中国际先进水平和国际领先水平的达 1469 项。甘肃 1998 年已有科技活动单位671 个,从事科技活动的人员 6.9 万人。青海省有各类专业技术人员10.8 万人,科技研究开发机构 80 个,有 3 名科学院院士,414 名高级技术职务的科技人员。宁夏的应用科技力量较强,在农作物综合栽培、窖窖集水灌溉技术、热压型焦化工业生产、稀有金属冶炼等领域取得了重要成果和经济效益。

西部地区的科学技术实力有三个明显的特征:一是研究目标同西部独特的自然历史状况相吻合。如冰川、冻土、草原、寒区旱区生态、盐湖、中草药、敦煌文化、石窟艺术等研究机构,面对的是活生生的西部自然物和历史遗存,资料近在身边,有巨大的天然实验室,研究成果可直接用于西部工业、农业及文化开发。二是在一些学科领域有全国唯一的高等级实验设备和设施。例如,兰州的重离子加速器是国内唯一研究重离子碰撞裂变的先进设备，四川的中国环流一号装置是中国唯一研究受热核聚变的先进设备，此外像西昌、酒泉卫星发射基地，是全国仅有的两座发射卫星、导弹的试验场。这些唯一的设备和设施在未来国际科学前沿领域，信息产业的开发，国家安全体系的构造上均起举足轻重的作用。三是国内和国际领先的研究成果有增长的趋势。不论基础研究还是应用研究，西部地区近几年在国内和世界领先的成果日益增多，尤其是四川、重庆、陕西、甘肃等省在核物理研究、生物工程及转基因研究、农业种子研究、水利开发研究和药用植物研究等领域均取得了重大进展，有的处于国际前沿，有的已达到国际领先水平，这对西部地区争取科技制高点，迎接知识经济创造了良好条件。

7. 近距中、西亚地区便于向西开放。

西部地区有一个重要的地缘特点，就是毗邻中亚、西亚和南亚一些国家。新疆、甘肃都与蒙古接壤，而新疆又与俄罗斯、塔吉克斯坦、吉尔吉斯斯坦、哈萨克斯坦等五国直接接壤，新疆和西藏又与阿富汗、巴基斯坦、印度、尼泊尔、缅甸接壤，而云南省紧靠缅甸、泰国、越南。这样的边境特点有利于西部在广阔的范围内向中亚、西亚和南亚各国开放。从历史上看，中国有两条丝绸之路，一条是在西北地区，由长安通往西域，直到中亚和西亚，另一条是西南方向的丝绸之路，它也可由关中平原经四川、云南通向西亚和南亚，这两条丝绸之路曾经在历史上把大西北和大西南同周边国家连接起来。今天西部地区又有一条新的交通大动脉，这就是东起我国连云港经甘肃、新疆，通向中亚和欧洲的亚欧大陆桥，这条大陆桥是中国西部对外开放的一条重要走廊。改革开放以来，西部临近边境的省份都开辟了一些商贸口岸。在甘肃有与蒙古交易的马鬃山口岸，在新疆有阿拉山口岸，在西藏有与印度交易的口岸，在云南有与越南、老挝、泰国、缅甸的交易口岸,这些边境贸易虽然处于初级发展形态,但它都是西部人对外开放的起点和象征。

确立对西开放的战略具有重大的经济意义和战略意义。中国西部地区与中亚、西亚、南亚国家存在着深刻的历史关系。中华文明最早是从西部传入亚洲内陆和欧洲的,而西方的耕作技术、工艺技术也是通过西部地区传入中国,融汇于中华文明之中,西方的宗教文明同西部交往更为密切,佛教、伊斯兰教就是从西亚、南亚传入中国的。在今天, 西部的一些少数民族可以利用宗教文化和民族特点发展对外贸易,向西开拓国际市场。西亚、中亚、中东富集石油资源,有利于中国西部在能源领域加强国际贸易,开展经济合作。中国西部地区的许多特产和名牌产品, 可以通过西部口岸走向欧洲和亚洲、非洲的市场。实施西部开发,打开西部与周边国家的贸易通道对整个中国的全方位开放,具有重大的战略意义。东南沿海,率先通过海路向西方国家开放,带动了全国的大开放,现在通过西部地区,开辟向西开放的市场,会进一步带动全国的再开放,使我国在世界范围内展示大开放的形象,使我国更充分地利用国际市场和国际资源,加快我国现代化的步伐。

8.民风纯良,勇于艰苦创业。

中华民族的最大特点是勤奋好学,艰苦奋斗,用古人的话来说叫"躬耕勤苦,谨身节用",对西部人来说,勤奋吃苦表现更为突出。中国西部自然环境险恶,气候干燥炎热,崇山峻岭纵横,水、旱、虫害不断,在这样的环境中生存和发展,就锻炼出了西部人坚强、忍耐、勇敢和奋进的精神。有人把中国西部人的坚忍不拔的精神同西方人做了对比,西部人在忍受饥饿上耐久力高于西方人两倍,在忍受严寒和干旱上的耐久力高于西方人五倍。西部人虽然由于特殊的自然环境和历史特点,具有封闭和保守的一面,然而西部人刚毅的性格,对困难环境的抗争毅力,立足故土,安心创业的精神,是一种巨大的文化遗产。

实施西部大开发,既要依赖于科学技术但更为重要的还是要发挥西部人的拼搏精神和创业精神,西部开发是一场极其艰苦和复杂的历史性任务,要把荒漠、戈壁改造成良田,要在江河和高山上架起桥梁,开通大道,要把落后的西部地区,变成秀美、文明、繁荣的地带,西部人纯良的民风,坚强的毅力,公而忘私的品格,是巨大的优势和无形的资源。

西部人不仅练就了一身毅力和胆略,而且在长期开发过程中,积累了丰富的开发经验,其中有旱作农业经验;移民垦业的经验;兴修水利的经验;精耕细作的经验;开山通路的经验;民族合作的经验;利用自然资源的经验,如此多样的经验是西部大开发的宝贵财富。

二、西部的比较劣势

西部在大开发过程中既存在着重要的优势,但也存在诸多劣势,认识和克服西部的劣势是实施西部大开发战略的重要步骤。通过我们的分析,认为西部的劣势主要表现为:

1. 观念陈旧,视野狭窄。

中国西部人在观念上也是有差异的,不完全处在保守、落后状态,有许多先进的思想和观念就产生于西部,但从人群的整体倾向看,却存在思想观念陈旧、视野狭窄的缺陷。它具体表现在:由于长期通行广种薄收、靠天吃饭的生产方式,就产生了一些人的低效率观念和懒惰思想;由于长期封闭,地区分割严重,就产生了自给自足的保守意识,缺乏开放观念;由于地域辽阔,不相往来,就形成了画地为牢、固守一隅的狭隘意识,缺乏联系和互补意识;由于天灾人祸多发,形成了听天由命的思想,充满着迷信意识,缺乏科学精神;由于历次的地区开发,靠行政力量驱动,从而就形成了对国家、对上级的依赖思想,产生了强烈的等、靠、要观念;由于经济不发展,生活贫困,一旦出现温饱就处之泰然,产生小富即安观念。

这些落后的思想和观念是实施西部大开发和深化改革开放的思想枷锁,要认识思想保守、落后的危害性,要在开发过程中把解放思想、更新观念放在开发工作的首位。

2. 环境险恶,基础设施建设薄弱。

西部地区高原山地占绝对比重,除了成都平原、河西走廊和新疆的一些盆地。平原面积较大,其他地区都矗立着山岭、沟壑、丘陵、高原,而且地形被切割破碎,出现地无三尺平的状况,还有许多急流险滩、荒漠、戈壁,在这些地貌特征覆盖区,要修筑道路、架设桥梁、铺设通信设施难度极其巨大。一般在东部平原地区修建高等级公路的造价,是西部高山地区的1/2,而西部荒漠地区建设一公里铁路的工时要大于平原地区的两倍多。在西部地区修建机场、铁路、高等级公路存在着"让高山低头,使河水让道"的困难,需要凿山挖洞,工程量十分巨大。西部地区的地质状况复杂,地壳断层、泥石流突发、风沙掩埋等自然灾害发生频率很高,形成了基础设施建设进度慢、破坏速度快的现象。

认识西部这种地形、地貌影响交通通讯等基础设施建设的劣势,就要在西部基础设施建设上实施大投入、高技术、高质量对策。需要在人力、物力、技术、资本等各个方面有充分的准备。

3. 人口增长过速,劳动力素质低下。

西部的人口总量虽然远远小于东部,但西部人口的增长是非常快的。当前,西部大部分地区人口的自然增长率都在10‰以上,贵州、青海高达14‰以上,西藏竟高达15.9‰。而西部的教育又显得十分落后,在西部地区的科技人员中,受高等教育的比例很小,1998年有关资料统计,从事科技的专业人员中,东部地区大专以上学历的占

6%,而西部地区大专以上学历的只占 3.05%,重庆则为 1.4%,云南为 1.2%,西藏则为 0.29%,只有新疆高于东部地区,为 8.2%。中国西部地区还是文盲聚集的地区, 大部分省区文盲率高于全国平均水平,1998 年统计,全国文盲、半文盲占人口平均比例(15 岁以上人口)为 15.78%,西部多数地区超过全国平均比例,如贵州为 28.98%,云南为 25.48%,甘肃为 28.65%,宁夏为 25.56%,青海高达 42.92%。西藏为全国文盲之首,为 59.97%,只有重庆、四川、陕西同全国文盲水平相当,新疆低于全国平均水平,为 11.44%,整体上看,西部劳动者的素质是比较低的。在西部的有些部门、行业和产业领域一些人才是奇缺的或很不合格的,例如一些边远山区的中小学教师,往往是中学毕业的教中学,小学毕业的教小学,还有小学毕业教中学的。企业管理人才也有很大的缺口, 文化素质比较低或对现代化管理很不懂行的占很大比例。行政事业单位人员的素质也不高,推行办公自动化和网络管理十分困难。劳动力素质低下和平庸这一劣势是西部大开发的重要障碍,可见,要把全面提高劳动力的质量,稳定本地人才,引进外地人才作为一项重大措施来实施。

4. 传统产业占主导,结构调整举步维艰。

中国西部地区不仅在"一五"和"三线"建设时期布建了许多石油、化工、纺织、机械和各种原材料工业,而且在改革开放以来又使一些传统产业遍地开花,砖瓦水泥、钢材木材、小印刷厂、小纺织厂充斥于城乡, 还有地方政府投入巨额资金建立起来的一些诸如拖拉机修造厂、面粉加工厂等等。特别是西部还有一批军工企业,设备陈旧、技术落后。西部这种传统产业占主导的局面近几年面临着巨大的挑战和困难。有的已经破产,善后工作很难进行,有的濒临破产而又难以找到改组、改制方式,有的因技术落后、产品质量档次过低,难以找到销售市场,还有一些大中型国有企业虽然设备和技术不凡,但因为产品结构与全国趋同,也很难找到出路。西部地区虽然也有一些新兴产业,如电子、信息、生物工程、新材料工程、新医药工程,但多数投资少、规模小、技术含量又不高,更有甚者,一些本来是新兴产业的却采用的是肩挑人扛的生产方式和手段,把新兴产业的内涵推到了传统产业的地步。必须看到西部产业结构的落后性和传统性,要在转化这一劣势上付出较大的代价。

5. 生态破坏严重,投资环境弱化。

西部在几十年的建设和发展中,对生态环境的破坏是比较严重的。一种破坏集中在农田和水资源上。西部地区一度曾出现越穷越垦,越垦越穷的恶性循环局面,林木大砍伐、荒坡大开垦、草原大放牧,形成了严重的水土流失,全国水土流失面积达 360 万平方公里,西部地区就达 288 万多平方公里,占全国水土流失面积的 80%。全国荒漠化面积 262 万平方公里,大部分集中在西部。另一种环境问题集中在城镇的环境污染上。西部地区的许多大中城市和一些乡镇布建了一大批污染严重的工业企业和设施,废气、废水、废渣的排放达到了惊人程度,而因资金缺乏和技术短缺,对"三废"的治理又十分缓慢,因而在西部城市中有许多成为全国名列前位的污染城市,投资环境严重恶化,对外商和内商投资的吸引力大大降低。还有一种生态破坏是发生在乡镇企业发展和城市房地产开发中,挖掉了大片良田、园林,产生了一大批新的污染源,乡村的工业污染同城市达到同样的水准。鉴于这种状况,西部开发中要把整治环境放在突出位置,特别要处理好开发与环境保护的关系,要把优化生态环境作为千秋大计。

6. 经济的自给性很强,对外贸易发展水平很低。

中国西部在改革前是典型的自然经济,经过 20 年的改革开放,自然经济的局面被打破了,但由于产品的品牌和档次单调、技术含量比较低,所以许多产品的市场都比较狭窄,县办企业产品的销路很难出县界,省办企业产品的市场很难打出省外,形成了地区性的自供商品和自给市场。这样的生产水平和市场水平经不起外来产品的冲击,不少企业和产品处在淘汰状态。西部地区也有一些名牌产品,例如烟、酒和石化产品,但由于其消费对象具有地区的适应性和产品的科技含量低于国外产品,不具备价格优势,因而出口数量和规模都比较小,难以在国际市场上取胜。西部许多省、市的对外贸易数额非常之小。有的省区全部进出口贸易不如东部一个中等城市的进出口贸易总额。在经济全球化的时代,如此弱小的对外贸易不仅在国外市场上无立足之地,而且在国内市场上常处败势,这一劣势在西部大开发中必须扭转。

7. 基础设施落后,经济实力薄弱。

尽管西部各地区在交通、电信、城建、供水、供气、供暖等方面也有较大的发展。但大部分设施质量和档次低劣,数量和规模不足,远远满足不了发展的需求,特别是在西部一些偏远地区,还有不通公路,不通电线,没有自来水,电视、广播进不了村和户,有些地区虽然提出"村村通公路",但是道路质量十分落后,一遇雨雪交通即刻中断。西部地区的民航和水运更为落后,许多省区只有省会城市有机场,而其他遥远的地区没有航空联系。除基础设施不足外,整个西部地区的经济实力也处在薄弱状态。西部地区近两年经济增长速度虽高于全国平均水平,但是经济增长的绝对数额则远远低于东部和中部,居民收入水平和农民收入水平东部比西部高 2.5 倍至 3 倍左右,人均国内生产总值、财政收入、工业产值、工业增加值、乡镇企业产值、工业利润率、资金利润率等经济指标均落后于东中部。我们必须看到这一劣势,在西部大开发中要推动经济的大发展,增强经济实力,既为开发创造条件,又为开发提供资金动力。

8. 传统体制转型缓慢,对发展形成严重体制性障碍。

全国虽然都按照市场经济的目标进行体制改革，但当前我们必须看到，西部在体制转型方面存在着巨大差距，西部在政企关系的改革上进展不大，政府统企业、企业靠政府的旧方式和旧习惯还习以为常。相当一部分省区计划经济时期的机构、习惯、办事程序和规章依然存在，在投资、立项、开发新产品和技术转让等经济活动中多头审批、层层审批，长期拖延，效率极低，严重影响发展步伐。在中国西部，省、市分割，部门分割，行业分割的现象十分严重，难以形成统一市场和生产要素合理流动的环境。西部地区在人事、干部和管理人员的分配和管辖方面过分集权和过分集中，存在严重管用分离的现象，使企事业单位失去了人员和劳动力的独立管理权和使用权。因而西部地区要开发必须要把改革旧体制、形成新机制视为头等任务。

三、转化劣势争强势

优势和劣势并非绝对存在的概念，它是一个相对存在和转化的概念。中国传统的辩证法是"有无相生""难易相成""福祸相依"，有与无，难与易，福与祸始终相互依存与转化。中国西部的优势、劣势也是如此，经常处于相互转化中。例如西部的边远荒僻，山大沟深，对发展交通运输，它是劣势，但它却成为国防安全的天然屏障，抗日时期，中国的东北、华北、华中、华南，甚至中原一些省份也沦陷，唯独大西南、大西北依然在我之手，这不能不承认自然区位特征起了重要作用。再如西部地区的资源优势，在市场经济条件下，由于加工业的落后，资源廉价外输，加工品高价进入，利益双重流出，资源优势变成了劣势。况且西部一些地区资源存在的形式也是在优势与劣势环境中亮相。在西部荒漠地带蕴藏巨型整装天然气田，这是资源优势，但在戈壁沙漠缺水少路，开采难度极大，这就成为劣势。西部地区"一五"和"三线"时期形成的传统工业和军事工业，这是西部工业的基础，曾经是西部最大的优势,目前由于技术、设备落后,产品缺乏市场,且产业、产品的地区同构化十分严重,昔日之优势变为今日之劣势。

如此等等的优劣势互转现象说明,西部人对待自己的优势和劣势要树立科学的态度,对优势不应盲目乐观,对劣势不应灰心丧气,要坚持的基本态度是发挥优势,转化劣势,形成开发的强势。怎样才能发挥优势、转化劣势呢?

一是底子清。西部各省、市、区对自己经济、社会发展的水平和全貌要底子清,要从质量和数量方面搞清真实的家底。近几年在争速度、创"政绩"过程中,一些地方弄虚作假,自欺欺人,上报的许多"成就"缺乏真实性,诸如乡镇企业80%以上的增长速度,年年出现的翻番现象,都应重新核实,弄清家底,防止混淆优劣势和夸大优劣势的倾向,便于掌握实况,安排切实可行的发展规划。这是发挥优势,转化劣势的先决条件。

二是概念正。西部各地区对优势、劣势的概念要有正确的理解,要把其优势、劣势的内涵搞清楚,认识透彻。有些地区在西部大开发中列摆了许多优势,不少优势值得打问号,即使真正优势的方面,其中隐含的劣势和问题也未能被破译和认识。例如,许多地方几乎都说自己有区位优势,有座中四联、有承东启西、有南北枢纽等各种表达方式,但地图上,几何形状上显示的特征同现实中、改造自然的实践中所反映的问题距离太大。有些座中四联的区位恰好有深居内陆,交通不便的劣势,有些承东启西的地带恰好是资源快速流入东部,低层次商品和低素质劳动力大量涌入,形成效益、人才双重流出和劳动力过剩的局面。有些需要进行优劣势分析和定位的领域至今为西部一些地区的领导人所忽略。例如,在国家统计部门编辑出版的"50年成就"的文献,西部各省市区的长篇文章,没有一家把科学技术专列出来分析其成就,至多把它放在"社会事业发展"中一笔带过。而一些地方热衷的那些百分比和速度数据,很难说明是否是优势。对有些劣势一些人过度静态的描述,例如把老、少、边区一定看成是落后的同义语,且看不到这些地区的特色经济、特色文化。可见,对优劣势的概念搞正确是发挥优势转化劣势的前提。

三是高起点。西部的自然资源优势要变成经济优势,西部的诸多劣势要转化成优势,难度非常之大,传统的开发方式是需要继续发挥作用,但在竞争如此激烈的市场环境中,不主要采取高技术、高起点的方式,最终会败下阵来。例如,西部的天然气资源埋藏在大漠的深处,没有高新技术和先进设备的进入,就很难开发出来,即使开发出来,难以储藏、输送。目前,好多油田,为了油气分离,白白烧掉了天然气而取得原油,造成巨大资源浪费。国家近 5000 公里长的西气东输工程,从前期准备到正式开工、建成输气,每个环节都得采用国内和世界最先进技术和一流设备。西部生态环境的治理和秀美山川的塑造,已经不能只采用"脚踏地,人拉犁,愚公背土见平地"的方式,必须有先进的工程技术和先进的生物技术相匹配,方能建立可持续发展的生态环境。目前,对西部开发中的高起点、高技术还考虑不够,地方领导人存在急功近利和饥不择食的心态,企图通过人海战术和粗放开发达到收近期之利的目标。这种心态后患无穷,可能出现的结果是:今日栽树明日枯,今日修路明日补,今日绿地明日土,今日建厂明日污。对由于粗放开发造成的资源浪费生态的再破坏要有足够的认识和警惕。

西部开发的许多领域完全有可能采用高技术。例如,在西部基础设施建设中,要广泛采取现代信息通信技术,包括微电子技术、计算机技术、光电子技术、网络和通信技术、人工智能技术和信息获取、应用技术。在农业开发领域要把培育新作物品种作为主要工程,而这一工程的实施必须采取农业生物技术,诸如分子标记辅助育种技术,基因定位、分离和克隆技术等等。在环境治理领域要广泛采用环保生物技术,要用微生物菌剂和各种配套技术,以净化空气、水体和土壤,要应用基因工程改良自然菌株,制造高效、无污染微生物农药。在西部制造业的改革中要广泛采用先进制造工艺、先进方法和先进装备技术,使制造装备向自动化、智能化方向发展,还要逐步采用机器人和微电子技术系统。

四是大协作。无论是发挥优势还是转化劣势,在西部区内和西部与中部、东部之间形成大协作格局,要改变过去地区封闭切割,保护主义盛兴,相互内耗的发展方式,要切实做到区内联手,区外合作的开发新模式。西部地区的有些资源优势和产业优势是跨地区、成片存在的,舍弃整体性就无优势。如水资源,一江一河的上游地区横穿各省区,有些水库就应建在省界、区界地段,没有协作和利益共享的风格,资源开发可能受阻。生态环境的建设跨地区项目更多,这就需要规划大面积治理,实施一些跨县、市,跨区、省的大兴工程,联合治理尤为必要。产业结构的调整不仅要在西部地区内消除重复建设、重复生产和重复立项的弊端,实行区域内的兼并、联合、参股、集团化等调整方式,而且要同东部同类产业、同类企业和大公司相合作,实现东部新兴产业、先进设备和技术的合理转移。东西部还要在创名牌、占领国际市场上携手共进。特别是在融资渠道上,要在区域内和东西部之间形成统一的发达的融资市场和多样化的融资方式,解决西部开发中资金分布不合理与资金短缺的问题。

五是远谋略。西部的优势是大优势,而它的劣势也是大劣势,要真正兴优化劣,不是一蹴而就的,而必须要从长计议。"人无远虑,必有近忧"这一格言在西部开发的战略设计中必须牢记。面对西部的优势,一些人往往采用一些小动作,企图得到大利益,例如一些地方采取引进污染工业、开放赌博市场、大搞红灯区,以为这样可以收到眼前利益,但其结果却破坏了生态环境,恶化了社会环境,扰乱了市场秩序。还有一些地区对生态建设和基础设施的建设持漠视态度,认为这类开发项目只有宏观效益和社会效益,而没有经济效益,因而把本来用于基础设施和生态治理的资金和设施用在了一些短期投资上。这虽然在一段时间内增加了收入,但为时不久,由于设施落后和投资环境的恶化,正负效益相比,出现了资产负债和重大的负效应。无论是发挥优势和转化劣势,都要把当前和长远结合起来。要有大眼光、宽视野,要对一个项目、一个工程、一项措施的提出作全面的科学的评价,分析它的投入和产出,分析它的正效益和负效应,也要看看它是否惠及当代,功在千秋,在整个转化劣势,发挥优势中都要克服鼠目寸光,坐井观天和急功近利的思维方式,要防止跟着"感觉走"的经验主义的思维方式,要看到有些劣势的转化需要有巨额的投资,需要有长期的创业过程才能见到效果,绝不能因为看不到眼前的利益就终止百年大计。生态环境的治理、大型基础设施的建设、高科技产业的发展都需要巨大的代价和付出,这就需要西部开发的设计者要有理性的思维、科学的意识、跨世纪的眼光。

原载于《兰州商学院学报》总 16 卷,2000 年第 3 期

具有开发前景的"现代丝绸之路"

公元 1990 年 9 月,中国兰新铁路正式通到新疆阿拉山口,到达了与苏联铁路的接轨点。这条铁路称作"现代丝绸之路",它将历史的昨天与今天紧紧地连在了一起。从此,在亚欧大陆出现了一条东起我国连云港,西通我国新疆的阿拉山,再通过独联体的哈萨克斯坦、俄罗斯、乌克兰和波兰、德国,最终到达荷兰鹿特丹港的铁路通途。这是亚欧交通史上的盛事,必将对这一地带的资源开发,经济文化的发展与交流带来巨大的影响。我们就此对"现代丝绸之路"辐射地域的开发条件及前景做一初步分析。

一、贫穷而又富饶的走廊

第二条亚欧大陆桥从连云港到鹿特丹,形成了当今世界上最长的一个走廊,从现代经济开发的角度看,这个走廊可分为三个层次的开发带:第一个层次是直通开发带。这是指沿这条铁路大动脉两旁,可以直接进行开发的走廊区;这个走廊区包括中国的江苏、安徽、河南、陕西、甘肃、新疆等省区的部分地区和独立国家联合体的哈萨克斯坦、俄罗斯、乌克兰等的部分地区,还有波兰、德国的部分地区和荷兰的全部。第二个层次是交叉开发带。这是指同这条大动脉纵横交错相接轨的另外一些铁路线,把直通开发带同外层广大空间联系起来,形成了第二条亚欧大陆桥的间接开发区。这一层次可以包括中国华北、华东、西部的全部,哈萨克斯坦的全部,俄罗斯的部分地区,中亚的阿富汗、巴基斯坦、伊朗、土耳其等国的一部分地区,东欧的大部分国家,中欧的一些国家和西欧、北欧的一部分国家。第三个层次可以叫作"大陆桥辐射带"。这是指与亚欧大陆桥走廊能够形成市场联系的广大地区。它包括东亚、中亚、南亚次大陆、欧洲的全部和北非的一些地区。总之,这条长达1.08万公里的大陆桥,对整个亚欧大陆的开发起着大动脉作用。

现在我们来看看直通开发带到底有哪些经济特点?我们认为,其最大的特点是贫穷而又富饶。

我们说这是一条巨形的贫穷的走廊,这条大动脉通过的一些国家和地区是贫穷的。这条铁路横穿中国4131公里,我们国家属世界上发展中国家之列,人均国民生产总值占世界第147位次,在低收入国家中占第21位次,这条铁路在中国境内,虽然也通过了比较富庶的中原地区,但是它的好长一段是甘肃、新疆两省区的贫穷地区。这条通道的中亚和欧洲部分,主要在前苏联的一些共和国。前苏联虽然是一个超级大国,但是在经济上并不十分富裕,远远低于西方国家。近几年,前苏联发生了巨变,1991年走向解体,目前哈萨克、俄罗斯和乌克兰都不同程度地面临种种困难,经济发展状态处于低潮时期。这条铁路所通过的原东德地区,现在也属贫穷的地区,人民生活水平有所下降。至于波兰,面临着更大的经济困境。

我们说这一地带是贫困的,还有一个主要原因:这一带人口数量剧增,而人口的文化素质则比较低。这一地带的人口约有四亿多,文盲大约有1亿之众,尤其是中国西部和哈萨克地区的文盲、半文盲更多,生产技术比较落后,生产过程中的科技含量都很低。这个地区的贫穷还表现在一部分地区自然条件十分恶劣。这条铁路要通过千里戈壁、浩瀚的沙漠、干旱的草原和许多艰险的河谷走道,有些地方终年干旱,有些地方终年积雪,有些地方空气稀薄,有些地方工业污染十分严重。这一地带的有些地区由于环境恶劣，开发投资很大，而开发效益又很难提高。

亚欧大陆桥地带又是非常富饶的。

首先，说它富饶是因为它有雄厚的经济实力，这一地带具有数千年的开发历史，近现代以来，又有了新的发展。从我国来说，已经成为一个具有很强的经济实力的国家。我国 1991 年国民生产总值已达19580 亿元，其中农业总产值 808 亿，我的粮食和煤炭等产量跃居世界第一位。前苏联的一些加盟共和国，虽然尚处经济困境，但是它的经济基础仍然是好的。俄罗斯等国，曾经属于世界高收入国家，这些国家的一些工业设备都具有比较先进的水平，农业的机械化程度也比较高，这些国家的经济部门有相当数量的科技人员和熟练工人。亚欧大陆桥所经过的欧洲经济区具有很强的经济实力。据 1989 年统计，欧洲经济区国内生产总值达到 55360 亿美元，高于美国的生产总值。第二大陆桥所通过的德国西部，经济发展程度相当高，西德统一前其工业产值居世界第三位，其采煤、钢铁、机械化工、精密仪器等工业在世界占重要地位，农业生产全部实现了机械化、电器化和化学化。就是荷兰这个低地国家，工业也相当发达，其造船、钢铁、石油提炼、采煤、电机、纺织、化学、食品等工业十分发达。

第二大陆桥还是一个资源富集的地带。从我国的情况看这条铁路线主要包括陇海、兰新地带，所经之处包括 11 个省区，总面积 360多万平方公里，占全国面积的三分之一多。这一地带农业资源十分丰富，有四个商品粮基地，有三大畜牧基地，有全国著名的鱼虾产地，有祁连山、天山的森林资源。矿产资源也富集于这一地带，已探明的矿产资源近百种，其中一半品种，储量居全国前茅，白银的铜，金昌的镍，柴达木盆地和准噶尔盆地的石油，本区煤的总储量占全国的60%。此外，这一地带历史悠久，文化胜迹众多，还有千姿百态的自然景观,是旅游资源的富集带。这条铁路大动脉所经过的俄罗斯、乌克兰也有丰富的资源和能源,油田、煤田、汽田分布很广,目前的产量也是比较可观的,仅俄罗斯的石油年产量就有近八亿吨;乌克兰地域虽小, 有些资源的储藏量也是惊人的,1969 年探明的天然气储量就达6840 亿立方米,此外还有丰富的农业资源和铁矿石、煤、锰等资源。

第二亚欧大陆桥所经之处也是劳动力资源和人才资源富集的地带。约有四亿多人口。在中国境内有二十多个少数民族,在前苏联各加盟共和国和欧洲地带也有十多种民族。这些民族都各有自己的风俗和特长,兴办着各式各样的产业,是这一地带开发的巨大生产力,特别是在这一地带有数以万计的高科技人才,有成千所著名的高等学府和科研机构,在沙漠、冰川、冻土、核物理、草原治理、航天技术、通信技术等领域的研制方面具有很大的优势。这一地带已经兴建了数十个高新技术产业开发区和试验区。

第二亚欧大陆桥又是现代化城市富集的地区。仅中国段就有重要的海港城市连云港, 全国的交通枢纽城郑州, 著名的文化古城西安,新兴的工业城市兰州,蓬勃发展的新兴工业城市乌鲁木齐等近百座城镇。在中亚和欧洲段有哈萨克的首府阿拉木图、俄罗斯首府莫斯科、乌克兰首府基辅、波兰首府华沙、德国首府柏林、荷兰首府阿姆斯特丹和重要港口城市鹿特丹等数十座城市。这些星罗棋布的城市有的是政治、经济和文化中心,有些是重要的海陆空交通枢纽,有些是重要的工业城,有些是世界著名的科技城。这些城市是现代文明的象征和希望。

从上面的叙述可以看出,第二亚欧大陆桥地带确实是富饶的,是有巨大开发潜力的黄金带。

二、二十一世纪最有吸引力的"黄金开发带"

第二亚欧大陆桥地带目前虽然还不是世界上最富庶的长廊,环境的恶化,一些地区的动荡不安,资金的困难,市场不太发达等问题都存在,但是从开发的前景看,这是地球上大有希望的开发地带,可能是 21 世纪开发的热点区。

从这一地带的优势看,它有十分优越的开发条件。第二亚欧大陆桥西部的德国、荷兰属于欧共体的成员,东欧、独联体的一些国家也积极准备条件,意欲加入欧共体。欧共体具有很强的经济实力,设计 1992 年实现经济一体化,形成统一的西欧大市场。欧共体是中国和亚洲一些地区的重要贸易伙伴,在这一地带的未来开发中,它具有重要的作用。第二条亚欧大陆桥还有比较优越的地理位置,它地跨亚欧七国,可辐射到三十多个国家和地区。运程比绕印度洋和苏伊士运河近一万余公里,缩短运距一半,节省运输时间一半以上,是亚欧大陆最有力的联络纽带。

从全球比较开发环境看,这里是未来吸引力最强的地带。目前世界经济出现了国际化和区域经济集团化的趋势,资本的国际化、商品的国际化、市场的国际化都在以很快的速度发展。世界区域性的经济集团有了很大发展。在这种世界经济的形势下,未来世界开发的重点向何方转移,取决于各个地区的比较环境优势。从当前世界格局变化的情况看,亚欧第二大陆桥地带的比较开发环境相对于其他地带可能是最优越的。目前欧洲一些地区成为矛盾的焦点区,特别是东欧前社会主义的一些国家,经济陷入崩溃,有些国家内战不息,民族矛盾突起;西欧一些富国经济普遍出现衰退;有些中立国家原来投资环境很好,目前毒品走私猖狂,恐怖活动滋生,福利主义政策又制造出了一批懒汉,经济出现滑坡局面。中东地区是一个火药库,民族冲突、宗教矛盾、地区霸权主义突起，特别是两伊战争、海湾战争造成的巨大创伤短期内难以弥合，这里虽然有丰富的石油资源，但投资的政治、社会环境陷入恶化。非洲一些地区贫困日益加剧，债台高筑，灾害频仍，这里急需资金、技术和人才，但却出现了资金、技术和人才向发达国家倒流的情况，所以这里不能成为理想的投资环境。中美洲地区虽然有大片投资的处女地，但这些地区也是矛盾冲突多发地区，且经济实力很薄弱，也不是很理想的投资重点区和开发重点区。世界上一些富裕国家和富庶地区，如美国、日本、德国西部、亚洲"四小龙"，这些国家和地区具有很强的经济实力和较好的投资环境，但是这些地区资产和资金容量饱和，投资空间显得日益狭小，它们的资金、技术需要转向世界其他地区。第二亚欧大陆桥地带却恰恰存在一些其他地区所不具备的优点。中国是这一地带的主体国，经过十年改革，经济发展很快，投资环境得到大大改善，国际贸易得到迅速发展，特别是社会政治环境比较和平稳定，它对世界的资金、技术、人才已经形成了巨大的吸引力。第二亚欧大陆桥所通过的独联体的一些国家，目前在实行市场经济过程中，存在着经济秩序混乱，主要经济指标下降的状况。但必须看到，这些国家具有丰富的经济资源，有大片未开垦的处女地，目前它们又同西方国家建立了广泛的经济联系，开放度很大。西方国家不断用巨额援助来支持这些国家的市场经济，近期许诺要给俄罗斯等独联体国家以 260 亿美元的援助，而哈萨克、俄罗斯、乌克兰等国拥有巨大的人才和技术资源，有世界第一流的科学技术人才，有许多高技术产业，一旦社会环境趋于好转时，这些国家的投资环境还是很有吸引力的。至于德国和荷兰，它们的经济状况基本还是好的，投资环境也很有吸引力，特别值得指出的是，亚欧大陆桥地带具有良好的海上联系和海陆运输条件，连云港和鹿特丹港可以把环太平洋地区和大西洋沿岸的一些地区和国家通过水路联系起来，亚欧大陆纵横交错的铁路网都能同亚欧第二铁路大动脉相联系,这里又可以同黑海、地中海、里海和阿拉伯海等地的交通运输相联系。我们还必须看到中国和独联体的一些国家都普遍实行对外开放的政策,为了吸引外资,制订了一系列优惠措施,这些都为适应世界经济发展趋势,更好地吸引外资提供了有利条件。可见,第二亚欧大陆桥地带是未来世界注目的开发地带,可以说是 20 世纪末到 21 世纪世界开发的热点区。

第二亚欧大陆桥的开通给我国的大开发提供了有利的条件,它是我国向西、向东双向开发的重要通道。目前,我国应从开发政策、投资环境和市场机制等方面入手,为这一地带的开发做好充分的准备。在政策上,我们要制订有利于吸引国际开发的各种优惠政策,要在西部内陆地区建立特区、开放开发区、贸易口岸、保税区、简化出入境手续。在投资环境上,我们要下大功夫,建成良好的投资环境,特别是在开发重点区要达到路通、电通、水通,还要提供中外投资者所需要的各种服务设施。当前,要特别重视国际市场,要把我国的经济运行机制同国际市场挂起钩来,我们要积极参与国际竞争以及世界经济国际化、集团化的活动,为第二亚欧大陆桥地带的大开发积累经验,创造条件。

原载于《丝绸之路》,1992 年试刊号

甘肃城市化过程中的人口问题

一、甘肃城市化过程中的主要人口问题

甘肃地处祖国西部边陲,历史上交通闭塞,经济落后,封建化程度很深,城市很不发展。1949 年全省城市人口仅 91.66 万,乡村人口则有 876.77 万,城市人口占总人口的比重为 9%。新中国成立后,随着经济建设的开展,城市和小城镇有了一定的发展,城市人口的比重也随之增长,但总的情况是甘肃城市发展缓慢,经济生活的农业化程度深厚,农村人口占优势的状况始终没有改变,党的十一届三中全会以后,情况发生了巨大变化,主要表现在:城市(镇)的数量在不断增加;城镇人口迅速增加,占总人口的比重在上升;农村城市化的过程在加快;城乡之间的联系日益密切,城乡对立的状态趋于消失。

甘肃城市化过程是促进甘肃社会进步和经济发展的过程, 也是一个破坏甘肃根深蒂固的农业田园生活,创造现代城市文明的过程,这就必然引起许多社会经济问题,其中就有人口问题,甘肃城市化过程中的主要问题是什么呢?

人口的科学文化素质低,不适应现代城市的发展。甘肃全省和甘肃各城镇城市人口的科学文化基础十分薄弱。1982 年人口普查资料表明,全省文盲半文盲 6,851,715 人,文盲率为 48.05%,女文盲率达 64.65%,在全国文盲最多的省份中,仅次于青海、西藏,居第三位。城市的文盲、半文盲比重也很大。以 1982 年为例,甘肃城市人口中文盲

率仍占 15.24%，加上小城镇，城市人口中的文盲占到 30.48%。就连文盲率最低的嘉峪关市，文盲率也占 17.26%。省会城市兰州文盲人数占总人口的 22.12%，女文盲率为 33.01%。临夏市文盲率高达 60%，女文盲率高达 73%。具有大学文化程度的在兰州市只有 25／千人，金昌市 5.4／千人，临夏仅有 2／千人。在甘肃城市中，有 75% 以上的人口和 60% 以上的劳动力都不适应现代化城市对人口素质的要求。在各个城市发展中，有相当数量的农业人口到城市就业，仅兰州市一年就有 25 万人次的农业人口进城就业。河西走廊六个城市每年约有省内外 100 万人进城从业，这部分人当中，几乎一大半是文盲，具有初中文化程度的不到 10%。甘肃的各个城市，技术改造进程较慢，许多行业和重要市场都是手工操作和人海战术。低文化素质者基本占领劳动市场。由于城市文盲较多，打架斗殴的野蛮行为在有些城市颇盛。所以，在甘肃城市化过程中，人口的自然增长和机械增长幅度超越科学文化素质提高的幅度，这就给城市带来了工作上的低效率，产品上的低质量，工程上的低速度，技术上的低水平，这是甘肃城市化过程中一个亟待研究的问题。

人口和工业的急剧发展，环保措施跟不上，出现了现代城市生态病。一是人口膨胀病。城市中心区的人口密度急剧增加，以兰州为例，市区每平方公里人口达 667.4 人，城关中心区每平方公里高达 2,339 人，其他各城市也有人满为患之感。二是生物萎缩病。在甘肃城市发展较快的地区，耕地、草地、林地砍伐严重，生物资源受到不同程度的破坏，昔日的许多鸟类兽类都消失了，形成了"人类进来了，生物退去了"。三是城市污染病。甘肃大部分城市都是从发展工业和开发矿产资源起家的，有的城市是钢铁工业基地，有的是石油城，有的是冶金城，有的是化学工业基地，有的是巨型矿区。所以，存在着严重的工业"三废"污染。城市噪音、垃圾对城市居民的生活威胁也很大。以环境质量处于中等水平的张掖地区的村镇为例，该市二氧化硫含量最高值达 4.41mg/ms，超过国际标准 1.3 倍；地表和地下水的超标率为 90% 以上；垦荒和人为造成的沙化地 30 万亩，毁林面积达 11.72 万亩，占天然林区总面积 35.5%，国家级保护的珍稀动物在张掖地区有三类 17 种，由于滥猎乱逮而濒于灭绝，兰州市每年有三百多万吨垃圾需要处理，大街小巷的厕所粪便尚待处理，西固区的光化学雾更需根治，全省各城市主要街道和干线约有 85-100 多分贝以上的环境噪音，尚未解决。这些对城市人口的生存形成威胁。

城市基础设施赶不上城市人口发展的需要，形成了供需之间的尖锐矛盾。甘肃的 12 个城市普遍存在住房紧张的问题，平均住房面积不足 6 平方米。临夏市人均居住面积为 5 平方米，金昌市人均居住面积为 5.2 平方米。有的城市竟达不到 4 平方米。兰州、天水、平凉三个市，文化设施普遍紧张，有 30% 上的小学生无法升学。50% 以上的初中毕业生不能进到高一级学校，商业服务设施虽有很大发展，但远远赶不上人口的需要。张掖、武威、酒泉和兰州市许多集市贸易都处于脏、乱、差的状况。文化卫生设施更为落后，许多城市有 50% 以上的人看电影、看戏、看病都有困难。兰州、天水、平凉城郊的一些小学购置课本都有困难，有 5% 的学生学习没有课本。

人口管理体制的僵化局面仍未打开，人口管理上既死又乱的情况尚未解决。"对外开放，对内搞活"以后，城乡之间经济文化的交往频繁了，城乡人口之间的鸿沟拆掉了，这是大好事。但是，人口管理体制僵化的局面仍然没有打开。例如，农业人口和非农业人口的界线仍很森严。这就限制了一部分农村的有识之士参加城市的开发工作，组织、人事、劳动部门对人的多头管理、条条管理的局面没有打破，人口在企业、基层单位之间的对流受到种种限制，特别是科技人才的流动受到限制，影响了城市开发工作。据有关部门反映，甘肃 12 个城市因组织、人事部门管理过死,每年竟有千名以上的科技人才不能来城市工作,而又通过行政命令渠道将 1500~2000 名不合格的劳动力塞到各个单位。由于管理上的死导致了管理上的乱。有许多从外省、外地流动到甘肃各城市的人口,部门不管,单位管不着,自由放任地进行非法活动。甘肃 12 个城市从全国各地流来的人口约有 20 余万,仅兰州市就有三万多人,但户籍管理部门掌握的不到二万人,其中有一部分人从事偷盗、贩毒、贩金银、卖淫、聚赌、算命、卖假药等活动,扰乱社会治安。

人口的机械变动存在逆向流动的现象,造成开发区人口减少,集聚区人口过剩。现在城市需要大量的劳动力到边远落后地区去发挥作用,但人口流动却基本上是郊区流向城区,城区流向城中心密集区;党政部门和各个企业中的机关,人浮于事,而又大量进人;待开发的工业区、新建的工矿区、中小学校的人员却相对减少,如果把兰州、天水、白银三个城市按人口的密度各划为人口中心区、人口稀疏区和人口荒僻区,多年的机械变动恰恰是,人口中心区的人口密度以 30~50 人/平方米的速度在增长,人口稀疏区则以 5~10 人/平方米的速度在减少,而人口荒僻区基本上只出不进。这种人口流动造成的人口布局必然是畸形的中心区人满为患,落后区长期荒凉,城市的大开发是同这种人口的流向不相适应的。这对经济社会的发展只会带来一些副作用。

人口的计划生育措施落后于城市化发展的需要。在城市发展过程中,不仅有机械增长过快的趋势,而且人口的自然增长也出现了过快的势头。近几年生育政策有所放宽,漏洞也多,多胎生育,两胎生育猛增。1985 年统计的多胎率为 7.86%,抽样调查为 17.2%。全省人口自增率比全国平均水平高 2%。预计"七·五"期间照顾生二胎的竟达18.6 万人。有些城市二胎以上生育现象严重。

城市化过程中新的家庭婚姻关系、新的社会人际关系在形成,出现了一些新的社会人口问题。甘肃就业率较高,许多成年子女都能独立自主,赡养父母成为一个不容忽视的问题,家庭规模在缩小。子女们成立小家庭的愿望强烈,长辈们却被赶出家门。离婚率提高,离异时双方都不愿带子女,在各个城市都出现了离婚夫妻遗弃幼儿的现象。城市中精神病患者、残疾人、病态人口有所上升。据对收容所、精神病院和社会流动人口的调查,每年约有5%的成家子女抛开父母,使老人处于孤独状况;有15%的离婚者无人养育亲生儿女。兰州市每年遗弃的儿童、流动的病残人口和孤独老人约千人之多。天水、平凉等城市也存在这种情况。

二、甘肃城市化过程中人口综合治理对策

甘肃城市化过程中的人口问题是一个比较复杂的问题,它涉及到人口与地理环境、社会经济环境、科学文化等客观条件和人口政策、劳动就业政策、城市发展规划等主观方面的因素。解决甘肃城市化过程中的人口问题,应从以下五个方面着手:

第一,合理调节甘肃城市人口布局。20世纪甘肃主要应发展河西走廊城市带,以天水为中心的陇南城市带,以平凉市、西峰市为中心的陇东城市带,以兰州市、白银市为中心的甘肃中部城市带,根据这些地区产业开发的需要,大力发展小城市和村镇、集镇等小城镇,要在全省范围内规划好人口在各城镇的布局。应当控制城市中心区的人口规模,提出人口限额指标,例如,兰州市的城区到1995年前人口不能超过100万。而对一些偏远区,则要采取疏散劳动力和人口的办法,制定一些比较优惠的经济政策,鼓励更多的人去那里开发建设,由于甘肃大部分城市靠近高山丘陵,这就需要把原来的带状城,谷底城变成山城式城建模式。首先要在兰州、平凉、西峰、天水等市开

始建设"山城",充分利用山梁、山坡开办文教区、工业区、居民生活区、自然保护区、山地公园等。通过上述措施,可以使城市人口布局出现协调发展的局面。

第二,及时制定各项提高城市人口素质的政策,甘肃城市人口素质在体质、智力和工作能力上都有一定弱点。文化科学知识素质的提高,对甘肃各个城市都是刻不容缓的。甘肃各个城市都应在抓好普通教育的同时,要把成人的科学文化教育放在首位,尤其是要抓好各城市国家干部的知识教育。目前甘肃城市干部约有25%的几乎没有文化知识,60%的干部缺乏现代知识素养,这就要求把这部分人的训练放在重要的位置。对劳动者的就业要有严格的科学文化考核标准。

第三,要制定适应城市化的人口自然增长的政策。要在城市提倡一胎生育,基本上不要开生两胎的口子,对超生的职工、居民要提出一些新的惩处措施。如,废除就业合同、停发工资、停发某些居民正常的供应等等。要加强育龄妇女的孕期检查,保证优生。要制定全面监督计划生育的政策和措施,对流动人口和"黑人黑户"要采取分片包干的办法,监督新生婴儿的出生情况,彻底消除依靠增殖人口发展生产和发财致富的观念。

第四,抓好村镇建设和乡村环境保护,创造提高人口寿命的良好环境。我国的城市化同西方不同,不是农村人口流动到城市,变成产业工人,使农村人口离村减员,而是通过农村的工业化,使农村人口直接转化为工业人口,也就是由农村变为城镇的城市化。在这个过程中,环境污染的重点已经由城区向郊区转移,由城市向农村转移。许多城市的污染源搬迁到农村。农村勃兴的乡镇企业基本缺乏环境保护措施,加之农村的良田、森林、草地以比较快的速度在减少,农村人口的生活环境也日益恶化,许多农村人口已经患有城市污染带来的各种疾病。这就要求我们要把环境保护的目标转移到农村,要在农村的村镇建设中,注意保护良田、森林、草地,建立自然保护区。河西走廊的大城市还要扩大农村的防护林带,要规划逐年治理沙漠戈壁的措施。农村的乡镇企业,尤其是遍布甘肃各地的砖瓦、水泥、煤窑、化肥等厂矿,要立即采取治理工业"三废"的措施,对新建企业一定要坚持"同时生产,同时治理污染"的方针,使未来小城镇的人民生活在清水蓝天、绿草如茵的优美环境中。

第五,改革人口管理体制,由集中管理型变成民主开发型。现在人口管理反映到劳动就业上仍然是高度集中的,劳动人事部门和各单位的上级主管部门,垄断了人事权,而各个企业和单位人员的进出都要由上级主管部门和组织人事部门的层层审批,使"需者不来,来者不需",束缚了人才引进和智力开发,组织人事部门应放权,还权于企业、事业单位,使下面能够放手引进、调节人才。在人口的管理上,也要采取开放政策,要有横向联系,对于自愿到甘肃的科技专业人才,不论国内、国外,都应热情欢迎,积极引进,户籍管理部门要大开"绿灯",简化呈报手续,让五湖四海的人来开发甘肃。要加强人口的统计工作,除了对长住户要做较精确的考查外,流动人口要制定一套统计和管理的办法,要使用人单位同时有权管理人口,使人口的管理带有社会主义民主性。

原载于《开发研究》,1987 年第 2 期

略论甘肃省精神文明环境的优势与劣势

精神文明环境是同物质文明环境相对而言的。所谓精神文明环境，是指人类精神意识发展的环境，是人类进行精神生产活动的环境。这种环境可分为三个方面的内容：一是人的道德、智力发展水平；二是科学、教育、文化等精神生产部门的状况；三是为人的精神发展和社会的精神生产所提供的物质条件。现就甘肃省精神文明环境的优势与劣势，进行初步分析。

甘肃省是一个拥有 453,694 平方公里面积，2015,60 万人口的省份。它的精神文明环境有许多得天独厚的优势；同时，也存在历史的、现实的劣势。要创建甘肃省的高度精神文明，必须研究清楚其精神文明的大环境存在哪些优势，哪些劣势，从这个实际出发，才能正确地全面地规划全省精神文明环境的建设，以推动精神文明的发展。

甘肃省精神文明环境的优势主要有：

第一，有发达的历史文化，这是发展社会主义精神文明的历史遗产。

甘肃是中华民族重要的发祥地，是祖国最早被开发的地区之一。合水古象和安宁菱齿象化石，活生生地证明，在千万年以前，甘肃就是古生物繁衍生息的圣地。而黄河、泾河、渭河、洮河、大夏河等河流域发现的新、旧石器遗存表明，我们的祖先在一百万年前后，就生存在甘肃这块大地上。秦始皇统一中国后，就在甘肃境内设立政权建制。汉武帝开拓河西四郡后，打通了中国与欧、亚非大陆经济、文化交

流的通道。至此之后,甘肃成为"丝绸之路"的主要通道。由于历代劳动人民的辛勤开发,甘肃就沉积了灿烂的历史文化。

甘肃分布着大量新石器时代的文化遗存,秦安县大地湾新石器时代的遗存,出土文物八千余件,是距今五千年至七千年前的文化遗址,比最早的仰韶文化早一千年。甘肃的石窟艺术在全国是首屈一指的。除了世界著名的艺术宝库——敦煌莫高窟外,还有天水麦积山石窟,永靖的炳灵寺石窟,安西榆林石窟、泾川的南石窟,庆阳的北石窟,武山水帘洞石窟等等。这众多的石窟汇集了古代建筑、雕塑、绘画和文学方面的艺术精华。甘肃还有许多独具风格的寺庙建筑和官阁建筑。长城西部端点嘉峪关,是距今六百年的明代建筑;张掖大佛寺是创建于西夏永乐元年的巨大佛寺,寺内塑有全国最大的卧佛;建于清康熙四十八年的夏河拉卜楞寺,是保存十分完整的喇嘛教建筑群。此外还有张掖木塔、武威罗什寺塔、武威海藏书、武威文庙、陇西威远楼、兰州白塔寺、酒泉钟鼓楼、天水玉泉观、敦煌白马塔等,都是具有历史价值、艺术价值、考古价值的重要古代建筑艺术品。甘肃还有武威出土的铜奔马、武威西夏碑,居延地区出土的汉简,省图书馆珍藏的四库全书,敦煌莫高窟保存的大量历史文献,这些都是中国文化艺术和世界艺术的宝贝。甘肃还出了汉代飞将军李广,"博综典籍、旁贯百家"的学者皇甫谧,明代兵部尚书彭泽,清代著名学者、御史大臣安维俊,晚清著名学者刘尔欣等一大批历史人物,留下了丰富的著述和可歌可泣的事迹。唐代杰出诗人杜甫、意大利著名旅行家马可·波罗等一大批中外历史名人,曾履迹甘肃,留下不朽的诗文与传说。

第二,甘肃发达的历史文化,是当前进行精神文明建设的重要历史环境。优秀的民族和辉煌的历史文化在熏陶和激励着一代新人,为继承前人的历史业绩,创造更加美好的精神文明而艰苦劳动。

有多样的自然景观,是丰富人的精神情操、形成多样化观瞻环境的自然基础。

甘肃地处黄土高原、青藏高原和内蒙古高原三大高原的交汇处，地形复杂，景观多样。河西走廊一带，地势坦荡，绿洲、沙漠、戈壁，断续分布，祁连山长达一千余公里，连绵起伏，积雪皑皑。陇南山地，气候温和，河流湍急，山高林密，许多地方盛产水稻，山川中有茶园、桔林、芭蕉，一派江南风光。甘南草原有三千多万亩天然牧场，水草肥美，牛羊成群，还有大片森林，具有粗犷、壮观的塞上风光。中部干旱地区，干旱少雨，布满光山秃岭，纵横着支离破碎的沟壑，由于劳动者的奋争，这里的沙田耕作和坡地梯田十分成功，生长着茂密的林木，各种粮食作物、蔬菜、水果也长势喜人，黄土瀚海中镶嵌着片片绿洲和富庶的村镇。甘肃东部，丘陵起伏，沟壑纵横，这里的董志塬、早胜塬、官河塬、屯子塬、孟坝塬，地势平坦，土地肥沃，是甘肃的重要粮仓。

甘肃的名山胜水，各具特色，誉满中外。突兀峭峻的崆峒山，以有黄帝、汉武帝、司马迁等人登临其上的古老历史传闻称雄于世；气势磅礴的六盘山因红军长征路过于此名闻天下；林海茫茫的兴隆山，曾因停放成吉思汗灵柩而引人景仰；新辟景区吐鲁沟，因其奇雄、俊、秀的风姿，而吸引了成千上万的中外游人。甘肃的河流，千姿百态，别有一番情趣。这里的河流分属长江、黄河、内陆河三大水系。全省有较大的河 450 多条，长江、黄河水量丰饶，如巨龙奔腾，高岸峡谷断续分布，古今渠道经纬陇原，水库电站拔地而起，养育着流域的中华儿女。祁连山雪水融成的石羊河、黑河、疏勒河，浇灌着河西走廊的千里国土，改造着沙漠、戈壁，最后或注入内陆湖泊或消失于沙漠、戈壁之中。大夏河、洮河、大通河、庄浪河、祖历河、泾河、渭河等，年径流量都超过 1 亿立方米，流域面积大，水利条件优越，浇灌了沿途的千里沃野，减轻了干旱的威胁，世世代代造福于甘肃子孙。

这些丰富多彩的自然景观，不仅给甘肃人民创建物质文明带来特殊的利益,而且也是甘肃人民建造精神文明的自然条件。它可以丰富人的精神生活,开阔人的胸怀,特别是可以为开发旅游资源,建造反映大西北特色的科学、文化、教育设施,提供天然条件。

第三,有得天独厚的资源,是开发精神文明建设事业的潜在力量。

从资源的角度看,甘肃是十分富饶的,它的地上、地下、空中都有无数的再生资源和不可再生的资源。无论生物资源、矿产资源、旅游资源,还是光热资源、水力资源,在全国都是名列前茅的,开发的潜力是巨大的。这些丰饶的资源,不仅为甘肃的物质文明发展提供了条件,而且为精神文明事业的开发提供了物质资源条件,造成了一个好的环境。

甘肃地下资源十分丰富,是我国有色金属的故乡。已探明的矿产有 64 种,其中金矿和稀贵金属镍、铂、铜、钴、铬、铅、锌等 26 种。已探明镍、铂、钯、锇、铱、钙、铑、晒、铸型黏土、重晶石 10 种矿藏储量居全国第一位。石灰石、大理石、石膏、煤、石油储量都十分可观。全省水力资源也很丰富。有 90 多条年径流量在 1 亿立方米以上的河流,全省河流年径流量为 530 亿立方米,水力蕴藏量大于 1 万千瓦的河流 79 条,总蕴藏为 1424 千瓦。本省的生物资源种类多,价值大。有野生动物 500 多种,其中属国家保护的珍稀动物有大熊猫、金丝猴、双峰驼、野牦牛、牛羚、藏羚、白唇鹿、王冠鹿、岩羊、雪豹、鹿、麝等 30 多种,野生植物 1200 多种,其中药材 951 种。主要药材有当归、大黄、党参、甘草、天麻、灵芝、杜仲、贝母、红花、黄芪。还有核桃、杏仁、黑木耳、黑白瓜籽、发菜、蕨菜、蘑菇、黄花菜、蜂蜜、生漆、桐油、花椒、百合、玫瑰等特产。还有云杉、油松、红枣、柑桔等经济林,木材储积量 14520 万立方米。省内大部分地区干旱少雨,晴天多,日照长,有丰富的光照资源,有 20% 的地区风速每秒 4 米以上,为利用太阳能、风能提供了条件。天水地区、定西地区和兰州地区都有一些地热资源,已发现了若干温泉,有的已经开发,有的正待开发。

如此丰富的资源优势,为甘肃的进一步开发提供了条件。而这些资源同样是甘肃人民进行精神文明建设的优越环境。人们可以利用这些资源创建精神文明设施,可以利用这些资源发展科学文化事业,利用这些资源开办风景游览点,陶冶人的精神情操,利用这些资源吸引内外人才,发展科学技术队伍,利用这些资源增加智力投资,提高人的素质。

第四,有国家既成的生产力布局,这是发展社会主义精神文明的物质基础。

新中国成立以后,党中央和国务院在开发甘肃做了周密部署,从全国日生产力的总体布局出发,安排了甘肃的生产力布局。1953年—1957年第一个五年计划期间,全省基本建设总投资达 21.35 亿元,占全国同期总投资 4.1%。当时作为全国 156 个重点建设项目,在甘肃建成的有兰州化学工业公司、兰州炼油厂、白银有色金属公司、兰州石油化工机械厂、永登水泥厂、西固热电厂等。后来在进行"三线"建设时,又在甘肃建成了许多工业企业。从 1950 年到 1984 年三十五年间全省基本建设总投资累计达 241.02 亿元。全省全部建成交付使用的项目 1900 多个。第一个五年计划以后又建成了金川有色金属联合公司、酒泉钢铁联合公司、刘家峡水电站等大型企业。截至1984 年底,全省已有工业企业 4432 个,在全省已经形成了有色金属、石油化工、机械制造和电力为主体的工业体系。

全省交通运输业上也有较快的发展。全省有天兰、包兰、兰新、兰青四条铁路干线,陇海线宝兰段实现了电气化。公路通车里程达到32365 公里。以兰州为中心,有 13 条航空线路可通北京、上海、广州、西安、银川、乌鲁木齐、拉萨、郑州、成都等城市。

国家已经在甘肃建成的这些工交设施，是甘肃开展精神文明建设的强大物质基础。这些设施为精神文明建设已经从交通、资金、场所、人才方面提供了重要条件，成为进一步发展本省精神文明建设的良好物质环境。

第五，有已经发展起来的科学文化教育事业，这是精神文明建设进一步发展的立足点。

科学文化教育本身是精神文明建设的内容，而已经形成的科学文化教育成果又是精神文明进一步发展的条件和环境。新中国成立后，甘肃省的科学、文化、教育事业有了较快的发展。1981 年底，全省已有自然科学研究机构 156 个，自然科学学术团体 60 多个，各类专业技术人员 19 余万。新中国成立以来取得了重大科研成果 1300 多项，仅 1984 年 17 项科研成果中有 10 项重大科技成果被采用，12 项达到国内先进水平，3 项为国内首创。到 1981 年底全省已有高等院校 14 所，中等专业学校 74 所，普通中学 1361 所，农业、职业中学 148 所，小学 25419 所、幼儿园 346 所，在校学生共 365.76 万人。全省已有 2596 个电影放映单位，98 个艺术表演团体，87 个文化馆，942 个乡村文化站，59 个集镇文化中心，15 个博物馆，2000 多个业余剧团。67 个图书馆，藏书 527.4 万册。还有电视中心台 1 座，电视发射台 9 座，广播发射台 15 座，电视差转台 324 座。全省已建有医疗卫生机构 1027 个，卫生技术人员 57964 人，还有 3 万多名农村卫生员和 1 万多名农村接生员。

这些科学文化教育卫生方面的设施和力量，已经在全省的精神文明建设中发挥了巨大的作用。但是，它们的潜力还很大，在今后的精神文明建设发展中，还会释放出更大的能量。

第六，有老根据地和民主革命时期的传统，这是培养一代新人的重要思想环境。

甘肃曾经是陕甘宁边区的老革命根据地，兰州又在抗战时期设立过八路军办事处。特别值得提及的是红军二万五千里长征经过了甘肃的宕昌、会宁、靖远等地，而西路军的壮士们曾在河西走廊的千里戈壁洒下了鲜血。解放战争时期，甘肃有无数优秀的中华健儿为民族解放事业流血牺牲。整个民主革命时期，甘肃产生了一大批志士仁人，特别是在浴血奋斗中，锻炼出了一批勇于牺牲、艰苦朴素、才能卓越的老干部。这些人现在又是社会主义现代化建设的宝贵财富。他们用自己的经验、作风和革命精神、培养、影响着第三代、第四代社会主义建设者。老的革命传统，成为我们进行社会主义精神文明建设的重要精神条件。

第七，有纯良敦厚的民风，这是形成良好的社会风尚的重要精神条件。

甘肃大部分地区干旱少雨，自然状况恶劣，加之耕作技术落后，所以劳动者经常在艰苦的环境与自然界搏斗。长期艰辛的斗争生活，形成了纯良敦厚的民风。绝大部分城乡，绝大部分群众具有如下的民风民俗：1. 忠厚老实。说话做事诚实，不说谎，不造假，有变事求是之心，无哗众取宠之意。2. 勤劳吃苦。他们不怕风吹雨打，不怕生活艰辛，能够忍受艰难困苦的日子，能够在沙漠、戈壁、草滩、梁峁、碱滩等条件极为艰苦的地方生产、生息、改造自然。3. 生活朴素。由于艰苦的日子过惯了，形成了节俭和朴素的美德。他们可以在消费品少的情况，发展生产，为社会做出应有的贡献。4. 团结和谐。由于劳动者在艰苦的环境中互相帮助的原因，在人之间的关系上，团结和谐的气氛很浓。无论城市还是乡村，人们都待人诚恳，互相关照；舍己为人的风气也颇浓。

这些优良的民风民俗，对精神文明建设中培养公民的社会主义风尚，造就公民的优秀品德，都会起不可估量的作用。

第八,有一批建设社会主义新生活的人才,这是精神文明建设的重要资源。

人的建设是精神文明建设的主体。甘肃省已经出现了一批有理想、有道德、有文化、有纪律的优秀公民,出现了思想道德素质和科学文化素质比较高的人才。全省 1984 年统计已有 193868 名专业技术人员,其中工程技术人员 31820 人,农业技术人员 9678 人,科学研究人员 1605 人, 卫生技术人员 32143 人, 教学人员 1948 人。还有 69147 名社会科学工作者。全省还有 2480 名等级运动员。另外,在城乡干部中、教员中、商业服务人员中、工矿企业的职工中,都涌现出了数以万计的德才兼备的人才。甘肃省各条战线的英雄模范人物,在科学研究、党政工作、社会治安、改造贫困面貌、发展经济、开发大西北中做出了重大贡献。有的成为国内著名的先进人物。

这些人才是本省进行社会主义精神文明建设的带头人,是城乡公民素质建设的榜样。

以上简要地考察了甘肃精神文明建设环境方面有利的因素。这些因素构成了甘肃省进行社会主义精神文明建设的优越的大环境,这些因素也可以说是本省社会主义精神文明建设得以发展的肥沃土壤。

甘肃省在精神文明建设的环境方面,还存在许多劣势,包括自然地理、经济发展、科学文化和人口素质各得个方面的劣势。

第一,自然条件的恶劣,限制着人们开发精神文明的广阔领域。甘肃的自然地理虽然有许多优越的方面,但是,恶劣的自然状况也是十分明显的。这里地处三大高原交会处,到处是山地、沟壑、丘陵、塬地,而平原沃土很少,还有相当数量的戈壁、沙漠、盐碱地。一千多公里长的河西走廊,五分之四的地面为戈壁、沙漠所占据,甘肃大部分地区为黄土层覆盖,一遇大风,黄尘滚滚。全省属温带季风气候,主要特点是干旱少雨。年降雨量在 30~860 毫米,雨量在 300 毫米以下的地区占 64%。甘肃中部的二十多个县市,是全国典型的干旱区,经常发生人畜饮水的困难,长期没有摆脱靠天吃饭的窘境。干旱、霜冻、冰雹、风沙、干热风等自然灾害经常侵袭这些地区。全省不少地方还不时发生泥石流、滑坡、地崩等自然灾害。甘肃一部分地区由于沙漠戈壁的侵袭,黄土面积的厚大,干旱的严重,形成沙漠化、戈壁化、黄土化、盐碱化的威胁局面。

这样的自然环境,对我们开展精神文明建设会带来严重困难。人们将用大部分精力同恶劣的自然界做斗争,用于精神生产的时间将不得不大大缩减。在这样差的自然环境下,一部分人中就往往形成一些不讲卫生、不大注意美化环境的不文明的习俗。同样,出于自然条件原因,建设一些精神文明的物质设施也造成了客观困难。

第二,经济上的贫穷落后,造成精神文明发展的障力。甘肃是我国经济上贫困落后的省份之一。至今,本省农民人均收入和生活状况,在全国属于倒数几位之间。由于自然条件束缚和资金有限,甘肃省的交通事业比全国大部分省区落后,有些乡镇至今尚未通汽车,通车的地区,有相当多的道路崎岖不平,路面狭窄,路基很差;铁路运输和空运都远远满足不了需要;水运的开发尚未起步。在甘肃还有一部分农村和农户,尚未脱贫,温饱问题还没有完全解决。中部干旱地区、陇东地区、陇南地区的有些县乡,粮食不能自给,靠外运和返销解决口粮问题。本省有相当多的工业产品,质量很差,在国内无竞赛能力。此外,在乡镇企业的发展,城市工业商业的发展上,都落后于全国发展地区。许多企业经济效益很差。

甘肃经济上的贫困落后,给精神文明造成的影响是:一是因经济生活的困难,使相当大的地区和相当多的人口,把大部分注意力放在抓经济生活上,无暇考虑精神文明建设。二是资金很有限,无力开展科学教育文化方面的。基础设施建设。三是经济上的贫困,造成了一部分地区生活环境恶化,人无厕所猪无圈,鸡狗猪同窝,有病无钱治疗,靠命运过日子等。

第三,封闭的历史环境和历史传统,使人的精神生活容易陷入狭隘的地方保守主义。甘肃处于三大高原交会处,地形十分复杂。有广阔的草原、巨大的冰川、戈壁荒漠、谷地塬峁、崇山峻岭。各种地貌之间被巨大的山系或荒漠隔绝,形成了地区内部的极端闭塞。又由于地处西北陲,自然条件差,同国内其他省区之间的联系少。在历史上"丝绸之路"必经之路,兴起的汉唐之际,甘肃曾同国内和国外一些地区的联系较频繁,而宋以后"丝路"走向衰落。甘肃在近八百多年期间一直在闭塞的状态。这里在旧社会,一个村庄就是一个世界。新中国成立前,甘肃的静宁、庄浪、通渭等地,有96%人口终生没有去过县城。50%的人只去过十几次集镇。由于极端的闭塞,内部的文化交流少,一个县城往往是一种方言,甚至一个县辖区内有四五种各有特色的方言。在对外关系上,甘肃受东方封建主义影响很深。在历史上的国际交流中,欧洲、美洲的近代、现代经济科学发达的国家交往少,而同印度、巴基斯坦、阿富汗、蒙古、苏联中亚细亚地区交往较多,受这些地区封建文化的影响较大,所以甘肃居民中的封建意识就比东南沿海各省浓得多。

由于这种封闭的历史环境和历史传统,造成了人们心理的封闭性和地方保守主义。至今一些地方排外主义严重,奉行"甘人治甘"的原则,容不下外地人才,对国内外先进的科学技术和文化漠然视之,固守传统习惯、耕作技术和办事方法。这对进行社会主义精神文明建设,自然是一个大的障碍。

第四,人口的科学文化素质低,是甘肃精神文明建设的又一大障碍。1982年第三次全国人口普查资料表明,甘肃总人口19569191

人,而文盲半文盲竟达6851715人,占总人口的48.06%,女文盲占妇女总人口的64.65%。广河县妇女文盲占妇女总数的93.38%。甘肃文盲率居全国第四位。每千人中有349个文盲,除西藏外,甘肃居千人文盲之首。1984年统计,在全省党员中,文盲占35.90%甘肃由于一些地方近亲结婚之风较盛,加之早婚早育,严重影响了人口的质量,出现了一些低智能儿童和傻呆人口。此外,因一些地区的土壤,水质缺某些人体所需要的元素或某些对人体有害的元素过剩,出现了一些地方病,影响了人口素质。如康乐县对1276人抽查,患克汀病的就有69人,多为聋、哑、呆、傻、矮、拐、腰弯。职工中科学文化素质都比较低。以1985年全民所有制单位的科技人员为例,北京的科技人员与职工的比为36.2%,河北省的为31%,辽宁省的为42%,内蒙古的为18%,新疆的为15.3%,而甘肃只占13.5%,只比青海、宁夏、西藏的比重高一点。

精神文明建设的重要一环是提高人口的科学文化素质。而甘肃人口普遍科学文化素质低,这不能不说是精神文明建设的一个很大的劣势。必须看到,在这样的人口环境中,提高人的精神文明水平,就比人口文化科学素质高的环境中难得多。

第五,自然经济的影响很深,妨碍开展有计划商品经济条件下的精神文明建设。甘肃在新中国成立前基本上是自然经济占统治地位的省份。在人们的思想上形成了根深蒂固的自然经济观念。这种自然经济观念至今有种种表现。其中有:一是自足观念,搞大而全小而全;万事不求人,以粮为本。二是封闭观念,对内对外封锁,或搞所谓"保护"主义,对国内外先进科学技术拒绝学习和吸收。三是安于现状观念,只求吃饱肚子,不求发展,把温饱当小康,缺乏更上一层楼的远大理想。四是绝对平均观念。喜欢既不上又不下,平均分配,一碗水端平,反对冒尖,厌恶差别。五是因循守旧观念。善于用老框框、老调调办事,不思革新,不求变化和发展。六是体力至上观念,轻视科学文化,轻视智力,善于搞人海技术,把致富的希望放在增殖劳动力的数量上。七是偶像崇拜观念。对人对事容易陷入偶像崇拜,相信天命鬼神的习气颇浓。

这些自然经济观念,对发展社会主义商品经济条件下的精神文明建设抵触很大。我们要在精神文明建设上搞对外开放,搞横向联系,实行有偿服务,而有自然经济观念的人则对这一切看不惯,不理解,有时极力反对。这种自然经济意识,对本省的社会主义精神文明建设是意识形态上重大的干扰因素。

第六,农村的科学文化教育设施落后,成为发展全省精神文明建设的重大困难因素。甘肃省近些年在城市科学文化教育的发展上速度较快,基础设施也初具规模,有的至少也有了初步的底子。但农村科学文化设施十分落后。相当多的农村中小学破烂不堪,有的山区,小学还设在庙里或窑洞里,无桌凳、无黑板的情况仍然存在。一些县城和乡镇没有文化馆、图书室,多数人看书看报有困难。一些偏远地区还看不到电影、电视,听不到广播。有些农村没有什么医疗卫生设施,看病要走很远的地方。有些农村有病干脆不治,以阴阳、巫师"送病"为主。

农村科学文化教育的基础设施差,严重影响到农村科学文化人才的培养,也造成了本省人才的外流,对农村的整个精神文明建设带来不良的后果。

第七,整个甘肃的经济开发述度慢于我国东部、中部的省市,从而影响到精神文明较大规模的发展。我国总的经济布局是从东部到中部,再到西部这样的梯度发展形势。"七五"期间,全国总投资的45%~50%在东部,改建、扩建和技术改造的重点也在东部;中部占总投资的30%,能源、原材料建设上新上的项目也转向中部'西部只占全国总投资的 15%~20%。20 世纪后十年西部的投资比重才将逐步提高，但中部提高将大于西部。国家的这种经济开发布局无疑是正确的。但这种布局对甘肃来讲，势必在开发速度上就要比我国东部和中部的省份要慢。物质文明和精神文明的建设都会受这个布局的限制。看到这一点，有利于我们实事求是地分析甘肃精神文明建设中的问题，有利于根据甘肃的实际，从资金来源、建设重点上部署本省的精神文明建设。

由上分析可知甘肃省精神文明环境的主要优势是，可供利用的自然资源丰富，历史文化基础雄厚，已经形成的经济和文化基础还有可挖的潜力，有一定数量的人才资源。其劣势是：自然条件差，经济上贫困，文化上落后。我们应当从这个实际出发，扬长补短，确定甘肃精神文明建设的任务、目标和方法。

原载于《环境研究》，1987 年第 4 期

研究兰州城市形象的基本问题

兰州城市形象的研究是一个新课题。首先会遇到一系列理论问题和认识问题的困扰，所以有必要阐明一些兰州城市形象的基本理论及认识问题。这些问题是：

一、城市形象的内涵

所谓城市形象是指一个城市具有显著特征的内质和外观给人形成的印象和评价。城市形象的这一定义有三层意思：一层意思是说城市形象的客体是城市的某些显著特征。只有城市的特殊风貌，才能使该城市形成独立的形象价值，每个城市都有马路、商店、游乐场等设施，都有经济、社会和文化生活的内容，这些设施和生活内容如果没有什么突出的特点，它就不能对该城市形成定位的评价和认同。例如，美国的拉斯维加斯以赌业为其经济文化活动的中心，由于这一特点，人们给这个城市的定位评价是赌城。我国上海具有发达的商业、金融业，具有很高水平的开放程度，这就给人以定位的印象和认同，认为上海是亚洲现代化商业大都市。第二层意思是构成形象的特征，包括两个大系统，即反映城市内在实力的内质系统和反映城市外部美丑风貌的外观系统。内质系统是人的直观感觉难以确定的，而是要通过统计分析比较和各种理性思维方式予以发现，例如一个城市的经济实力，这在城市形象的结构中占有重要地位，经济实力强大，给人展示的是"富"的形象，经济实力薄弱，给人以"穷"的形象或叫落后的形象。但是城市的经济实力这一形象不是可以一目了然的,而要通过对该城市国内生产总值、人均 GDP、居民人均收入、农民人均收入、国际贸易总量以及经济增长速度等指标的分析,要同全国城市的诸多经济指标进行对比,方能得出实力形象的评价。其他如文化形象、科技兴市形象也是属于内质系统的,必须通过分析对比才能给人以认同。外观系统的形象特征是感官可以直接感受的,比如城市的基础设施和城市建设形象,这些清清楚楚在人们面前亮相,环境卫生形象的硬件部分,也是很容易为人的感觉器官所感知。可见,今天我们研究和设计城市形象,必须从内质系统和外观系统两个方面来开展分析研究。第三层意思是城市形象必须通过形象的评价主体来确认。城市的显著特征是客观存在的东西,而城市形象的评述则是人对一个城市的特征产生的印象、评价、认同,人的主观认识水平和审美观念、价值观念不同可能对城市的同一风貌有截然不同的印象,因而城市形象的内涵中渗透着人的功利观念和人的认知水平。可见,城市形象的定位是主体与客体的磨合与统一。

二、研究兰州城市形象的基本内容

根据城市形象的内涵和科学概念,我们认为研究兰州城市形象涉及到丰富内容和宽广领域,也就是研究广义的兰州形象而不是狭义的兰州形象。我们要从以下三个对应关系来研究兰州城市形象:

一是既研究外在形象,又研究内在形象。

兰州的外在形象是指 1.3 万平方公里版图内的可感知的具有一些显著特征的形象。三大高原交汇点的自然生态风貌,具有历史文化价值的古建筑、古遗址、珍贵文物风貌、城市建筑风格和美学特征,四通八达的公路、铁路、航空港及市内公交构成的巨大交通系统。黄河沿岸的自然景观和人文环境,公园的风格及城市绿地、游乐设施形成的旅游形象等,这些都可显示出兰州外在形象的美丑。

兰州的内在形象是反映兰州经济发展实力、科技创新能力、教育发展水平、对外开放程度、市民文明素质的一些抽象特征的东西。诸如兰州经济实力、兰州政府效率、兰州军民团结、兰州市民道德等显示出的形象特征,这些形象特征不是在外部显现的,而是要通过兰州国民经济发展的统计分析指标,或民意测验结果,或历次评比奖惩等记载加以认同。

二是既要研究宏观形象,又要研究微观形象。

兰州的宏观形象是指包含和覆盖全市发展时空的形象特征,例如兰州的科技创新形象,这就不是指兰州某一个企业、一个科研机构或一个部门的科技创新,而是囊括全市科研成果的水平,科技人才在工、农、商及行政部门的分布数量,全市各行各业科技成果的应用与转化。此外诸如经济实力形象、生态环境形象、城市文明形象、对外开放形象、山川名胜形象等属宏观形象。

兰州的城市微观形象,是指城市某些具体功能点、建筑点和服务人员的特征。如一个或几个企业的形象、街道的形象、学校的形象、服务窗口的形象。微观形象同宏观形象是相对而言,互为损益的。许多微观形象的集合就构成某些宏观形象的特征,如许多企业都有良好的企业文化,最终可以形成兰州企业文化发达的宏观形象特征。而宏观形象塑造也有利于推动千百个微观时空点改进自己的形象,如整个兰州市形成大开放的大气候,有利于改变一些企业封闭保守的落后形象。

三是既研究平面形象,又研究立体形象。

所谓兰州市的平面形象,是指对兰州市某一项或某一方面的形象评价。如每年的卫生城评比,双拥城评比,卫生街区的评比,这就涉及城市某一侧面的形象特征,而兰州市的立体形象,是指对兰州市各个方面形象特征的综合评价。如对兰州市现代文明程度的评价,这既涉及到城市环卫,也涉及到基础设施的建设水平,科教兴市的状况,人口素质的状况等等。此外,要对兰州市的整体形象给予定位,如说兰州是商贸城、文化城、科技城,还是旅游城、工业城,这就要进行综合评价和分析,形成城市的立体形象。每个城市从单项,从平面角度看,都有其一朵花,但立体地看、综合地看就有许多光明与灰暗,优良与平庸相间的色彩了。

四是既要研究优良形象,又要研究不良形象。

研究兰州城市形象的根本目的是通过分析评价,找出影响兰州形象建设的主要问题,达到整体上塑造优美的、文明层次更高的巨大形象。因此,研究兰州城市形象,一方面要对兰州一些有显著文明特征的形象加以评价,例如兰州人的勤奋创业精神所代表的市民形象,兰州滨河大道、东方红花园广场、庆阳路样板大街等新兴人文景观形象。两山夹一水的自然景观形象予以充分认识,而且要对兰州小街巷的肮脏状况、对兰州作为毒品受害重灾区、交通秩序混乱等不良形象予以分析评价。没有对优良形象认识和褒扬,城市形象工程建设就没有标志和榜样,没有对不良形象的揭露和批评,城市形象会日益恶化。因此,城市形象的研究既不可隐恶护短,亦不可妄自菲薄。

三、研究兰州城市形象的原则

研究城市形象提出原则,不是制定框框,设定禁区,而是在研究中有一些正确的导向,使城市形象的研究有一条科学的路线。研究兰州城市形象,有如下一些原则:

人本原则。反映城市形象载体的往往是物和一些抽象的统计指标,但城市发展的主体,塑造城市形象的主体是人,是城市市民,是城市各级领导层人物。因此,研究城市形象要以人为本,简称人本原则。

研究兰州城市形象,首要的是研究兰州人的形象,这里包括兰州人的创业开拓精神,市民文明水准,市民社会公德,政府官员民主形象,党政干部的勤政廉政形象。而有些物质形象的评价,也要同人的生活需求与进步相联系,如园林设计的美雅评价,要同居民休闲的方便不方便,对人的精神享受和生活需求提供多大的服务相联系;对文化娱乐场所和活动内容的设计,要考虑对人提供健康向上的需求,而不是颓废堕落的奢靡环境。城市建筑设计,也要适应人们追求现代文明生活的美学倾向。对城市形象的评价和塑造,更要立足于全体市民,兰州的形象人人塑,兰州的形象人人管,对兰州城市形象战略的制定和未来形象的设计。也要紧紧围绕人们未来的发展和需求。

客观原则。对兰州城市形象的评价和设计,一定要坚持客观原则,切忌从"自我感觉良好"和超越实际的空想出发。所谓客观原则,一是强调从调查客观情况和把握反映城市形象的事实为依据,无论是对兰州的整体形象还是局部形象要做出正确评价,必须克服从一星半点的感觉出发,做出肯定和否定的结论,而要从反映兰州城市形象的大量事实和资料入手,以事实为依据做出真实的而不是虚假的评论。对兰州未来城市形象的设计也要从兰州现有的经济、社会、文化水平为基础,如果不顾现状,设计出的未来形象可能落后于发展要求,或者变成超越实际的空想。二是要以评价城市形象的共同标准为依据。评价兰州城市形象一定要制定一些评价指标,形成评价的指标体系,评价时要严格按照约定俗成或已经变成规章的指标,作为衡量的标准,坚持用标准评价城市形象可以做到公正公平,防止人为的主观因素干扰对城市的正确评价。三是要坚持以实效为依据,即对城市形象的评价,看某种形象特征给城市居民和外来客户带来何种感受,产生何种社会效应。例如交通管理所引起的形象,管得严格而又文明有效,给人们进入兰州就进入平安大道的感受,如果管得松散而又乱收乱罚,必然给人以交通秩序混乱的感受。可见,城市形象的每个部位都要注重实效的检验。

褒贬原则。对于兰州城市整体形象的评价要立足于对城市各种功能和设施的深入分析,要站在一定的高度分清哪些是优良形象,哪些是不良形象,哪些又是平庸形象,分析出层次,分析出榜样,分析出差距,找出努力的目标。要防止评价城市形象中常犯的那种隐丑溢美作法,要纠正评价城市的形象就是赞美城市优势的所谓"一点论",而必须坚持两点论。例如兰州雄厚的科学实力,蓬勃发展的城市建设,繁荣的商贸都会,这些单项的优良形象对兰州整体形象的构成有重要意义,必须充分肯定与认可。而形象的另一面,即阴暗的一面必须有所认识。如兰州是"毒品重灾市"的不良形象,兰州是"世界污染前10位"的恶誉,必须予以指出,以激发兰州市政府和市民奋力改善这些不良形象的决心。

创新原则。我们处在全球化市场化的大变动时代,经济社会的发展突飞猛进,一日千里,城市形象的变化也日新月异,新桃旧符分秒更之。我们分析兰州城市形象不能固守老框框老调子,而要站在现代城市文明发展的起点上看兰州。我们过去所说的兰州是瓜果城的形象、多桥城的形象、几何中心的形象,看来有些已经落后了,瓜果变质,种植缩减,桥梁远远跟不上需要,几何中心的辐射功能因周边发展而减弱,内陆隔离的功能因自身开放度不够而相对加剧。而另外一些形象可能使兰州生机勃勃,如兰州的高科技成果及其设施,重离子加速器在核物理研究日显其威,兰州科研机构的一些成果与技术直接参与了同步卫星的制造和发射,航天载人试验飞行器的制造和发展,兰州的生物技术,新材料技术也在国内取得了许多领先成果。这表明塑造兰州攀登科技制高点的形象是刻不容缓的了。设计兰州未来发展的形象尤其要有创新精神,要从 21 世纪知识经济时代的特点出发塑造新形象。

四、研究兰州城市形象的方法及意义

兰州城市形象的研究是一项应用性实践性很强的课题，也是现代城市发展中人们面临的新课题。对这项课题，我们所采用的研究方法既有传统的社会调查、专群结合评价、对比分析等方法，又采用统计分析、定量与定性分析，多学科多角度评价及发展预测等新兴的研究方法。我们主要的研究方法是：

1. 社会调查。鉴于城市形象涉及兰州的许多领域。自去年以来，我们在兰州地区的 10 多个委、办、局和 20 多个企事业单位，就兰州的自然生态面貌、两山绿化、城市基础设施建设、环境卫生、市民素质、精神文明建设、经济实力、科技实力、企业形象等问题进行调查，特别是我们实地考察了兰州的街道马路、卫生设施、污水治理、戒毒工作及公园绿地，掌握了兰州城市形象的大量资料，这是研究兰州城市形象的基础性工作。

2. 典型分析。对城市形象的一些问题要做出示范性的评价，激励人们学习先进，改变落后面貌，不能一味进行科学抽象。而要有具体分析和典型例证。为此，这次形象研究特别注重解剖典型。例如在评价优良形象中，我们分析了兰州市若干典型，最后确定了中心广场花园区、庆阳路大道、兰州规模化商贸市场、金港城居民小区等有代表性的反映我市改革开放水平的典型。而对不良形象的选择也是分析了近百个典型后，确定了一些令人厌恶且长期不得解决的典型，如兰阿铁路脏乱差、街头斗殴与乞讨成风、黄河两岸不雅建筑、毒品重灾市等。

3. 纵横对比。兰州城市的整体形象及各局部形象美不美，美到什么程度，丑到什么程度，这不是坐井观天所能得出的结论，这是一个

比较的概念,既有历史的纵向比较,又有兄弟城市间的横向比较。把兰州放在一个发展的竞争的国内大环境加以比较才能做出恰当的结论。例如兰州科技实力形象,从自身的过去比,从机构设置、技术人员层次,技术成果及其转化都有显著成就,这一比较是必要的。但改革开放以来,每个城市的科技实力都在发展,所以要同西北城市西部城市全国省会城市比才能看出发展水平和位次,得出科技给人们的印象是强还是弱,是较强还是很强。不良形象的结论也是一个比较研究的问题,如兰州大气污染,从历史看,有一个随着工业发展,人口增多而逐步恶化的趋势,从历史阶段的比较看,这种空气质量是退步而不是进步,再从全国其他城市比,兰州的粉尘污染,特别是 TSP 在空气中的含量居全国第一, 由此可以判断兰州大气污染至今仍为不良形象。

4. 统计分析。统计分析也就是定量分析、数量分析。这在研究兰州城市形象上是十分必要的。定性描述,或民意测评,往往难以反映城市特征的实质,必须有较准确的统计分析。我们利用了兰州市各个方面的经济社会统计资料,也查阅了国内若干城市的统计资料,对这些材料进行了多方面的分析比较,还运用了坐标分析、模型分析等方法,确定某些趋向和程度,特别是兰州市的宏观形象,我们广泛运用了统计分析方法,才对其形象的主要特征和问题作出评价。

5. 研究兰州城市形象的重大意义。城市形象的设计、改造、优化是我国城市现代化的必然要求,具有重大的现实意义和历史意义。兰州城市形象的研究设计和优化更有迫切性,其意义更为重大。

第一,通过兰州城市形象的调查研究,可以对兰州市经济、文化、科技的实力进行一次扫描,对兰州市的优势和劣势进行一次再认识,激发兰州市民保护优良形象,改造不良形象,进一步增强住在兰州、热爱兰州、建设兰州的共同心愿。

第二,通过对兰州城市形象的研究,有利于对兰州的整体发展提出战略目标;通过对兰州城市形象的优化,把兰州市的物质文明建设和精神文明建设提升到更高的层次,使兰州市的形象更加文明而高大。使兰州市的投资环境变得更好,有利于吸引国内外客商来兰投资创业,推进兰州的发展进入快车道。

　　第三,通过兰州城市形象的研究,可以充分发扬兰州人勤奋创业的精神,展示兰州美好的风貌,是向世人对兰州的一次大宣传,使国内外各方人士认识兰州在我国西部大开发中的地位和作用,增强兰州的知名度和开放度,促使世界了解兰州,推动兰州走向世界。

　　第四,研究兰州城市形象,对广大市民是一次爱国爱市的深刻教育,促使市民形成遵纪守法、修身兴德、勤奋创业的风尚,为兰州发展做贡献,鞭策政府提高效率、优化形象,实现兰州大开发、大发展的宏伟目标。

原载于《兰州学刊》,2000 年第 1 期

兰州国有大中型企业转型状况分析

新中国成立后,通过公私合营、集体所有制转型和国家新建等方式,兰州地区基本上形成了以国有企业占绝对优势、近乎单一的所有制结构。四十年来,兰州地区的国有大中型企业为国家做出了重大贡献,它是就业的主要基地,生产财富的主要场所和税收的主要源泉。改革开放以来,随着多种经济成分的出现,特别是随着国家对"三资"企业、乡镇企业和私营企业的政策优惠,国有企业的发展出现了相对减弱的势头,在体制上暴露了许多弱点,在经济发展上出现了困境。然而,我市国有企业积极参与改革开放大潮,不断改革计划经济体制下的管理方式和运行机制,进行适应市场经济的制度创新,寻求企业的活力,争取进一步的生存和发展,取得了显著的成就。目前,兰州地区的国有企业,正在继续通过深化改革,加强改造,促进发展,谋求新的路子。

一、国有企业的地位比重分析

我们先分析兰州地区工业企业单位数的所有制结构。1993 年底,全地区工业单位数 5303 家,其中国有企业单位数 329 家,占 6.2%;集体所有单位 966 家,占 18.22%,非国有单位 4008 家,占 75.58%。从数量上看,显然国有企业不占优势,但从产值上看,国有企业则占据明显的优势。1993 年底统计,兰州地区全部工业单位总产值 214 亿元,其中国有经济 172 亿元,占 79.44%.集体经济 24 亿元,占 11.21%;其他非公有经济 18 亿元,占 9.35%(见表 1-1)。再从市属工业企业来比较,1993 年底,市属工业企业单位数 5064 家,其中国有工业企业单位数 208 家,占 4.17%;集体 848 家,占 16.71%;其他 4008 家,占 79.12%。显然看来,数量上国有单位不占优势,但从产值上看,全市市属国有企业仍占重要地位。当年全市市属工业企业产值 57 亿元,其中国有企业达 20 亿元,占 35.08%;集体所有 18 亿元,占 31.58%;其它经济成分 19 亿,占 33.34%(见表 1-2)。而在国有经济中,大中型企业显然地占绝对优势,1993 年底,中央企业 48 家,但其总产值达 94 亿元,占整个国有经济的 54.07%,省属驻兰大中型企业 73 家,总产值达 57 亿元,占国有经济的 33.14%,可见在国有经济中,兰州地区的大中型企业有着明显的优势。

表 1-1 兰州地区全部工业单位所有制结构比较表

项目 类别	单位		产值	
	单位数(家)	所占比重(%)	产值数(亿元)	所占比重(%)
国有企业	329	6.2	172	79.44
集体企业	966	18.22	24	11.21
其他性质企业	4008	75.58	18	9.35

表 1-2 兰州市市属企业所有制结构比较表

项目 类别	单位		产值	
	单位数(家)	所占比重(%)	产值数(亿元)	所占比重(%)
国有企业	208	4.17	20	35.08
集体企业	848	16.71	18	31.58
其他性质企业	4008	79.12	19	33.34

我们再从兰州地区全部独立核算工业企业的一些指标来看,当年全部独立核算工业企业 1204 家,国有企业 311 家,集体企业 882家,其他 11 家,显然看,集体企业在数量占优势,国有企业次之,但从固定资产原值看, 当年全部独立核算工业企业固定资产原值 162 亿元,而国有企业占 150 亿元,占 92.59%,集体 11 亿元,占 6.79%,其他成分 1 亿元,占 0.62%,再从固定资产净值看,当年全部固定资产净值 103 亿,其中国有企业 94 亿元,占 91.26%,集体 8 亿元,占 7.77%.其它成分 1 亿元,占 0.97%(见表 1-3)。

表 1-3 兰州地区独立核算工业企业原值、净值所有制结构比较表

项目　　　类别	单位		原值		净值	
	单位数（家）	所占比重（%）	原值数（亿元）	所占比重（%）	净值数（亿元）	所占比重（%）
国有企业	311	25.83	150	92.59	94	91.26
集体企业	882	73.26	11	6.79	8	7.77
其他性质企业	11	0.91	1	0.62	1	0.97

二、国有企业的速度与效益分析

从国有企业的发展数量看,处于减缓和停滞的状态。例如,1993年初,兰州地区国有企业有 339 家,而到 1994 年初,则减为 329 家,有 10 家企业消失,出现了 0.29%的递减;市属国有企业在 1993 年初为 221 家, 到 1994 年初则减为 208 家, 有 13 家企业消失, 出现了5.88%的递减。国有企业递减的原因主要是所有制结构改造所引起的,有的被兼并,有的被拍卖,有的转为非控股的股份制企业,有的自行破产。当然,也有这样的情况,就是地方企业由中央有关部委收上

去,变成中央有关部委直属企业,例如兰州地区 1993 年初中央所属企业 42 家,而到 1994 年初增加到 48 家,增长的 6 家中,其中有几个是把地方国营升级为中央国营。不管怎么说,新增、新建国有企业的做法少见了,国有企业在数量上的增长处于衰减状态。但与此同时,其他所有制形式则成迅猛增长之势,例如"三资"企业,1994 年一年新增 154 家,以 22% 的速度增长,合资投资额达 1.6 亿美元;乡镇企业 1994 年下半年达到 9638 家,其中新增 658 家,增长 7.33%;私营企业在 1994 年下半年有 1277 户,新增 241 户,增长速度是 23.26%。可见从外延的扩大再生产的角度看,国有企业的扩大再生产似乎处在停滞状态,而外延的扩大再生产主要在"三资"企业、乡镇企业和私人企业中展开。

从生产和经营的增长速度看,全市工业总产值目前仍保持 20% 的增长速度,而其中乡镇企业则以 55.5% 的速度增长,私营企业以 13.48% 的速度增长,集体工业增长 50.26%。国有企业的增长速度则在 1% 上下波动。而 1994 年 4 月份增长速度降到 0.46% 的最低点。可见全市工业总产值增长的速度主要是由集体企业、乡镇企业带来的。

从效益看,国有企业实现的利润呈现负增长,第一季度亏损面过半,达 51%,亏损额较去年同期增亏 66.95%;后半年一些企业虽扭转了亏损局面,但大面积亏损并未扭转,亏损面仍保持在 40% 以上的水平。与此同时,其他所有制形式的企业的效益比国有企业良好得多。例如,1994 年乡镇企业实现利润总额 3.52 亿元,实现税金 3.41 亿元,分别比去年同期增长 24.29% 和 60.72%。但从目前企业对国家的贡献看,在税金的上缴和财政的收入上主要依靠国有大中型企业。一般来说,近几年国有企业上缴税利占三分之二。1993 年兰州财政收入 26 亿元中,有 20 亿来自各类国有企业,占 76.92%,其中大中型企业的贡献占 96.5%。

三、国有企业的转型水平分析

所谓转型，就是按照市场经济的规则，转换经营机制和运行机制，所谓转型水平，它是一个综合考核指标，我们主要从产权明晰程度、企业独立自主性强弱、科学管理水平的高低、领导组织制度的转型程度、生产经营效益的好坏等方面来进行分析。

我们对兰州地区 329 家中央和地方国有企业的分析看，改革开放以来，兰州地区所有这些企业都曾按照国家关于企业转轨的方针政策和《企业法》《国育大中型企业转换经营机制条例》和《公司法》等法规，进行了转换经营机制的改革。经调查分析，没有一家企业保持完全计划经济时期的体制状态，但是在转换经营机制，进行现代企业制度创新中，真正转型、达到或接近现代企业制度的为数很少。基本达到产权明晰、管理科学、独立自主经营、实现现代企业的组织领导方式，这种属于一类转型企业的仅占 10%，但就这 10% 的企业并非在五个标准上都已很合格，例如有的企业在产权明晰、独立自主性强方面基本达到现代企业制度的要求，但却在管理水平、领导体制上还存在计划时期的痕迹和后遗症；有的虽然在产权改革、政企分开、经营自主权落实等方面改得很好，但经济效益并未呈良好的增长势头。

有 25% 的企业，在企业内部三项制度改革方面很成功，在政企分开、独立自主经营方面也基本实现，企业效益亦呈较好势态上升，但从企业的产权制度方面看仍然是落后的，国有资产的流失仍未完全地扭转，在组织领导形式上基本没有摆脱旧体制的规范，所以可归于转型的二类企业。

有 40% 的企业在企业内部做了一些改革，如岗位工资制、岗位责任制、厂长经理负责制，但是从整个体制转型看，基本是一个旧的体制，在资产上国有国营的局面并未冲破，产权关系模糊，产权流失严重,党政企不分,组织管理方式仍是传统的、小农式的,政府对企业的控制有增无减,许多自主权没有落实,有的是明放暗不放,企业发展处于萎缩状态,多数呈亏损状况,这类企业被划为三类企业。

还有25%的企业在转换经营机制中,由于对方案的论证分析不够,方式选择欠妥,加之主管部门和企业领导人的水平比较低,转型基本遭到失败,他们误以为转型就是一届一届地换班子,开始完全由其主管部门左右企业的人、财、物、供、产、销,后来主管部门则撒手不管,内部管理混乱,制度不健全,大锅饭、铁饭碗依然如故,企业连年亏损,资不抵债,陷入严重困境,有的已进入破产行列。

从我们对30家大中型企业典型抽样调查分析,兰州地区的企业在转型方面主要走了如下一些路子:

表1-4　兰州地区339家预算内国有企业体制转型分析表

评价与比例类别	户　数	产权明晰程度	自主经营水平	科学管理水平	组织领导形式	生产经营效益	综合评分
一类	34	B	A	A	A	B	46
二类	85	C	B	B	A	C	38
三类	135	D	C	C	B	D	28
四类	85	D	D	D	D	D	20

备注:①A代表优,为10分;B代表良,为8分;C代表合格,为6分;D代表差,为4分。②满分为50分。

1. 深化三项制度改革,转变内部运营机制。在30家企业中,进行用工制度、工资制度和人事制度改革的约有25家,改得比较好的有兰钢集团、华兴电子公司、兰州齿轮厂等,有些采取了全员劳动合同制,有些采取了部分劳动合同制;在工资制度上,一些企业采用岗位技能工资,一些企业开始采用国家、集体、个人三方共同承担的养老保险、厂内退养办法等。

2. 采取"剥离"方式,消除大而全的"恐龙"体态。我市中央、省属驻兰的几家大中型企业,差不多都采取了"剥离"的方式,把企业内的一些下属单位、分厂、二级经营生产单位以及后勤服务单位,由原来的统收统支、统包统管转化为独立法人、自负盈亏、分灶吃饭,以消除企业的大而全和臃肿现象,也在一定程度上减轻了企业办社会的负担,兰州炼油厂在"剥离"方面做得最为出色,兰炼取如下方式进行了有效的"剥离",对具备对内对外双向功能的后勤服务单位,改为具有法人资格的集体所有企业;对专业化较强的二级单位实行放开经营,使其与社会一些企业建立企业集团,自主发展;对总厂新建企业,一律实行新厂新制,建立资本金制,确保总厂资金的增值,自主经营,自负盈亏,对于盈利高的厂内高技术企业进行股份制改造,形成独立法人企业;对于影响较大的科研机构,变为具有独立资格的法人实体。这种企业的"剥离",有效地促进了企业经营机制的转换,增强了企业内部生产经营的独立性、积极性和创造性,减轻了总厂的社会包袱,促进了管理机构的精减。其他一些企业采用部分全民资产变集体资产的经营方式,采用化整为零、化大为小的经营方式,都收到了"剥离"的良好效果。

3. 走集团化的路子,形成规模经营。约有 10 家企业都在建立集团公司、加强横向联系,形成规模经营方面创造了新的思路。兰州铝厂、兰州钢厂、西北油漆厂、华兴电子厂在这方面都创出了自己的新路。兰州铝厂发展跨地区、跨行业的联合经营,他们与红古区等单位联合创办了连海铝业有限公司,快速建成了三万吨电解铝工程,他们还和香港大惠公司、桂林洋农场、海南南方实业总公司合资建成 5000 吨铝型材生产线,目前兰铝正与美国百慕大黄氏控股公司拟建中外合资黄河铝业集团。

4. 改革投资体制,走股份制改造的路子。长风集团公司、民百股份有限公司、永登水泥厂、西北油漆厂等 12 家大中企业都在探索股份制的企业制度创新。长风机器厂 1993 年进行了比较彻底的股份制改造,该厂同深圳宝安集团、甘肃电子集团物业公司组成了甘肃长风宝安实业股份有限公司,公司股本总额为 1.22 亿人民币。长风机器厂以国有资产折股为 5100 万股,占总股本的 41.6%,深圳宝安集团认购 1500 万股,占总股本的 12.2%;甘肃电子物业集团认购 300 万股,占总股本的 2.4%;向社会法人定向募集 4600 万股,占总股本的 37.6%。这是一个由国家批准的上市股份有限公司。该公司按现代企业制度的要求明晰了产权,建立了董事会,形成了健全的管理体制,改革了企业内部的机构,形成了适应市场经济的运行机制。民主西路百货大楼是一个国有商业企业,1992 年开始采取募股集资的办法,筹资 1.54 亿元,形成了民百股份有限公司,该公司按现代企业的要求评估了资产,明确了产权,建立了股东会、董事会、监事会和经理阶层组成的组织管理机构和权力机构,产生了董事会领导下的总经理负责制,完善了财务会计制度。

5. 向国有独资公司转换。兰州地区的一些大中型企业,有些难以形成责任有限公司或股份有限公司,有些是属于资源垄断性企业,有些是属于高科技企业,外资参股或社会参股这就需要改革目前国有国营、政企合一、产权模糊的传统体制。兰州炼油厂和兰州化学工业公司等企业在贯彻执行《条例》和《企业法》《公司法》的过程中,都在向国有独资公司的方向进行了不同程度的改革,他们在坚持国家所有的同时,开始着手资产的评估,力图使国家把资产管理和经济管理的职能分开,在企业明确国有资产的代表,在生产和经营方面,既要执行国家的计划安排,又承担一定的社会任务,但是他们已经着手改变企业办社会、政企不分的旧体制,向赢利为主体目标方向发展。此外,像刘家峡电厂、西固热电厂等,这些企业虽然经济效益都好,但这种效益是在电力紧缺、国家对电厂实行资源垄断的情况下产生的,而其管理体制基本上没有脱开计划经济时期的管理方式,这些企业改革的设想和方向也是走国有独资公司的路子。

6. 扩大自主权,实行承包制。在国家推行企业承包制、扩大企业经营自主权的政策实行后,兰州地区小型企业多有实行承包制的,相形之下,大中型企业实行承包制的较少,但其中也有少量的企业实行了承包制,一般采取定额包干,超包全留和上缴利润递增的包干办法。在受调查的30余家企业中,厂对国家实行承包制的有3家,总厂内部二级企业实行承包制的有5家。他们的基本做法是:一是实行上缴利润递增包干,包死基数,确定递增,确保上缴,超收全留,欠收自补;二是实行工资总额与实现利润挂钩浮动的办法,实现利润超额,工资总额也相应增长;三是实行积累大于消费的留利使用分析制,用于发展生产的利润要高于集体福利和职工奖励。在企业内部,一般都搬掉铁交椅,干部实行全员聘任制,打破铁饭碗,工人实行全员劳动合同化管理;实行全员岗位技能工资。在实行承包制的企业中,一般都具有经营决策权,包括产品销售权、物资采购权、产品定价权、联营兼并权、劳动用工权、人事管理权,但是承包制企业在资产处置和对外贸易方面,仍然没有独得相应的权力,而受到行政权力的各种干预,社会摊派仍然严重。

7. 外资"嫁接",促进经营机制转化。各类企业在转轨改制当中,遇到的两个最大困难是:一是经济实力薄弱,经济效益较低,甚至连年亏损,这就难以适应体制改革所需的代价,没有必要的经济实力,就无法适应改革;二是行政干预中的条条干预、块块干预难以摆脱。在这种情况下,采用与国外企业嫁接的办法,一是可以利用国外的资金,解决企业发展中的困难;二是可以直接采用国外现代企业的管理办法,转换经营机制。兰州地区的企业,采用全盘嫁接的方式还比较少,较多的做法是通过与外资合营、企业的部分实体由外资兼并或者聘请国外的管理人员担任厂长经理,以此来促进企业的转轨,兰州铝厂、连城铝厂、兰州钢厂、兰州佛慈制药厂都采取过部分联营、跨地区建厂办公司、建立销售点等方式,吸引外资参股,进行部分嫁接。兰州啤酒厂等企业,曾聘任过西方管理人员担任经理或总工等职务,从体制上学习和移植现代企业的某些管理方式。兰州地区国有大中型企业,外资嫁接的路子已经开始,而乡镇企业、私营企业和集体企业,外资嫁接的形式已被广泛采用。

8. 拍卖和破产的路子。市场经济的重要规律是优胜劣汰,破产就是优胜劣汰的具体表现,也是资产重新组合的形式之一。破产是在体制毫无活力、资产闲置劣化、产品积压无路、财力亏空无望的情况下,必须采取的一项制度。在我们调查的 30 多家企业中,约有 10 家企业,资不抵债,发不出工资,处在停产、半停产状态,这些企业 50%~90% 的生产设备闲置。40%~50% 的职工常年无班可上,且这些企业从设备状况、产品的技术含量和体制改革的难度看,均属亏损无望,到了破产的地步,然而,多数还在观望,想破而不敢破,想破而不能破,只有个别陷入近乎百分之百绝境的企业才宣布破产。兰州地区宣布破产的首家企业是兰州地毯总厂,这个厂原来是市重点创汇企业,在册固定资产 780 万元,破产前,债务高达 2300 万元。1993 年初,兰州市中级人民法院经济法庭,受理该企业破产的申请,由于该企业的设备陈新率很低,428 名职工就业难以解决,在一年内无法拍卖,直至 1994 年 8 月,由甘肃证券研究中心以 440 万元的价格,收买了这家破产企业,在接收该厂全部资产的同时,接受了 110 名职工和 72 名退休职工的退休养老负担。

我们还看到,在国家大中型企业的改革中,一旦出现了摩擦、阻力或效益的负增长情况，一些企业往往会掉转改革的船头，开始走回头路，把改革的线路和方向逆转。兰州地区的企业逆转的主要表现有：

1. 停止试行已经实行多年的承包制、资产经营责任制、股份制或各种新型的管理体制，基本退到计划经济时期，重新把经营决策权的一部分或大部分交给主管部门，或者由主管部门摇身一变，挂上公司的牌号，把主管部门变成车间或领地，把一切经营权力交给行政部门，把企业捆得死死地。在企业内部极力强化党委书记的领导权力，搞党委负责制、党员负责制，复活了党与政府不分，以党代企、以政代企的状况，这种逆转在受调查企业中约有 5 家。

2. 走政府接收的路子。在国有企业转换经营机制中，那些陷入困境的企业、职工和领导班子齐声共叹。"没办法，只有等着国家来接收、来解救！"政府主管部门面对这种情况既不敢采取破产的决策，又不敢把它变成纯粹的国营国有的企业，在口号上提出要通过"深化改革"来摆脱困境，而其主要措旋就是不断地更换领导班子，扶持的结果是债务越来越重，包袱越来越大，前途越来越暗淡，在这种情况下，政府不得不采取接收处理的办法。兰州二毛厂正走了这条路子，该厂自 1990 年以来，过了五年特困企业的日子，到 1994 年 5 月共负银行贷款 6100 万元，另外还有各种对外欠款 3900 万元，国有资产大量流失，技术人员严重流动，职工多半在家待工。在这种情况下，市轻纺局就只好组成兰州二毛厂停产整顿领导小组，厂里的整顿工作和生产经营工作由领导小组来组织实施，尽管领导小组采取了一些积极措施，缓解了该厂的困境，但在市场经济进一步发展和企业制度创新的大潮下，这种办法无异于扬汤止沸。

3. 维持现状，依赖救济过日。本市一些国有特困企业，经常发不出工资，原来靠银行贷款发工资，现在银行负担沉重，不敢贷款，于是就求助于政府,采取政府担保、银行贷款,或者政府直接指示财政拨发工资的措施,甚至采取由工会、妇联等献爱心的办法,进行捐助。例如万里电机厂,近日由省委领导带队,由团省委赠款 10 万元,省总工会赠款 5 万元、政府有关部门捐赠 30 万元,以此来解决职工和困难户的工资和节日生活费。

从典型抽样调查分析看,兰州地区的国有大中型企业在转型中出现了五个层次:①基本符合现代企业运行机制的有 3 家,占9.38%;②基本符合《条例》14 项自主权要求的有 10 家,占 31.25%;③转换机制初步显效的 12 家,占 37.5%;④基本按计划体制运行的有 4家,占 12.5%;⑤基本依靠政府接管的有 3 家,占 9.38%。(见表 1-5)

表 1-5 兰州地区 32 家国有企业转型水平分析表

评价类别	户数	占受查企业百分比	转型水平结论
一类	3	9.38%	基本符合现代企业制度运行规则
二类	10	31.25%	基本符合条例扩权要求
三类	12	37.5%	转换机制初见成效
四类	4	12.5%	基本按计划体制运转
五类	3	9.38%	基本依靠政府包揽救济

原载于《兰州学刊》,1995 年第 2 期

兰州市郊区农民的致富方法分析

党的十一届三中全会以来的农村政策，给农民开辟了劳动致富的正确方向和道路。但是，在同样的政策下，有的农民富得快，有的富得慢，也有个别人家生活仍处于落后贫困的状态。这里就有一个会不会致富的方法问题。从兰州市郊区农民的致富情况看，正是道路一致，方法多样，最后达到殊途同归，都实现了一个"富"字。这里我从个人实地调查的资料和有关部门提供的例证来分析一下兰州市郊区农民致富的方法，也顺便指出这种方法在发展中会遇到的问题，以便启发农村干部和农民在致富方法上更加科学化，多样化，使农村繁花似锦的局面来得更快一些。

大体说来，兰州市郊区农民致富有如下一些方法：

一是实行家内分工，合理调节家庭劳动力。生产责任制实行后，土地和其他生产资料以及生产活动承包给家庭。这时，有些农家不会组织劳动力，实行"一窝蜂"的劳动形式，什么活儿都是全家一起上，这就忽视了发挥或培养家内劳动力的专长，劳动效率很低，难以做到增产增收，先富起来。

另外一些人家则不然，他们从经验中认识到分工会提高劳动生产率。于是就根据生产的需要和家内劳动的特点、专长，把家庭各个成员进行了合理的劳动分工，使每一位家庭劳动力主要从事一种生产活动，从而比"混同式"的劳动，大大提高了劳动效率和经济效益。兰州市白银区五岘乡大井村农民陈鹤龄是一户家内实行合理分工实现致富的典型。他家七口人，承包旱地 32 亩，水地三亩五分。他为了在种植业和养殖业上发展，于 1983 年把全家劳力分为务农、养鸡和家务三方面，责任到人，各负其责，发挥专长。他本人利用自己老中医的专长，钻研鸡病防治和养鸡知识，科学配料，科学管理，家养鸡日产蛋量达到 60%，七八百只鸡全年产蛋 10800 个。1983 年养鸡收入达 12770 多元，粮食产量 6200 斤，变成了万元户。

尽管陈鹤龄的致富方法不只是家内分工搞得好，还有勤劳好学、精打细算等方面的原因，但分工则是他致富的重要方法。他的经验对那些承包后，"一窝蜂"劳动的人家是有示范作用的。不是有不少人家种了地没人搞养殖业，生产出了东西没人上市去卖，劳动回来又没人做饭，大家你望我，我望你，互相赌气吗？这类家庭不妨从分工上想点出路。

二是向科学知识要产值，要收入。本市许多专业户和重点户的经验表明，传统的生产方式和老一套增产措施，其作用是很有限的。要想比较迅速地提高生产率，成倍地增产增收，必须在科学技术方面下功夫，舍得一定的智力投资。就养鸡和孵鸡来说，不少人家由于缺乏知识，鸡棚不会盖，鸡瘟不会防，鸡料不会配，造成大量死亡，饲养业垮台。兰州市西固区西固乡桃园村青年陈世功则是一个钻研养鸡科学知识致富的榜样。他开始养鸡由于缺乏知识受挫后，就下功夫钻研养鸡知识。先后购买了《怎样养鸡》《养鸡问答》等专业书籍，边学边实践，较快地掌握了养鸡和孵小鸡的技术。他还买了孵化机，建了加热室、育雏室。1983 年他养鸡 1030 只，孵雏鸡 42000 只，自用种蛋 20000 枚，提供种鸡 200 只，净收入达 8336 元。

不只是养鸡业需要靠科学知识提高生产率，种植业、建筑业、加工业和服务业都需要在科学技术上花本钱、下功夫。许多先富起来的农民都感到"谁有知识谁先富"的道理。应当向广大农村群众和干部，深入宣传"科学技术是生产力"的观点,广泛普及科学知识。而那些生产上的后进户应大开眼界,多想想科学生产和科学管理。要舍得在提高自己的科学文化上付点学费,欲将取之,必先予之。在科学技术上的投资是花得来的,往往是付之一百,来之一万。

三是善于利用城市资源,变废为宝。许多承包户和专业户想发展生产,苦于没有资源和原料。其实城市周围资源到处有,关键在于会不会利用。不仅工厂生产过程中的边角废料和副产品是资源,而连那些"工业三废"利用得好,也可成为资源。甚至城市居民日常生活中淘汰出的垃圾也会成为廉价的资源或生产的原料。兰州市七里河区湖滩乡湖滩村农民冯有科,在办养猪场时,开始苦于没有饲料。后来发现城里有许多泔水、烂菜、瓜果皮,是饲猪的好饲料。于是他与父亲到近离城区的地方找了一块空地,挖了一孔小窑洞,篷了简易猪圈,买了三头母猪,办起了养猪场。他们利用城里的泔水和烂菜、坏果作饲料,猪爱吃,增肥快,而且成本低。现已能达到出售仔猪75头,收入1500多元的水平。

马克思曾经讲过发现使用价值是一件历史性的工作。人们往往和宝打交道,但不知其用途,一旦认识到了物的属性和用途,从而就得到了一种新的使用价值。资源也是如此,人们昔日的资源概念其内涵就是指直接可供人们开发利用的某些使用价值,而近代以来,资源的概念已经变了,不仅有矿物资源、生物资源,而且还出现了人才资源、信息资源、旅游资源、知识资源等等。城市里还可以说有一种"废物"资源,这种资源是人们再生产和生活过程中必然产生的,有时候可以说它是取之不尽用之不竭的。城市郊区的农民,特别是专业户,应当瞅准这方面的资源,加以开发、利用,既净化了城市又养富了自己。

四是开辟新的产业,适应群众日益增长的需要。生产承包责任制建立后,必须考虑把一部分过剩劳力转入新的生产部门,或投向开发性的生产项目。一味死守原有的经营内容往往会形成供过于求,产品脱离群众多方面的需要,造成积压,减少收入。兰州市有不少城镇周围的专业户,在种植业以外只注意经营诸如牛肉面、酿皮、凉面等传统的饮服项目。这些经营内容搞的人太多了,当然赢利就不大了。而在这种情况下,一些开辟新的生产或流通门路的"能人",则有了自己施展才干的机会了。兰州市白银区四龙乡农民王博学,研究了群众对渔产的需求和本地养鱼的条件,从 1978 年就开辟两处小池塘,养黄河鱼,1980 年他养的鱼加稻田里捕捞的鱼收入达到 1000 多元。1982年土地承包后,他挖了一处三分地大的鱼塘,投放鱼苗 1600 尾,又承包了大队 17 亩鱼池,现共养鱼苗 28000 尾,约计养鱼年收入可达两千元。另一个例子是,榆中县城关镇北关村社员梁自廉 1982 年以来,在种好承包土地的情况下,靠有关单位的指导,大胆试制成功凤尾茹菌的生产,共产五百瓶,价值四百多元。

农民在经营内容上切忌人云亦云,而一定要有创见和创造性。目前,千篇一律的经营办法普遍存在。在农民中还没有形成一种研究群众消费需要,探索新生产门路的风气。兰州市的"缝衣难"问题不但没有解决而且还在发展;水果蔬菜旺季霉烂的情况有增无减;修缮古建筑的施工队更是难找,等等。但是,还没有一些专业户出来开办缝纫、古建筑修建、蔬菜储备加工等项目。应当启发农民在传统生产项目之外,多做调查研究,向新的产业部门发展。这方面的天地是十分广阔的。

五是在机械化上找路子。农业生产责任制实行后,一些地区,一些农民把手工操作看成天经地义的,甚至出现对农业机械的闲置、毁坏。但是,另外一些眼光远大的农民则很重视生产的机械化。榆中县青城乡新民村农民高国苍,全家十一口人,承包水地五亩。他在农业机械上做文章。1980 年买了压面机,1982 年又购了磨面机和粉碎机,压面条,加工粮食;1983 年又买了一台彩色电视机,晚上在家收费放"小电影"。1983 年全家纯收入 5710 元,人均 500 多元。1984 年初他又购买了谷物膨化机、饲料粉碎机和粉条加工机。目前他已拥有各种机械八台。预计今年总收入将达一万五千多元。

谁说包产到户后机器无用了?事实上,先进的生产工具对个体户、专业户、重点户同样能起推动生产发展的作用。随着农村经济的发展,农民对机器的需求越来越迫切,而掌握了先进机器和设备的农户总比那些依然用手工操作的农户,产量提高得快,收入增长得快,也富得快。你看那些万元户,无论是在生产领域还是在流通领域总或多或少地使用了机器设备。不少农民已经抛弃了落后的小农经营思想,争相购置机器,难怪最近汽车、拖拉机、电动机、磨面机等等紧张脱销,这原来是农民致富中必须使用的手段。

由此,我们劝勉农民研究一下生产过程中的有机构成,就是由生产资料体现的价值和劳动力体现的价值的比例,应当多向生产资料投点资,不要一味把活劳动巨量耗费。

六是懂得筹集资金办大事。在自然经济的简单再生产条件下,资金并不处于显赫的地位。而要真正大力发展商品生产,资金问题就非常突出了。没有钱就不能办大事。那么钱从哪里来,怎么筹集,怎么使用?这是摆在农民面前的一个现实的严峻的问题。有许多农户想干些事业,苦于没钱,而又有一些农户虽然也赚了些钱又不会花用,今日有酒今日醉,也无法办大事,在致富的道路上只能小打小闹,没有气魄向生产的深度和广度进军。

然而有一些农民很懂得筹集资金的重要性,也能想出筹集资金办大事的办法。有的在收入中合理划分留用比例,有的采用亲友集资,有的把自筹和贷款相结合。通过各种渠道集资办大事,发大财。皋兰县水阜乡水阜村农民王华功看到当地多数农民在挖沙、洗沙、卖沙,但运沙却没汽车,这笔费用被外单位赚去了。他想买汽车运沙,又没有资金,于是他就与其叔伯等三户商量,自筹了8500元,又贷款13000元,买了一辆青海湖牌卡车15750。八个月时间拉运沙子1570立方米,收入15750元,社会运输收入17240元,共33000元,除去雇用的司机、修理费、油料费外,每户平均5800元。上缴国家税收和养路费共5540元。

农民致富的潜力是很大的, 而资金缺乏则是致富的一大困难,但是只要有经济头脑,多想办法,资金还是可以解决的。农民一旦有了足够的资金,且用得合适,就如虎添翼,在致富的道路上更能远走高飞。各地的合作经济组织应帮助农民,多想办法,解决资金问题。

七是采取协作和各种联合形式增加生产能力。商品生产越发展,越要求生产过程既要分又要合。该分的不分,该合的不合,都是不利于经济发展的。

农业生产责任制实行后,出现了许多专业户、重点户,生产的分工有了发展,劳动生产率大大提高。然而在发展过程中,也存在一些单枪匹马难以办大事的状况。于是有些农民认识到要致富,必须运用组织社会化大生产的办法,更好地组织联合和协作。永登县苦水乡农民深感办磷肥厂有许多好处,但每户人家财力薄,人力单,条件差,不可能办起来。于是农民陈进荣等人互相串联,联合了33户农家办磷肥厂。他们筹集了资金,购置了生产工具和设备,从四川等地购进磷矿石,从青海、新疆等地寻找销路,从筹办到投产只用了不到四个月的时间。1983年实际完成产值180700多元,实现利润64500元,户均收入1500元。这就是协作和联合带来的利益。

马克思曾指出"不仅通过协作提高了个人生产力,而且是创造了一种生产力"。①这是至理名言。承包农民有条件的话,应当注意联合和协作的好处。同时,我们必须克服过去那种越大越好、盲目联合的"合作经济思想"。要恰当地处理好分与合的关系,既发挥集体的联合力量和作用,又发挥分工的作用和个人的才能。

八是多种经营,多渠道开发。生产的专业化应当是发展农业的方向,大而全小而全是落后的小农经济的生产方式。从这个意义上看,多种经营是和专业化相矛盾的。其实,从我国农村的实际情况看,多种经营是生财之道,致富之道。我国农村的自然资源、土地资源、劳力资源都十分丰富。过去的基本情况是,单一经营种植业,特别是粮食生产,而对养殖业、林、牧、渔业和农村工业、商业是忽视的。这种单一经营的指导思想,严重浪费了资源,束缚和限制了农民发挥作用的积极性,实际上阻碍了生产力的发展。

三中全会以后,政策对头了,农民把搞多种经营,多渠道开发作为致富的重要路子。榆中县连搭乡农民张家财的变富就富在多种经营上。他全家五口人,承包土地十七亩,除了种粮外,还种党参七分,后来又种洋葱一亩,萝卜籽一亩五分,洋芋四亩三分,油菜籽二亩。今年又购置甜叶菊种子,还准备引进天麻。他全家年终各类收入 3282元。多种经营致富的典型在兰州市郊是屡见不鲜的。有的是农、林、副兼搞,有的是既种田又经商,还有的在春、夏、秋、冬四季划分不同的工作重点,农、工、副交替进行。总之,在目前情况下,多种经营和专业经营都可以达到致富的目的。

以上八点是兰州市郊区农民致富采取的一些主要方法。这些方法并不是孤立的,而对许多富起来的农民来说,这些方法总是兼而有之,或者同时采取了其中的几种,当然也有只使用其中一种方法,走

---

①《资本论》第一卷,第 362 页。

上致富之路的。除此之外，还有其他一些方法，例如懂得发挥传统的专长和手艺，懂得合理利用土地资源，懂得信息的作用等等。这些需要理论工作者在实践中继续加以总结。

兰州市郊区农民的上述致富方法或措施尽管是成功的，也反映了当前农村劳动致富的一些普遍规律。但是，从发展的趋势看，这些方法不是凝固不变的，也不是尽善尽美的。各种方法都存在一定的局限性，在此时此地成功了的，可能随着经济形势和科学技术的发展，在过一个时候又不适应了。这就要求农民要不断总结劳动致富的经验，掌握全局的经济发展趋势，不断更新自己的方法，在致富的道路上要能更上一层楼。

我以为市郊农民在致富道路上必须看出如下几个方面的趋势，在方法上也应采取相应的对策。

第一，农村工业化、城市化的趋势。从兰州市的情况看，在农村已经出现了大大小小的工业，也在人口集中的地方形成了若干小集镇。但是本市工业化、城市化的进程还比较慢，现在农村从事种植业和其他农业生产的人数仍占百分之七八十，从事工商业的人口只占百分之十几到二十。1983年全市农业总产值达28434万元，而工业总产值只达5970万元，虽比过去高得多，但只有当年农业总产值的四分之一。

随着全国经济形势的进一步发展，农村以农为主的生产方针看来就需打破。因此，一些农民应当破除过去栽、种、养的老框框，将相当一部分劳动力转入农村小工业和小城镇商业、服务业。目前，农村生产资料短缺，商业服务业跟不上，而劳动力又十分富裕，这就在客观上提出了发展农村工、商、服务业的要求。在这种情况下，农村的经济结构不在总体上来个改变，很可能出现今日富明日穷，真是昨嫌蟒袍长，又把乞丐当。

第二，科学技术发展的趋势。目前新的技术革命的浪潮席卷全球。我国也到处迎接新的技术革命的挑战。这个进步潮流已经影响到农村的经济发展。我国从东到西，从南到北的农村也在搞科学技术现代化。本市农村目前的状况很不适应形势发展的需要。百分之八十的农民还用传统的耕作方法和经营方法，农民的科学文化素质普遍很低，农民收入的百分之九十用在生产和生活必需品上，智力投资不过百分之十左右。这种状况很可能在全国科学技术发展的形势面前吃大亏，打败仗。先富起来的农民如果不注意在科学技术上下功夫，也会变成破落户。

以上所述，兰州市郊的农民产生要高度重视科学技术问题。无论是从事种植业、养殖业，还是农村商业的，都要舍得把钱多花在智力投资上，不仅中、老年农民要进行科学知识普及和现代科学的学习，而且要高度重视青少年的教育，要确实改变那种让小孩只抓钱不上学的局面。要在有条件的地方，大力推广和引进先进的科学技术和设备。在农村要更多地建立科研机构，科学技术咨询机构。每个农民要向科学技术方面发展，成为合格的现代农民。

第三，专业化协作的趋势。农村实行承包责任制后，专业化协作有了很快发展。目前有承包某种生产任务的承包专业户，也有从家庭副业发展起来的自营专业户。这种专业户由城镇和厂矿周围向农村发展；由经济水平高的地区向经济落后地区发展；周期短、见效快的生产项目向周期长、见效慢的生产项目发展；由养殖业、种植业向其他领域发展；由生产领域向供销、加工、运输、服务、文教等领域发展。在生产专业化发展中，出现了各种形式的联合联营等形式，而各行业内部和各行业之间的协作更为密切。

从现在兰州市农民的情况看，还适应不了专业化协作的形势。不少农民仍然以手工操作和小而全的经营方法为主，平均经营各种生

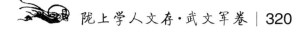

产项目，平均分配劳力；有些地区农民的协作活动搞得很差，从生产、运输到交换的整个工序都由一个家庭自己承担，鸡犬之声相闻，老死不相往来局面仍然存在。鉴于这种情况，兰州市郊的农民还要大大发展专业化协作，不仅应当在县、乡、村之间进行协作，而且应当破除一切地区分割，行业分割搞协作。这样才能够适应商品生产和现代工业、现代运输业，现代商业、现代农业发展的需要，否则，农民的生产不会有更大的出路。

第四，农业商品化和经济领域竞争的趋势。从全国农村发展形势看，农业商品化已是确定无疑的。不少农村的商品率已达到百分之五十以上，有的农村商品率已达到 80%。在商品生产发展中，不可避免地存在竞争，这种竞争表现在产品的质量、价格、品种以及市场行情和经济信息等各个方面。谁的科学技术占优势，谁越懂经济规律和市场行情，谁的产品价廉物美，适销对路，谁就取得较多的收益，反之，在竞争中就会被挤垮。在社会主义条件下，对商品生产中的竞争规律是不能人为地消灭的。

目前，兰州市郊农民的经营方法是很不适应竞争的。许多农民由于生产手段落后，生产货品低劣，在供不应求的情况下，产品暂有出路，如果其他地区某种同类产品稍一发展，我们的产品就滞销了。同时，信息非常闭塞，许多农民在生产上照搬，看到别人干啥他干啥，结果经营同类产品的太多，市场活动范围又小，很快就失去了销路。因此，郊区农民应很好地从生产手段、生产信息、市场需求以及商品运销渠道等各个方面，加强竞争实力。

总之，既要有致富的方法，又要有远见卓识，这样才能在致富道路上立于不败之地。

原载于《兰州学刊》，1984 年第 4 期

著作选编

勤政廉政心经

甘肃人民美术出版社,1998 年 11 月

官员腐败为国家之大患。虽经数年惩治,使一些蠹国硕鼠落网受法,但贪赃纳贿、以身试法之徒大有人在,腐败之风尚未完全遏止。此与建立廉洁政府之目标尚远矣!

余痛感贪黩之徒,穷奢极欲,置国家不丰、人民尚穷而不顾,结党营私,官商勾结,收民脂民膏,侵国家资产。余历年曾做文数篇,以鞭挞贪腐,然读者寥寥焉!

今改变形式,用四字经格调,表达勤政廉政之见解,以图引更多人参与反贪治腐。书名为《勤政廉政心经》,勤政廉政之意一目了然,唯有"心经"二字读者愕然。"心经"者,借佛教经典之名,即"般若波罗蜜多心经"。佛"心经"指用慈悲智慧的心,普度众生到西方净土世界。余用"心经"意有两点:一是反腐倡廉不要只重在外在形式,而要重在形成公仆的道德人格,要在心灵深处培育其金刚不败之美。二是治理腐败不宜过分在治标上大投入,而要在治本治源上大动作,这里的本与源好比社会之心,非社会之形。此乃余"心经"之用意也。

余数十年研读马列经典,书写经济政治之文章,对作词赋诗十分陌生。今用四字句表达政治主题,遣词之拙劣,达意之疏谬,自觉多见。诚望大德指教,读者批评。

哲理篇

心经《哲理篇》,讲勤政廉政的有关规律和原则,提出了有关廉政的大道大理的论断和结论,该篇把宇宙大道、政治大道和修身大道结合起来,揭示了政治清明与国家兴衰的关系,并且提出了若干为政清廉的深刻哲理。

"心经"认为国家兴衰与政权成败有一条根本的因素,这就是政府是不是清明,官吏是不是廉洁。如果是"官勤吏廉",必然"国泰民康";如果是"官贪吏墨",必然"国衰民伤"。这种现象古今中外概无例外。同时告诫执政者要处理好"舟与水"的关系,把人民看成汪洋大海,把自己看成海中的船只,导航人只有遵循航行规则,才能驶向彼岸,否则会有沉船的危险。

天行有常	生成消亡	茫茫宇宙	永恒膨胀 [1]
地行有序	围绕太阳	周行不殆	寒来暑往
尘世纷繁	有律有纲	万众载舟	政府导航 [2]
官勤吏廉	国泰民康	官贪吏墨	国衰民伤
府之职能	服务公众	官之天职	利济苍生
天无私覆	地无私载 [3]	不偏不倚	清正廉明
廉政之本	重在官德	吏德崇高	人民拥戴
道之以德	有耻且格 [4]	天下兴亡	匹夫有责
见贤思齐	有过必改	待人宽约	对己重责
戒满除骄	爱民尊才	梧桐大树	凤凰引来
嫉贤妒能	政之大弊	选贤任能	国之基业
老杆扶新	交接换代	出山之璞	老匠雕刻
规矩方圆	法为准绳	权衡功罪	经国序民 [5]
上层下层	法权平等	法不阿贵	裁决公正

权力大小	不可滥用	慎始慎终	体察民情
恤民之苦	得民之心	惜民之力	取民之信
居官用权	权有风险	昏聩之人	易陷深渊
金钱腐蚀	蛾眉诱骗	栽倒跟斗	终身凄惨
欲不可纵	财不可贪	乐不可极	志不可满
勤不可失	心不可懒	俭不可丢	行不可偏
高谈虚论	利口谀言	知行分离	贻误江山
经国之才	笃行实践	夙兴夜寐	蜡炬春蚕 6
日到黄昏	再显光明	官至暮年	要保晚景
树老怕空	人老怕松	戒空戒松	晚节要忠 7

史鉴篇

"心经"把历史看成一面镜子,指出今天的政府官员应当从历史中吸取宝贵的经验教训。"史鉴篇"首端讲:"中华文明,五千余年;贤良方正,千古垂范;兴衰有因,治乱有缘;历史宝训,今人可鉴"。"心经"把中国历史进行了一分为二的分析,指出中国历史有两面镜子,一面镜子是光明之镜, 照亮了人们前进的道路;一面镜子是黑暗之镜,把人们引向罪恶的深渊。"心经"这样讲:"世分阴阳,官分清贪;国史二镜,一褒一贬;廉则楷模,贪则戒鉴;博古通今,建政育官"。

中华文明	五千余年	贤良方正	千古垂范
兴衰有因	治乱有缘	历史宝训	今人可鉴
三皇五帝	为政清廉	其德高崇	如日擎天
创造舟车	开辟桑田	神州一统	与民并肩 8
禹治洪水	赤足薄裳	三过家门	无暇私访
开山导河	稼穑建疆	功盖日月	帝位谦让 9
炎黄子孙	代代相承	武王伐纣	铲诛暴君

日不暇食	夜不安寐	周公吐哺	天下归心 [10]
汉有文景	朝政清明	劝课农桑	百官屈身
轻徭薄赋	废除酷刑	罢建露台	生息安民 [11]
唐有贞观	太宗垂范	兼听则明	戒奢倡俭 [12]
居安思危	防患未然	博施济众	国富民安
历史悠久	源远流长	清官廉吏	群星灿烂
朝朝代代	留有榜样	业绩感人	永载篇章
汉有李广	官至骑郎	赏分麾下	布衣粗糠
终身征战	家无余粮	律己身正	威名远扬 [13]
苏武持节	北国牧羊	茹毛饮雪	矢志不降
壮年征战	白发返乡	民族大义	青史昭彰 [14]
唐臣魏征	直言进谏	冒犯龙颜	论君长短
劝君节俭	布衣素垫 [15]	官无锦绣	民少饥寒
宋代清官	历历展观	首推包拯	平冤除奸
明察暗访	济贫惩贪	公子王孙	犯案胆寒 [16]
忠臣岳飞	受命危难	淡泊功名	收拾河山
洗雪国耻	怒发冲冠	壮怀激烈	奸贼谗陷 [17]
南宋天祥	浩气贯宙	受命乱世	视财如露
山河破碎	历经虎口	为国殉身	丹心千秋 [18]
明吏于谦	政绩斐然	赈济百姓	昭雪沉冤
辞功退赏	赈贫除奸	虽死犹生	清白人间 [19]
巡抚海瑞	声振中原	平反冤案	铲霸除奸
严惩乡宦	为民退田	斥贪骂帝	甘愿罢官 [20]
清代廉吏	板桥声远	衙斋卧听	疾苦民间
开仓赈贫	笔伐贪官	乌纱掷去	囊空袖寒 [21]
则徐戒烟	威震宇寰	清廷怯懦	英雄罢官

不避福祸	万里垦边	死而后已	英名永传 [22]
世分阴阳	官分清贪	国史二镜	一褒一贬
廉则楷模	贪则戒鉴	博古通今	建政育官
贪官谁先	且从秦谈	胡亥昏聩	重用车官 [23]
指鹿为马	墓殉过万	民不聊生	举义揭竿
汉室衰微	硕鼠成串	佞吏淳侯 [24]	贿累巨万
一人得势	鸡犬升天	卖官鬻爵	官逼民反
庸末世乱	蛀虫升迁	淮南节度	无限贪婪 [25]
鲸吞厚敛	天下怒怨	收买宦官	妄夺皇权
宋延辱国	政纲败坏	蠹国社鼠	粉墨登台
蔡京王辅 [26]	弄权贪财	国库空虚	民皆菜色
元有桑哥 [27]	财迷心窍	更钞增税	钱谷钩考
加赋变引	心黑手高	中饱私囊	国银尽耗
明朝不明	贪官当道	巨鼠刘瑾 [28]	种子一号
权柄独握	刑杀癖好	国库银两	半入私窖
大清王朝	贪官比刁	擅权纳贿	和糰有招 [29]
皇族奕聚	聚财敛货 [30]	封疆大吏	行乞偷盗 [31]

警世篇

　　"警世篇"主要分析当前我国腐败现象蔓延的状况和教训。原来人们的观念是:贪污受贿和腐败现象是私有制的产物,是封建政权的特征,共产党领导下的人民政权是同腐败现象绝缘的。近几年来,权力机构中出现一个又一个的腐败分子,其手段之恶劣、其危害之严重是历史上罕见的。这种现象对人们提出了许多疑问:是否一切性质的政权都必然会产生腐败呢? 人民政权的性质是不是已经异化了呢?"警示篇"对这些问题做了回答。

人民政权　　宗旨昭天　　唯有公仆　　无官无宦
全心全意　　无私奉献　　爱我人民　　建我河山
但有败类　　宗旨背叛　　擅权枉法　　贪得无厌
搜括民脂　　蚕食国产　　坏我党风　　败我政权
执政初期　　贪贿大案　　天津头目　　子善青山 32
贪污巨款　　修庭建院　　国法难容　　遗臭万年
改革开放　　政策放宽　　市场繁荣　　国兴民安
诸多社鼠　　见财流涎　　以身试法　　陷入深渊
贪吏心黑　　手法多端　　或吃回扣　　或吃罚款
或吃银行　　或吃基建　　或靠行贿　　或靠卖官
无锡集资　　诈骗亿万　　里勾外联　　害理伤天
首钢蛀虫　　受贿行贪　　死有余辜　　伏法结案 33
首都北京　　国家象征　　竟出巨贪　　误政害民
王氏宝森　　陈氏希同　　贪贿成癖　　国法难容 34
贵州贫困　　有贪惊人　　阎氏健宏　　贪贿殒命 35
新官继任　　故技萌生　　为官半载　　进监受刑 36
泰山高峻　　人皆敬仰　　有群贪官　　辱没祖先
胡氏建学　　营结私党　　贪财无度　　毁害家邦 37
红塔集团　　总裁时健　　发财心切　　未保晚年
私分美元　　一次百万　　怂恿子女　　大捞大贪 38
广东繁荣　　国内领先　　老虎大虫　　伺机作乱
惠州警头　　因贪伏法 39　　人大副主　　因贿入监 40
陕西民政　　大虫出山 41　　嘴脸丑恶　　手段阴险
抱团谋划　　私分赈款　　激怒百姓　　惹怒苍天
权氏柄桂　　河南粮官 42　　贩卖黑条　　吃粮千担
横行乡里　　以钱买官　　罪孽深重　　命赴黄泉

甘肃贫困	干群奋争	黑心贪贼	祸害职工
铝业蛀虫	企业挖空 43	钢厂巨鼠	百万富翁 44
贪贿大案	何止数件	怵目惊心	尚在蔓延
拭目以视	反面教员	为官一任	戒贪立廉

修身篇

"心经"的主题是戒贪立廉,而其基调是什么,也就是戒贪立廉从解决什么问题入手呢？很明确,戒贪立廉莫过于解决"心"的问题,即人的意识形态、人的人生观、价值观及历史观的问题。孟子说过："哀莫大于心死"。说明古代圣贤之辈何其重视人的心的问题。今天可以说"贪莫过于心黑",官吏、干部的思想变坏了,道德防线崩溃了,很容易在"金钱腐蚀,蛾眉诱骗"中坠入贪海。"心经"用"廉政之本,重在官德""人民公仆,重在修身"的警句,劝诫为政者、为官者把道德修养放在至尊地位,而且提出了全面修身,从修观、修德、修能、修行诸方面构建金刚美妙之心灵。这就是《勤政廉政心经》的基调。

国之传统	重在修身	人民公仆	修身至重
疾风劲草	岁寒青松	防微杜渐	勤政廉政
一要修观	处世基点	唯物辨证	察地观天
大至星系	小至微元	宇宙万物	瞬息万变
克服僵化	更新观念	实事求是	遇事调研
探求真理	重在实践	勤于思考	破难攻艰
二要修德	建造人格	真善丑美	有岸有界
诚实守信	有礼有节	不图浮名	兢兢业业
财如浮云	义薄日月	虚怀若谷	举贤爱才
吏德高洁	人民拥戴	同心协力	建政兴国
三要修能	效国之本	信息时代	知识倍增

愚昧无知	误国误民	领导决策	必俱本领
数理生化	门门应懂	新兴学科	更需精通
勤学苦练	方可精进	有见有识	效国有能
四要修行	重在做人	行而必果	言而有信
力戒空话	身体力行	多做实事	公众信任
思想解放	知难而进	掌握规律	创造求新
敢挑重担	敢冒风险	鞠躬尽瘁	死而后已

治腐篇

"心经"指出,在世界人民反贪的大背景下,中国人民更不愿意看到腐败在国内蔓延,因此,全国上下有强烈的反贪愿望和呼声,指出:"岂容贪官,破坏发展;全国上下,反腐倡廉。"然而,问题不在于反腐不反腐,而在于如何去反腐立廉。新中国成立49年来,几乎没有一年停止过反腐防变的宣传,尤其改革开放二十年来,反腐的声浪更为高昂。可是,腐败现象,有增无减,有向恶性发展的趋势。因此"心经"着重提出了从源治腐的问题:"草木有根,江河有源;治理腐败,从源着眼。"从源治腐就是要从制度方面着手,建立一整套约束官员行为的良性循环制度,这些制度一旦同官员的良心结合起来,才有希望形成廉洁政府和廉明官员。

二十世纪	风云突变	贪贿恶浪	席卷政坛
丑闻迭起	腐败传染	人类奋起	全球反贪[45]
中华民族	任重道远	亿万神州	开创新天
岂容贪官	破坏发展	全国上下	反腐倡廉
草木有根	江河有源	治理腐败	从源着眼
正本清源	官贤吏廉	从源治腐	药方八点
第一方剂	清权理权	权力无限	腐败无端[46]

大小公仆	界定权限	位不可越	权不可滥
党受监督	政受民管	兼职削减	一位一官
左右制衡	上下关联	运作有序	施权不滥
取缔黑箱	政务公开	球员裁判	各负其责 [47]
官行正邪	公众明白	作奸犯科	舆论揭摆
第二方剂	权钱分离	市场经济	竞争有序
权力入市	权钱交易	官商一体	腐败崛起
党政机关	退出市场	竞争让民	干好本行
受贿有墙	行贿有网	官要像官	商要像商
第三方剂	吏制文章	选拔公仆	标准严掌
德识才学	入仕官场	关系后门	封门断网
选吏制度	改革图强	要进政坛	公开亮相
公众定夺	行家鉴赏	圈定终止 [48]	能下能上
第四方剂	以薪制贪	薪水低度	饿虎出山
盘算生计	多方贪占	道德防线	难保万全
高薪养廉	允当试验	官员裁减	工薪上攀
拉大档次	区别贡献	消除怠惰	高效运转
第五方剂	政府形象	机构庞大	冗员增长
十羊九牧	争吃皇粮	文山会海	官样文章
撤灶减员	因事设官	服务第一	职能转变
竞争上岗	优选官员	三难消亡 [49]	公事快办
第六方剂	立法建纲	有禁不从	有令不畅
规定条例 [50]	经常走样	法规有隙	名存实亡
一令千金	一律千鼎	依据国情	吏律修定
法无漏洞	严格执行	以法惩腐	依法廉政
第七方剂	以文勤政	博文约礼 [51]	政治清明

官愚吏昧	贪腐丛生	法盲文盲	公仆之病
上层下层	选贤任能	大小公仆	勤学终生
社会历史	年年有进	公仆素质	步步提升
第八方剂	做好开放	敞开国门	祖国兴旺
官员频频	奔走西方	有的取经	有的荒唐
西方文明	本当引进	中华传统	必须保存
聚赌嫖娼	并非文明	挥金如土	天理难容
劝我公仆	利国利民	劝我干部	放眼世界
劝我领导	绘制大业	劝我职工	尽职尽责

注 释：

1. 宇宙膨胀理论是现代宇宙学的重要内容。宇宙怎么产生？得到认同的是大爆炸宇宙学。这一学说认为，150亿到200亿年前，在一个致密致热的非常小的奇点发生热大爆炸。奇点爆炸后在不断膨胀，宇宙诞生初期的大量粒子相互吸引逐渐形成越来越大的团块，团块相互吸引形成星系、恒星、行星。卫星、彗星等天体，由于宇宙膨胀，各天体间不断相互远离。宇宙天体，由于自身引力的作用，当其内部核能燃尽之后就出现收缩和塌陷，这些天体将走向死亡，诸如中子星、白矮星、黑洞就是处于死亡阶段。此学说认为整个宇宙在300亿年之后，爆炸将终止，地球将被烧掉，恒星变成黑洞，黑洞吞噬一切，碳基生命将完全消亡，宇宙将只有电子、正电子、中微子和辐射存在，宇宙完全黑暗了。另一种观点认为宇宙内部物质总量不足够大，宇宙的膨胀，使物质之间的距离越来越大，物质之间相互的吸引力达不到形成星系，没有阻止宇宙膨胀的临界值，因此宇宙永远膨胀。《心经》借此原理提示人们明白，宇宙物质有生有灭，变化永远无止境，客观规律不可抗拒。

2. 唐代政治典籍《贞观政要》在讲"君道"时，谏议大臣魏征对唐太宗进言："君,舟也,人,水也,水能载舟,亦能覆舟。"这一比喻明智地表达了魏征对君民关系的看法,突出了民(即人)的重要作用,民如江河湖海,支撑着舟船的运行,但民也会变脸,显惊涛骇浪,把舟船打翻。警告统治者,在行施权力时,注意济民爱民,而少掠民苛民。此后,这一古训成为劝戒上层统治者和各级官吏从政爱民的经典名句。《心经》借此喻义,强调政府作为舟,要把握好航向,要处处事事为万众着想。

3. 此语出自《礼记·孔子闲居》篇。孔子说："天无私覆,地无私载,日月无私照。奉斯三者,以劳天下,此之谓三无私。"作为中国传统文化支柱的儒家思想,高度推崇无私精神。孔子在这里要求为政者要绝对无私,就像天可以覆盖一切一样,没有偏私;像地承载一切,日月普照一切一样,没有偏私。无私一直成为中国志士仁人的人格精神,此人格精神对任何为政者均为至要,私念膨胀,官吏必腐,今日人民之公仆更要有无私的人格精神,处理好集体利益与个人利益的关系。

4. 语出《论语·为政》。孔子在讲仁政时,特别注重道德的作用,要用道德教化人。他说："道之以政,齐之以刑,民免而无耻,道之以德,齐之以礼,有耻且格。"意思是用政令和刑罚引导人,民众怕犯罪,但却不知羞耻,而只有用德引导人,才能培养知荣辱羞耻,走正道,守纲纪的人。《心经》引此语意在强调国家工作人员一方面要自己修德,一方面要引导公众,形成高尚的道德水准,官民凝成合力,共挑国家兴亡之担。

5. 中国古代的一批政治家早有建立法治国家的思想。唐代吴兢在《贞观政要·公平》篇中指出:"法,国之权衡,时之准绳也。"意即法是治理国家的度量衡,是一定时代一切事的准绳。司马光在《资治通鉴·汉纪十》里说:法可"经国序民,正其制度"。经国者,治理国家也,序民,使人民安然有序。正其制度,意指靠法来建立公正无偏的制度。

这里引证二古书观点意在劝导今人依法行政,公平公正对待人事。

6.蜡炬春蚕是对李商隐《无题》七言绝句的缩用。原诗有两句:"春蚕到死丝方尽,蜡炬成灰泪始干"。作者原意是表达对爱情的忠贞,不到丝尽,不到成灰,爱情是不变的。此千古名句以后变意为人的那种勤奋献身,鞠躬尽瘁的高贵品质。这里引用是赞扬那种不恃空言,勤奋实践的人。劝戒从政者不能清谈误国,而要像春蚕那样劳碌一生,像蜡炬那样照亮别人,烧毁自己。

7.中国已故数学家华罗庚先生为科学事业奋斗终生。他的人格力量就是永远追求,终生奉献,保持晚节。他1980年为金坛中学题词中说:"树老怕空,人老怕松,戒空戒松,从严以终。"正告年长者戒骄戒躁,保持晚节。在勤政廉政问题上,能否保持晚节的问题非常突出,有些人临退休年龄,往往叨念"有权不用,过时作废"的怪调,大捞油水,举足蹈祸。此处引证旨在警示老同志保持晚节。

8.五帝,相传为开创中华文明的五个最早的部落首领,顺次为黄帝、颛顼、帝喾、尧、舜。五帝均以同庶民平等的身份理政,个个勤劳勇敢,艰辛创业,带领民众战猛兽、治洪水、开良田、种嘉谷、观天象、制历法、编乐舞。五帝都为开明首领,不擅权恃功,职位采取禅让,即把最高职位让给最贤能的人,而不是传给自己的子孙。五帝史迹,深根于中华民族的心里,被当作圣君圣主的楷模。

9.禹,名文命,是五帝之一的颛顼帝的孙子,黄帝的玄孙。他受舜的委任,治理滔天洪水。他带领民众,穿山越岭,泅水渡河,测定山川,开渠垒堤,历尽艰辛,终于开通了九条大山,疏导了九大江河,在九大湖泊筑起了堤防。从此江河治理,九州统一,天下归服。他生活简朴,居室简陋,节衣缩食。他大公无私,忠心济众,治水十三年,三过家门而未入,成为历史佳话。他不贪私财,不谋权位。舜把他推荐为继承人,他不接受,竟躲到阳城,把帝位让给舜的儿子商均。由于天下自发朝拜拥戴他，禹才继承天子位。他逝世时把帝位传给他认为贤明的益，而没有传给儿子启。只是在他逝世后，天下人心归向于启，益便把帝位让给启。

10. 此典故出自曹操《短歌行》诗："山不厌高，海不厌深，周公吐哺，天下归心。"周公旦为周文王之子，周武王之弟，周成王之叔，是中国历史上杰出的辅臣。文王西伯，笃仁、敬老，慈少，尤其对贤士谦下有礼。到周公旦辅佐其兄武王主政时，继承文王礼贤下士之传统，更加求才如渴。《韩诗外传》中曾引周公的话，表达了周公礼贤爱才的品格。周公说："吾文王之子，武王之弟，成王之叔也。又相天下。我於天下亦不轻矣，然吾一沐三握发，一饭三吐哺，犹恐失天下之士。"周公辅佐天下时，洗一次澡，三次盘发（古代男性留有长发，常梳结）迎接来客，吃一顿饭三次把咀嚼的食物吐出来，招待来访的贤士。因为他如此尊重人才，才赢得了天下人的归附。曹操诗中引周公礼贤典故，意在表明他也要不拘一格用人才，以此得天下人心。

11. 汉文帝、景帝时代以清正廉明而著称于史。文帝重农业，下令百官劝课农桑。文帝十三年下令全免农民田租。景帝之年复收田租一半，丁男三年才服徭役一次。文景二帝均禁止商人为吏，以防官商勾结，败朝坏政。文帝特别提倡节俭，在他统治时期，宫室范围，车骑服御，都无增益。为节省百两黄金，下令停建露台，而且自责说："百金，中人十家之产也，吾奉先帝宫室，常恐羞之，何以台为！"文帝时还废除了沿袭秦律而来的收孥相坐律令，废除了黥劓等酷刑。限制贵族豪强对农民土地的兼并，出现邑里无营利之家，野泽无兼并之民，从而人民得到休养生息，国家出现昌盛局面。此廉政勤政之果也。

12. 贞观之治是指唐太宗比较开明的政治统治时期。唐太宗认为："为君之道"要正视百姓的利益，不要"损百姓以奉其身"，要实行节俭，反对纵逸。太宗还采纳魏征关于"兼听则明，偏信则暗"的谏言，一生从谏如流,广纳善言,纠正了自己的过错,防止了重大失误。太宗主政时期杜谗邪,选贤良,反贪鄙,倡谦让,重农耕,崇礼乐,出现了人才济济,君臣励精图治,农商发达,文化繁荣,政治开明的盛世。

13. 李广,汉代名将,官至骑郎将,是位英勇善战,智勇双全的英雄人物。为人生活俭朴,能与部下打成一片,朝廷对他的奖赏,他如数分给士卒分享。他为官清廉,从不私用公家的财产,家庭一直贫困,到他死时,家中几乎无多余的粮食和用品。《史记》记述说李广做二千石俸禄的官四十年,而"家无余财,终不言家产事"。他一生征战七十余次,人称为"飞将军",但从不居功自恃。他不善言辞,老实忠厚。李广最后以自杀结束自己的命运,当他的死讯传出后,"天下知与不知,皆为尽哀"。司马迁用"桃李不语,下自成蹊"的谚语赞扬李广的为人。

14. 苏武,汉朝郎官。汉武帝派苏武以持节使者的身份,出使匈奴。后因匈奴昆邪王外甥缑王投汉事败露,苏武被扣在匈奴,并派人三次劝苏武投降匈奴。苏武气节刚烈,不愿变节辱命,严词拒绝,并怒斥投降匈奴的卫律为"无耻之徒"。匈奴首领又采取"困乏其身,饿其肌肤"的办法逼其投降,把苏武囚在大窖之中,断绝饮食。当时正值天下大雪,苏武在窖中吞咽毡和雪,维持生命。匈奴逼降失败,把苏武押到荒无人烟的北海(今俄罗斯贝加尔湖)让其牧羊。匈奴人给苏武的全是公羊,并对苏武说如果公羊不生出羊羔,就不能离开北海。苏武在匈奴历尽困苦,度过了十九个年头,到汉元始六年(公元前81年),汉匈和好后,苏武才回到汉朝。他壮年出使,回来时,已须发霜染。汉昭帝赐他典属国官职。苏武富贵不能淫,贫贱不能移的爱国精神,为世人称赞,"苏武牧羊"的故事成为千古佳话。

15. 魏征,唐太宗时的谏议大夫。他原在太子李建成身边供职,曾劝建成及早除掉李世民。李世民谋害建成后,责问魏征的罪过,魏征慷慨陈词,引得李世民肃然起敬。从此魏征一直在唐太宗李世民身边进谏。他性格刚直不阿,敢于犯颜进谏,批评皇帝的缺点和过失,使太宗多次放弃错误决策。他本人布衣素垫,也常劝皇帝节俭民力,使唐朝在贞观年间出现丰衣足食的景况。兼听则明、偏听则暗就是魏征对唐太宗的谏言,成为千古佳句。魏征死后,太宗恸哭,并对大臣如此评价魏征:"夫以铜为镜,可以正衣冠;以古为镜,可以知兴替;以人为镜,可以明得失。朕常保此三镜,以防己过。今魏征殂逝,遂亡一镜矣。"

16. 包拯(公元 999 年—1062 年),宋代著名清官。中国老百姓一直称他为"包青天",奉为清正廉明的楷模和千古清官的代表。包拯生活在北宋中期,由于他朴素的生活作风,敏锐的办案能力,蔑视权贵的胆略,刚毅果断的气度,给宋王朝因循守旧、贪贿腐败的政治气氛以巨大冲击。他先后任大理评事、知县、三司户部副使、知谏院、开封府、谏议大夫、御史中丞等官职。他为官期间生活清俭,史称"虽贵,衣服、器用、饮食如布衣时"。他经常私察暗访,了解民间冤狱,清查权贵恶迹。他多次建议朝廷减轻百姓负担,他亲自赈济贫民。他不怕惹恼龙颜,曾向皇帝弹劾过很多贪吏赃官,为民除害。他也亲自惩办过贪贿枉法之徒。他为人刚直,不贪私利,不谋权位,晚年被升为礼部侍郎,辞谢不就。他去世的遗言是警告后代永不贪贿。他说:"后世子孙仕官,有犯赃者,不得放归本家,死不得葬大茔中。不从吾志,非吾子吾孙也。"他六十四岁去世,朝廷追封为礼部尚书,谥号孝肃。民间对他的传说和神化同历史事实多有差别, 但历史上的真包拯确是一位著名的清廉官吏,应为后人敬仰。

17. 岳飞(1103 年—1142 年),南宋爱国名将,我国历史上影响最大的民族英雄。他为人聪颖、刚强、正直、坚毅。他将一生投入反对金人入侵的斗争中。他活了三十九个春秋。为国为民建立了不朽功勋,实现了"精忠报国"的大志。他没有死于金人矛下,而冤死于秦桧、宋高宗之流设计的冤狱中，他虽死犹生，为后世所敬仰。他的著名诗篇《满江红》成为千古不朽之佳唱。他对敌怒发冲冠，还我河山之心"壮怀激烈"，力图"踏破贺兰山阙"，直捣金人巢穴——黄龙府。"三十功名尘与土，八千里路云和月"，表达了他轻功名重奉献的伟大人格。

18. 文天祥（1236 年—1283 年），宋代爱国丞相，伟大的民族英雄。他自幼才气横溢，有浩然正气和报国之志。他登上政治舞台，面临蒙古族入侵，南宋覆亡的形势，抛弃个人利害得失，敢于犯颜怒斥贪吏，弹劾权奸。他在国家危难之际，牺牲个人一切，毁家集兵，仗义勤王，流离颠沛，出生入死。最后兵败被俘，誓死不降，表现了崇高的民族气节。他又是一位著名的诗人，"人生自古谁无死，留取丹心照汗青"的不朽佳句，留传数百年，永远鼓舞着中华民族奋斗拼搏。

19. 于谦，明代著名廉吏。他二十四岁中进士，朝廷任命为山西道监察御史，后又到四川、贵州等地任职，所到之处皆以刚正廉明闻名。到江西当巡抚时，平反冤狱，严惩贪官，声誉大震，破格提升为兵部尚书兼都御史。于谦在河南等地任巡抚时，为民办了许多好事。如豁免农民欠租，减轻商贩税率，调节物价，赈救贫苦，安置流民，广修道路，植树凿井，缮筑黄河堤岸。他奔波于太行山区，黄河两岸，勤政爱民，当地人民称他为"于龙图"。明英宗时，政治黑暗，宦官王振擅权纳贿，进京官员必带礼品贿赂王振。有人劝于谦进京多带线香、手帕、蘑菇之类的礼品时，于谦举起衣袖说，我带的是"两袖清风"。他在《入京》诗中写道："手帕蘑菇及线香，本资民用反为殃，清风两袖朝天去，免得闾阎话短长。"他有一首《咏石灰》的诗表现了他刚毅顽强和不同流合污的性格。诗曰："千锤万凿出深山，烈火焚烧只等闲，粉身碎骨浑不怕，要留清白在人间。"于谦因其清正廉明，敢于斥贪，常遭诬陷。正统十一年（公元 1446 年）于谦进京奏事，举荐他人代替自己的职务，竟被奸贼诬陷下入大牢，判处死刑，由于河南、山西百姓万人赴京请愿才被释放,官复原职。英宗复位后,石亨等奸臣诬陷于谦叛逆宋王朝,图谋迎请藩王的儿子当皇帝,英宗以叛逆罪杀害了于谦。于谦虽死,英名却流芳后世。

20. 海瑞,明嘉靖年间著名廉吏。据《明史》载,海瑞巡历松江时,大量平反冤狱。每日告状者三四千计,自己亲阅二十余案,年告状者达几万人。他打击豪强,反对兼并土地,凡"贫民田入富室者,率夺还之",退田还民成绩斐然。他54岁任应天巡抚时,除霸反贪事迹更为显著。将霸占民田、强抢民女、贿赂官府、打死贫民的官僚徐阶的儿子处死,同时判处贪赃枉法的华亭知县王明有死刑,把赃官萧岩革职回家,为受冤民众平反。他强迫乡宦退出霸占的大量良田。他还敢直言进谏,指责皇帝的缺点、错误。因贪官污吏诬陷,海瑞被嘉靖皇帝罢官。但其清正廉明的官声则为后人称赞。

21. 此指郑板桥。他是清代中叶著名书画家、文学家,乾隆年中进士后,先后在山东范县、潍县任县令凡二十年。他开明廉洁,一尘不染,两袖清风。他在任的地方,多年饥荒,发生"人相食",郑板桥采取开仓赈济、"责积粟之家"平粜的办法,救活万人。他当时在一幅画竹上的题诗表达了他对人民疾苦的关怀。诗曰:"衙斋卧听萧萧竹,疑是民间疾苦声,些小吾曹州县吏,一枝一叶总是情。"由于他的举措触动了豪绅地主的利益,他们串通一气,诬告他贪污舞弊请朝廷查办。郑遂被罢官,病归乡里。他离任时写了一首著名的诗,题于画竹上,其诗曰:"乌纱掷去不为官,囊囊萧萧两袖寒;写取一枝清秀竹,秋风江上作渔杆。"这首诗家喻户晓,成为为官清廉的象征。

22. 林则徐,我国近代史上第一位民族英雄。他三十六岁做地方官,治事精勤,体恤民情,公道正直,一时誉满天下,颂声四起。他力主禁戒鸦片,曾以钦差大臣身份在广东禁烟,他大刀阔斧,收缴大宗洋人的鸦片,严惩里勾外联的贪吏。在虎门海滩将二百三十多万斤鸦片付之一炬。英国以保护商人利益为借口,发动了鸦片战争。清廷腐败不堪,屈膝求和,签订丧权辱国的《南京条约》,并把林则徐撤职查办,流放于新疆伊犁。林则徐不顾个人安危,始终着眼于国家和民族利益。他在流放途中写下了传诵千古的名句:"苟利国家生死以,岂因福祸避趋之。"林则徐在新疆流放期间,跋涉天山南北,调查地理民情,兴修水利,组织垦荒,做了许多为后世难忘的事。

23. 车官指秦二世宠臣赵高。此人原为中车府令,即为官皇帝出巡车辆的小吏。后与秦二世胡亥密结,深得胡亥信任。秦始皇出巡时死于平原津。赵高主谋,与秦公子胡亥、丞相李斯策划,伪造秦始皇诏书,将公子扶苏赐死,协胡亥夺取了皇位。二世即位后荒淫无道,继续大修秦始皇陵。并在秦始皇安葬时,文武大臣和宫女、仆人殉葬一万余人。赵高诡计多端,二世成为赵高手上的玩物。赵高为了夺取政权,恐群臣不听,就设下圈套暴露不听话的贤良之士,以便铲除。他把鹿献给二世,说这是一匹马。二世说,丞相可能弄错了,这不是马是一只鹿。于是二世问左右大臣,有的沉默,有的说了老实话,指出这是鹿不是马,有的阿谀顺从,昧良心说这是马不是鹿。后来,赵高把言鹿者杀掉,言马者升迁。这就是赵高所导演的指鹿为马的恶作剧。秦二世王朝,主骄臣奸,横征暴敛,严刑苛法,维持不到两年,官逼民反,天下大乱,秦遂灭亡。

24. 西汉成帝时,国衰政腐,皇帝一个比一个昏庸,官吏一个比一个贪婪。唯典型者,定陵侯淳于长。他凭借自己的舅舅,当朝大司马王凤的势力,攀附而上,升为汉朝九卿之一的卫尉,掌握皇宫的禁卫。他利用汉成帝嗜酒贪色的弱点,把歌女赵飞燕推荐给成帝,取得成帝的欢心和信任,晋封淳于长为定陵侯。此人贪得无厌,在一两年中,接受地方官的贿赂和皇帝赏赐数累巨万,成为暴发户。他还许诺为许废后说情复皇后位,接受许后贿赂千万余银。他的事情败露后,被皇帝免职。他为了复职,又采取大肆行贿的办法,用大量珍宝贿赂当朝国舅王立。淳于长最后因贪丢官,成帝下诏将他诛杀于监狱。由于皇帝昏聩,淳于长一伙无限贪婪,终于官逼民反,百姓起义。西汉王朝在蛀虫的腐蚀下,面临崩溃之势。

25. 淮南节度使是指陈少游。唐安史之乱后行政失措,制度废弛,政风腐化,官场上出了一大批利禄之徒。陈少游是典型一例。他一步入仕途,就玩弄权术,贪污纳贿,结交权贵,厚敛财货。唐肃宗至德中(756年—758年),累迁大理司直、监察殿侍御史、节度判官。宝应年间又升为兵部郎中、扬州都督府长史、淮南节度使。每改任一职,都要搜刮到一笔钱财。他为官特征有六字:敛财、行贿、迁官。如此循环,官越做越大,钱越贪越多。他占据江南宝地十多年,敛积财宝,累计亿万。朝廷拜他为相,他也不心动,贪欲过度,野心膨胀,企图割据自立。最后罪行败露,"惭惶发疾,数日而卒"。

26. 蔡京、王辅为北宋臭名昭著的贪相。宋徽宗继位后,不理朝政,陶醉于后宫歌舞之中,重用蔡京、王辅等奸臣,掌管军国大政。蔡、王之流,则大肆朋比奸党,卖官鬻爵,贪污纳贿,打击仁人志士,一时朝野内外,天昏地暗。王辅标价卖官,人们说"三千索,直秘阁,五千贯,擢通判",就是指王辅卖官收贿的价格。他还以军事开支为借口,搜刮百姓钱财六百二十万亿,大部分据为己有。蔡京在王安石变法时,披拥护新法的外衣,窃取开封府知府职位,控制京都的大权。宋徽宗时爬上了宰相的职位。他专横跋扈,一手炮制了"党锢之祸",把司马光等过去任过职的一百二十人均定为"奸党",把五百多官员定为"邪党",大加迫害诬陷。安插了大大小小的贪官污吏,控制朝政。他巧取豪夺,大肆搜刮,家资累巨万,富可敌国。他过生日,山东地主西门庆送他四对祝寿银人,两个金寿字壶,两副玉桃杯及一件蟒衣。蔡京便封西门庆为山东提刑所副千户,官价五品。蔡京奢侈糜烂至极,吃一次蟹黄馒头，耗银一千三百余两。他祸国殃民，罪行累累，为历代人民所痛恨。

27. 桑哥，元世祖忽必烈时的贪官。他以狡猾手段，由经商、信佛步入仕途。元至元二十四年，桑哥晋升为尚书省平章政事。他贪财无度，采取种种手段聚敛私财。其中有"更钞增税"，就是造新币换旧币，每换一次，把五分之四亏欠数目转到老百姓头上，官府和他本人大捞一把。"钩考钱谷"就是派亲信进行财政大检查，这些人每到一地，趁追查旧账的机会，大肆敲诈勒索，弄得老百姓离乡背井，四处流浪。"变引加赋"，就是增加盐、茶、酒等交易税，加征迁移新户的赋税。借机勒索，大饱私囊。总之，桑哥在勒索民脂民膏上是一个伎俩多端的人物。桑哥罪行败露后，罢官抄家，在民众强烈要求下被诛。

28. 刘瑾，明正德初年的大宦官，曾专权五年，人称"立皇帝"，其贪婪专横，在明代历史上屈指可数。刘瑾取得皇帝信任后，专擅朝政，控制内阁，大追所谓"奸党"，排斥和杀害众多清官廉吏。他贪婪至极，采取公开受贿，设计索贿和恣意贪污的手段，聚敛了大量资财。官员升迁，要重谢刘瑾，称为"谢礼"，仅湖广侍郎一次就送谢礼银十余万两。刘瑾曾下令各省将库存银两尽输京师，其中把各地送来的银两一半归为己有。刘瑾向官员所索之银实来自百姓，这些行贿官员回去，又加倍搜刮民众，造成千家万户倾家荡产，激起农民暴动不断发生。正德五年，刘瑾罪行暴露，武宗下令将刘瑾逮捕，后处以碟刑，即千刀万剐。受害人家竟以一钱换刘瑾一块肉生吞下去解恨。

29. 和糰，本名钮钴禄·和坤，满洲正红旗人。原是普通旗人，后来成为刑部尚书英廉的女婿。由英廉举荐当乾隆帝的銮仪卫听差。由于投机攀附，逢迎揣摩乾隆皇帝心理，骗得信任，竟荣升为军机大臣内务府大臣的职位。和坤一进官场，就贪赃枉法。随地位升高，其胃口越大，采取贪污、受贿、公开索取、盗窃国库的手段，聚敛财富，四方送给皇帝的珍品,上等的先入和珅手,次等的才送宫廷。他成为乾隆时期贪官之冠。由于和珅罪责累累,受普天下人痛恨,乾隆帝1799年正月初三病故后,刚刚亲政的嘉庆皇帝下令将和珅逮捕,论罪后赐死。经查抄和珅家,其非法聚敛的财产可折合白银八亿两之巨,相当于朝廷10年的总收入。

30. 奕劻,是清皇族后裔,其先祖为嘉庆皇帝同母兄弟。道光二十九年(1852年),二十岁的奕劻承袭辅国将军爵。慈禧垂帘听政后,奕劻百计奉迎,得到信任。同治六年后,他历任镶红、白、黄族蒙古都统、镶白、黄蓝、正黄各族满洲都统、御前大臣等要职。奕劻性贪权、贪利、贪色,挤进官场后,肆行贿赂,广收"门包",敛银以亿元计,其住宅宛如皇宫,大小楼房近千间,一日费用不下万金。人们评价他"从未做过一稍有荣誉之事",彼于官场中实为一罪大恶极之人物。

31. 封疆大吏行盗是指清朝贪官富勒浑。此人满正蓝旗人。清乾隆年间,历任浙江巡抚、河南巡抚、湖广总督、四川总督、礼部尚书、工部尚书、浙闽总督、两广总督。为官二十余年,凡到一地就贪贿巨万。此人晚年因贪纵无度,数次获罪,被革职、充军,后来沦为乞丐小偷。他先被充军新疆伊犁,后被下令释回京师。因先吞后吐,在京期间,穷窭不堪。先变卖家中东西度日,当无物可卖时,孑然一身,沿街乞讨。老百姓恨他,不予施舍,达官贵人避他,拒绝施舍。只有叫朱珪的官员同情他,每次求乞,可给铜钱二百,有时还要请他到书屋喝茶叙谈。不料,有一次富勒浑私入朱珪家,趁无人在家时,偷走了朱珪家珍藏的一面镜子。古人有势穷则死的气节,唯有贪官富勒浑则寡廉鲜耻,势穷行乞为盗,贻笑后世。

32. 刘青山、张子善贪污案是新中国成立后第一宗贪污大案。刘青山曾任中共天津地委书记,张子善曾任中共天津地委副书记,二人利用职权贪污盗窃国家财产171亿6千2百万元(旧人民币,旧币1

万元等于人民币 1 元)，二犯利用窃取的国家资财大建亭台楼阁，挥霍浪费。刘张案 1951 年 11 月被揭发出来，12 月 4 日中共河北省委开除二人党籍，并依法逮捕。河北省人民法院临时法庭奉中央人民政府、最高法院核准判处二犯死刑，并没收其本人全部财产。

33. 无锡集资案。无锡新兴实业总公司总经理邓斌与北京兴隆公司总经理相互勾结，密谋策划，开展了骇人听闻的欺骗集资，他们以年息 40% 的利息为诱饵，大肆引诱企业和个人向其公司投股。仅公司成立的当月就集资 2.8 亿元，到 1994 年底，非法集资款高达 32.7 亿元。参与集资的投股人受到欺骗，遭受深重打击，国家财产也受到重大损失。邓斌落入法网，被判处死刑，结束了贪财无度的罪恶生涯。首钢蛀虫伏法案是指首钢总公司北京钢铁分公司党委书记管志诚贪污受贿大案。管志诚从 1986 年开始，大肆索贿、受贿，总金额达 141.8 万元，贪污公款 8.2 万元。管志诚生活堕落，长期包养情妇多人。仅其情妇于惠荣与管合伙受贿人民币达 93.25 万元，港币 2 万元。1991 年管志诚被判处死刑，于惠荣被判处无期徒刑，罪犯的所有财产被没收。管志诚处决后，又有周北方特大受贿贪污案。周生活堕落腐化。他一家在香港和国内共占 6 套住房，仅香港的一套公寓高达 2500 万港元。拥有 5 辆豪华轿车，一年在东湖宾馆吃喝 60 次，吃喝金额达 42218.5 元。他贪污受贿 200 多万，由于玩忽职守和以权谋私，给首钢造成 10 亿人民币的经济损失。他被判处死刑，缓期二年执行。

34. 王宝森，原北京市委常委、副市长。王宝森在任期间，滥用职权，大肆侵吞。他贪污公款 25 万多人民币，2 万美元；挪用公款 1 亿人民币、2500 万美元。供其弟、姘妇及关系户进行营利活动，造成 1300 万美元的损失；挥霍大量公款，营造豪华别墅，购买高级公寓，长期包租宾馆客房，包养情妇，寻欢作乐；违法批贷巨额资金，造成大量流失。1995 年，王宝森畏罪自杀。陈希同，原中共中央政治局委员、北京市委书记。在担任北京市委书记期间，严重失职、渎职和搞违法犯罪活动。他包庇重用罪犯王宝森怂恿其儿子、秘书、司机进行经济犯罪活动。他生活腐化堕落，长期包养情妇，并将国家数处住宅送给情妇营利，利用职务之便收受大量贵重物品。他欺骗中央，隐瞒北京的财政收支，怂恿王宝森之流大肆挥霍国家财产。由于其罪行严重，被开除出政治局、中央委员会，被开除党籍，已被判处 16 年有期徒刑。

35. 阎健宏，原贵州省计委副主任、省信托投资公司董事长。在任期间作风霸道、贪婪至极，先后五次贪污公款 175 万人民币，美元 1.43 万，挪用 5 万美元，还接受大量现金、实物。1995 年被判处死刑。

36. 阎伏法后，接替其职位的是省财政厅副厅长向明序。他上任不到半年便寻花问柳，生活堕落，贪污受贿 17 万之巨。1996 年向被开除党籍，撤销"国投"公司董事长职务，判处三年有期徒刑。人们惊奇地议论：贪官也会前仆后继。

37. 泰安市原市委书记胡建学作风霸道，贪婪至极，同市委原副书记孔庆祥、市委原秘书长卢胶青、原副市长孔利民、原公安局长李惠民，原泰山石化公司总经理徐兴波勾结在一起，大肆贪污受贿。胡建学一人受贿贪污总额达 150 万之巨，其他罪犯亦都攫取国家大量资财。案发后，胡建学被判处死刑，缓期二年执行，孙庆祥、徐洪波被判无期徒刑，卢胶青、孔利民被判死缓，李惠民被判处死刑。一窝蠹虫给国家带来巨大损失，也辱没了巍巍泰山的光辉。

38. 云南红塔集团董事长褚时健，多年在经营企业上有较大贡献，但到退休时趁机大捞。他个人贪污 170 多万美元，私分公款 300 多万美元，怂恿其女儿非法进行经营活动，受贿 3000 多万元，1997 年褚时健落入法网。

39. 惠州警头，指原惠州公安局长，大肆贪污受贿，总额达 150 多万,1994年被判处死刑。

40.人大副主任,指广东省人大常委会原副主任欧阳德在兼任东莞市委书记期间,大肆贪污受贿,数额达数十万,被依法判处有期徒刑十二年。

41.陕西民政,指陕西民政厅集体受贿案。此民政厅,由厅长带头将国家救济款乱拨乱分,哪个地区行贿就对哪个地区分配救济款,结果困难地区得不到救济,行贿的地区给了救济款。这一伙硕鼠先后接受70余万元贿赂,集体私分。给国家造成了数亿元损失。此案暴露后,厅长及其同伙均被撤职查办。

42.权柄桂,是河南某县粮食局长,作风十分霸道,视粮食局为自己的私产。先后数百次给一些人批条子进行粮食投机,他的条子可以买到上千上万元。他受贿卖麻绳的老板,给仓库批买的麻绳可用三千年,造成巨大浪费,他先后受贿和贪污160多万元,终于落入法网,被判死刑。

43.甘肃铝业蛀虫指连城铝厂厂长魏光前。他利用职权,以给他人批供低价铝锭等手段,收受贿赂52万人民币,港币13.5万元,美金1.1万元。他与广东私人业主潘某勾结,将铝厂资金和铝锭无偿提供给潘的企业,造成铝厂损失达2.79亿元,从魏的家还抄出100多万不明财物。

44.甘肃钢厂巨鼠,指兰钢集团总经理张斌昌。此人在甘肃酒钢任副总经理期间,收受贿赂80余万,1995年调任兰钢集团总经理后,继续作恶,竟将企业贷款36万元,在银行办信用卡,攫为已有,他总共受贿120万元,家中查出的不明财产达300万。魏光前、张斌昌二人均道德败坏,长期包养情妇多人。二人均被捕入狱。

45.近几年全球出现腐败浪潮,随之出现全球性反腐活动。西方国家政治资金涉及的领域成为腐败的高发区。法国每年有10亿法郎的不法收入流入各政党总部。腐败问题曾把法国、意大利首脑送上了审判台。在亚洲韩国前总统卢泰愚、全斗焕因涉嫌政治贿金被判刑。1997年又有韩国韩宝唐津钢铁公司因无法偿还银行贷款而破产事件，韩国检察当局揭出了破产因素中存在"政治勾结"，行贿受贿的行为，导致前总理李寿成等24名内阁总辞职。日本近年涉及首相、大臣受贿案发生数起。有两届政府因腐败丑闻而倒台。拉丁美洲，不断出现官员贪贿丑闻。秘鲁总统藤森和危地马拉总统塞莱索因议会贿赂丑闻而解散了议会。巴西前总统科洛尔和委内瑞拉前总统佩雷斯，因贪贿问题受到起诉而辞职。面对这种政治腐败恶浪，人们把政治腐败作为全球性问题之一，在世界的各个地区都开展着反腐败斗争。这是一种把人类引向正义、进步和把人类引向邪恶、退化的斗争。

46. 西方政治学家认为政治腐败往往产生于没有限制的权力，权力越没有制约，腐败越发膨胀。从而得出"无限权力无限腐败"。西方采取"三权分立"，舆论中立等方式，力图制约权力，防止腐败蔓延。尽管西方国家并没有因为有限制的权力，腐败就会结止，但从制约权力入手解决腐败问题，思路是完全正确的。我国有些官员之所以为所欲为，横行霸道，贪赃枉法无人敢问，就在于这些人的权力没有得到制约。因此，对任何一个领导岗位，要由无限权力向有限权力转化，权力在上下左右制约下运用，不失为治腐之一大招。

47. 球员裁判，各负其责，主要是要求监督机构客观公正，不要只搞自己监督自己，而要有一种凌驾于官员之上的第三种监督力量。目前，我国不少权力岗位由一人独揽一切权力，运动员和裁判员实为一人，监督边界模糊，监督乏力，腐败自然有恃无恐。

48. 圈定终止。这里的"圈定"指少数人在选举前，圈定领导人选，把民意和选举当作花瓶的做法。官员如果是民选的良士，他会为大众谋利益，受大众监督，由大众提携或罢免；如果是由少数人指定的、圈定的,那他一定忠于其上司,对人民事业会不负其责的。所以我国的"选吏"制度必须改革,候选人亮相,民众提名选举,专家严格鉴定其德才,这样才可以保证官员的质量。

49. "三难"指当今一些党政领导机关官僚主义严重,老百姓办事"门难进,脸难看,事难办"的不良风气。

50. 党中央、国务院曾多次颁发廉政和反腐条例、规定,如县以上党员领导干部民主生活会的规定,党员权利保障条例、企业干部廉洁自律的规定.制止公款吃喝、旅游的通知等等,但一些部门和单位采取所谓"绕红灯""变通"和"不予理睬"的行径我行我素,继续违法行事,说明我国在廉政上有立法缺陷,急需完善,以法治腐。

51. 博文约礼。此语出自孔子《论语》。子曰:"君子博学于文,约之以礼,亦可以弗畔矣夫"。意思是君子要知识深广,多见多识,而又要用礼仪约束自己的行为。这是儒家主要的教育原则,含有人要德才兼备之意。今日干部要领导四化大业,必须有德有才,要广泛学习掌握各种知识,又要不断提高修养和自己的道德水准。

附录

武文军先生论著目录

出版学术著作

1.《政治经济学浅说》，20 世纪 70 年代。

2.《人口普查基本知识》，1981 年 1 月。

3.《评摩尔根的历史观》，三联出版社，1983 年 3 月。

4.《〈资本论〉创作史话》，甘肃人民出版社，1985 年 7 月。

5.《三中全会以来党的路线和政策的主要特征》，甘肃人民出版社，1987 年 8 月。

6.《我国生产力发展的理论与实践》，兰州大学出版社，1988 年 6 月。

7.《当代教条主义沉思》，光明日报出版社，1989 年 8 月。

8.《拜金主义的过去与现在》，甘肃人民出版社，1990 年 1 月。

9.《和平演变与反和平演变探索》，甘新出 001 字总 611 号（91）111 号，1991 年 8 月。

10.《国际关系史与世界新秩序》，《理论之声》增刊。

11.《文山览胜——对一种降低工作效率的社会现象剖析》

12.《关贸总协定与入关对策》，甘肃人民出版社，1993 年 2 月。

13.《东方明珠——香港考察与研究》，成都科技大学出版社，1993 年 6 月。

14.《社会主义市场经济导论》,成都科技大学出版社,1993 年 6 月。

15.《中国特色的社会主义概论》,宁夏人民出版社,1993 年 8 月。

16.《马克思主义理论的重要贡献》,宁夏人民出版社,1994 年 2 月。

17.《现代企业制度引论》,宁夏人民出版社,1994 年 5 月。

18.《兰州国有大中型企业转型研究》,《理论之声》增刊,1995 年 1 月。

19.《邓小平对马克思主义的大发展》

20.《俄罗斯改革评说——俄罗斯考察报告》

21.《天体与人生——对天体、人生、社会、思维现象的哲学思考》,甘肃人民出版社,1995 年 12 月。

22.《企业破产机制新论》,甘肃人民出版社,1997 年 2 月。

23.《历史性的课题——论高举邓小平理论的伟大旗帜》

24.《中国经济问题报告》,1997 年 2 月。

25.《勤政廉政心经》,甘肃人民美术出版社,1998 年 11 月。

26.《西部大开发读本》,宁夏人民出版社,2000 年 7 月。

27.《中国入世与战略应策》,宁夏人民出版社,2001 年 9 月。

28.《甘肃六十年代大饥荒考证》,2001 年,11 月。

29.《中国六十年代大饥荒考》,兰州市政协文史资料选辑(第 22 辑),2002 年 1 月。

30.《劳动价值论的走向》,甘肃人民出版社,2002 年 6 月。

31.《甘肃民族地区小康建设之路》,民族出版社,2003 年 8 月。

32.《古今日本新解读》,兰州大学出版社,2004 年 3 月。

33.《玫瑰樱花遥相笑》,2004 年 3 月。

34.《重阳不隔两市情》,2004 年 3 月。

35.《中华健儿战奥运》,《兰州学刊》增刊,2005 年 4 月。

36.《今世与来世》,2005 年 11 月。

37.《饿魂祭》,兰州市社科院编印,2006 年 1 月。

38.《中国五千年学术史纲》文联出版社,2009 年 3 月。

刊发学术论文

1979 年 11 期,《理论学习参考材料》四项基本原则的力量源在于人民——学习叶剑英同志国庆讲话的体会

1979 年 12 期,略论城市劳动力资源的利用(《甘肃省经济学会第一届年会论文集》

1980 年 1 期,《兰州大学学报》论流通费用的节约

1980 年 1 期,《兰州学刊》当前应当怎样讲授和阅读《资本论》

1980 年 1 期,《兰州学刊》关于人口问题的资料

1980 年 1 期,《西北人口》略论人口结构学的研究

1980 年 2 期,《兰州学刊》兰州市人口的平均预期寿命分析

1980 年 2 期,《西北人口》人口学是一门什么样的科学

1980 年 3 期,《兰州学刊》投资性经济初探

1981 年 1 期,《兰州学刊》旅游经济发展的客观条件

1981 年 1 期,《西北人口》人口与环境

1981 年 2 期,《兰州学刊》综合评价我国城市人口问题

1981 年 2 期,《兰州学刊》人间无迷宫——漫话世界的可知性

1981 年 3 期,《兰州学刊》地下的兰州——兰州地区文物考古资料简述

1981 年 3 期,《法国史通讯》中国法国史研究会第二届年会讨论会上发言摘编

1981 年 5 期,《理论学习》社会主义的市场及供求平衡问题

1982 年 1 期,《兰州学刊》《资本论》中经济范畴的运动形式问题

1982 年 1 期,《兰州学刊》毛泽东同志的实践观和实践方法

1982 年 2 期,《环境研究》关于环境经济学的方法论

1982 年 2 期,《人口与经济》人口普查队伍的组织和培训

1982 年 2 期,《理论学习》要善于掌握和运用科学的抽象方法

1982 年 3 期,《人口学刊》人口普查史概述

1982 年 4 期,《兰州学刊》论发展新型的社会关系

1982 年 4 期,《兰州学刊》论领导干部必须具备的才能

1982 年 5 期,《宣传参考资料》马克思的再生产理论对社会主义经济的重大指导作用

1983 年 2 期,《兰州学刊》论精神生产的特征及其科学管理

1983 年 2 期,《理论学习》社会主义时期《资本论》普及工作的几个问题

1983 年 3 期,《兰州学刊》马克思的极差地租理论与我国当前土地面积的合理利用

1983 年 3 期,《河北人口》我国人口学的研究如何深入

1983 年 3 期,《河北人口》宣统末年中国人口状况的分析

1983 年 3 期,《经济动态与决策》关于甘肃人才资源的开发问题

1983 年 7 期,《宣传参考资料》经济改革实践中提出的几个理论问题

1983 年 11 期,《宣传参考资料》马克思异化思想的由来和演变——评理论界的所谓"异化热

1984 年 1 期,《兰州学刊》马克思异化思想的由来和演变——评理论界的所谓"异化热"

1984 年 1 期,《建设经济》环境保护投资小议

1984 年 1 期,《理论辅导员》为什么当前的经济体制改革要以城

市为重点

1984 年 1 期,《理论辅导员》什么叫经典著作? 什么是马克思主义的经典著作?

1984 年 2 期,《商经学刊》略谈城市流通体制的改革

1984 年 4 期,《兰州学刊》兰州市郊区农民致富方法分析

1984 年 4 期,《兰州大学学报》马克思是怎样解剖英国的

1984 年 6 期,《兰州学刊》我国劳动就业体制改革简论

1985 年 1 期,《宣传参考资料》试论兰州经济发展的宏观决策

1985 年 2 期,《兰州学刊》从繁琐描述法到科学抽象法——干部思想方法论之一

1985 年 3 期,《理论学习》论领导干部由经验分析向理论分析的转变

1985 年 3 期,《兰州学刊》思维鉴别的两种比较法——空间比较法与历史比较法

1985 年 4 期,《兰州学刊》兰州在西部开发中的重要对策

1985 年 4 期,《宣传参考资料》从繁琐描述法到科学抽象法

1985 年 5 期,《兰州学刊》黄河上游甘南地区自然资源概况

1985 年 6 期,《宣传参考资料》兰州中心城市的战略地位与宏观管理体制的改革

1985 年 6 期,《宣传参考资料》城市生态病及其治理

1985 年 6 期,《价格体系改革讲话》马克思的劳动价值论是物价体系改革的理论基础

1985 年 7 期,《宣传工作》城堡观念是现代化建设的严重思想障碍

1986 年 1 期,《兰州学刊》略论我国大地带经济布局——学习"七五"建设关于经济建设的一个重要方针

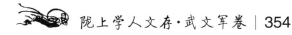

1986年1期，《人才与改革》人事组织工作需要研究的几个理论问题

1986年1期，《宣传参考资料》试论有马克思主义信念是中国共产党真正的优势

1986年1期，《理论辅导员》试论有马克思主义信念是中国共产党的真正优势

1986年2期，《理论辅导员》思维方式要适应现代化建设的需要

1986年3期，《理论学习》有马克思主义信念是中国共产党真正的优势

1986年4期，《环境研究》城市生态病及其治理

1986年5期，《兰州学刊》甘肃干部"土"的表现特征及其产生的原因

1986年5期，《理论辅导员》如何学好《马克思经典作家论辩证唯物主义和历史唯物主义》这本教材

1986年7期，《宣传工作》兰州市干部理论教育工作的回顾与展望

1986年8期，《理论辅导员》小农观念的十种表现

1986年9期，《理论辅导员》理论观念的更新与政治体制改革

1986年10期，《理论辅导员》我国现代化建设的总体布局与社会主义精神文明建设

1987年1期，《兰州经济》兰州开发环境新起优势的分析

1987年1期，《社会研究参考》当代青年精神文明发展的目标和方法

1987年1期，《理论辅导员》关于马克思的"人类学笔记"

1987年1期，《兰州教育学院学报》以党的六中全会的"决议"为指针，推进兰州市的精神文明建设

1987 年 2 期,《兰州学刊》商品经济与商品经济意识

1987 年 2 期,《开发研究》甘肃城市化过程中的人口问题

1987 年 2 期,《兰州经济研究》对兰州开发的六点建议

1987 年 4 期,《西北史地》兰州景观的综合分析

1987 年 4 期,《环境研究》略论甘肃省精神文明环境的优势与劣势

1987 年 4 期,《理论辅导员》两个互相联结的基本点是三中全会以来党的路线的主旨

1987 年 5 期,《兰州学刊》沙漠、科学与生命——记中国科学院兰州沙漠研究所

1987 年 11 期,《理论辅导员》关于以按劳分配为主体的多种分配形式问题

1988 年 1 期,《西北史地》西北城镇衰落的原因及历史教训

1988 年 1 期,《理论辅导员》关于建国后发展生产力问题的历史文献

1988 年 2 期,《兰州学刊》三中全会前我国在生产力问题上的失误

1988 年 2 期,《组织人事学研究》论培养干部的创造性素质

1988 年 3 期,《经济动态与决策》关于甘肃人才资源的开发问题

1988 年 3 期,《理论辅导员》马克思主义是发展的、求实的、开放的体系

1988 年 4 期,《兰州学刊》我国社会病态现象及其根源

1988 年 4 期,《西北史地》甘肃城镇开发中的资源危机

1988 年 4 期,《开发研究》甘肃人才外流的离心因素及人才开发对策

1988 年 4 期,《百科知识》人的创造性与社会生存能力

1989 年 1 期,《兰州学刊》中华民族精神振兴的新起点

1989 年 1 期,《西北史地》略论西北城市的分类及类变异

1989 年 1 期,《理论之声》西双版纳考察记

1989 年 2 期,《理论之声》成就·问题·对策

1989 年 3 期,《西北史地》略论甘肃城镇文化资源的开发

1989 年 3 期,《兰州党校校刊》用马克思主义历史观分析社会现实问题

1989 年 6 期,《理论之声》总结回顾,加强马克思主义理论建设

1990 年 1 期,《兰州学刊》关于马克思主义学风建设的几个重要问题

1990 年 2 期,《党的建设》拜金主义的过去与现在——对"一切向钱看"的透视

1990 年 3 期,《西北史地》甘肃精神文明环境的再认识

1990 年 5 期,《理论之声》马克思的著作概观

1990 年 6 期,《理论之声》论人类的精神残废

1991 年 1 期,《兰州学刊》党的意识形态是预防"和平演变"的重要基点

1991 年 1 期,《理论·实践·方法》论直线思维方法及其危害

1991 年 1 期,《兰州党校校刊》从意识形态和社会制度的对立看西方推行"和平演变"战略的必然性

1991 年 4 期,《理论之声》上海开发的新思路及对兰州的借鉴

1991 年 6 期,《理论之声》"民主社会主义"剖析

1992 年 1 期,《理论之声》新旧格局转轨时期国际关系的十大特点

1992 年 1 期,《党史风华》我国预防"和平演变"的主要对策

1992 年 2 期,《西北史地》贫穷而又富饶的黄金带——欧亚大陆

二桥地带开发试析

　　1992 年 3 期,《兰州学刊》文山奇观

　　1992 年 4 期,《兰州学刊》从《风雨集》看裴慎的忠肝傲骨

　　1992 年 4 期,《发展》识"文山"

　　1992 年 5 期,《甘肃社会科学》略谈解决"文山"的对策

　　1992 年 6 期,《兰州学刊》建设有中国特色社会主义的伟大纲领

　　1992 年试刊号,《丝绸之路》具有开发前景的"现代丝绸之路"

　　1993 年 1 期,《兰州学刊》中国"入关"十大益

　　1993 年 1 期,《西北史地》略论"新丝绸之路"经济走廊的开发

　　1993 年 2 期,《兰州学刊》市场经济浪潮下的企业策略

　　1993 年 2 期,《发展》质量,国际市场竞争中取胜的关键

　　1993 年 2 期,《丝绸之路》走向世界的兰州

　　1993 年 2 期,《理论之声》香港市场体制考察

　　1993 年 3 期,《甘肃社会科学》参与国际贸易竞争的战略选择

　　1993 年 3 期,《兰州学刊》自由港特色

　　1993 年 3 期,《兰州财会》社会主义市场经济与现代一般市场经济的异同点

　　1993 年 4 期,《兰州学刊》香港——重要国际旅游中心

　　1993 年 4 期,《理论之声》略论腐败的表现、特征和成因

　　1993 年 5 期,《兰州学刊》如何借鉴美国市场经济的成功经验

　　1993 年 5 期,《开发研究》香港的金融管理

　　1993 年 6 期,《风纪窗》转轨时期腐败现象的根源

　　1993 年 8 期,《人大研究》略论市场体制下的民主政治建设

　　1994 年 1 期,《兰州学刊》和平与发展的新时代观——学习《邓小平文选》第三卷关于时代特征的论述

　　1994 年 2 期,《甘肃社会科学》马克思主义生产力学说的重要发

展——学习《邓小平文选》第三卷有关生产力发展的论述

1994年2期,《兰州学刊》马克思的企业理论与我国企业制度的创新

1994年2期,《丝绸之路》兰州走向世界的三大举措

1994年4期,《时代学刊》和平与发展:时代进步大趋势

1994年4期,《理论之声》新制度学派的企业权力转移说

1994年5期,《兰州学刊》我国企业亏损的成因及出路

1995年1期,《兰州学刊》微观其微——微观世界的新发现及引出的哲学问题

1995年1期,《理论之声》企业的变异与破产

1995年1期,《开拓与发展》邓小平对马克思主义的发展

1995年1期,《兰州宣传》宇宙富源与人类投入(上)——谈宇宙开发的战略意义

1995年2期,《兰州宣传》宇宙富源与人类投入(下)——谈宇宙开发的战略意义

1995年2期,《兰州学刊》兰州国有大中型企业转型状况分析

1995年2期,《理论之声》走好"死去活来"的破产路

1995年3期,《兰州学刊》转型时期引发企业破产的特殊因素

1995年3期,《开拓与发展》俄罗斯农业改革考察

1995年5期,《百科知识》宇宙开发的重大价值

1995年5期,《兰州学刊》社会主义企业破产的经济机理

1995年6期,《甘肃社会科学》略论破产企业职工的安置

1995年6期,《兰州学刊》论干部理论考核的指标体系

1995年6期,《人大研究》企业依法破产程序探

1995年7期,《兰州宣传》制止破产逃债之风

1996年1期,《甘肃社会科学》略论破产企业职工的安置(续)

1996 年 2 期,《兰州学刊》防止腐败制度化

1996 年 3 期,《开拓与发展》如何深化中国特色社会主义理论学习

1996 年 5 期,《开拓与发展》"新贵"道德沦落现象探源

1996 年 6 期,《兰州学刊》物质文明与精神文明的协调发展

1996 年 8 期,《兰州宣传》浦东开发的新战略考察

1996 年 11 期,《兰州宣传》"两个文明" 协调发展的思想是对马克思主义文明观的重大贡献

1997 年 1 期,《兰州学刊》代价论及其探源——对"以精神文明的损失为代价换取经济发展"的评析

1997 年 1 期,《党的建设》要分清党性原则与市场交换原则的区别

1997 年 1 期,《兰州宣传》对当前几个重大理论问题的评析

1997 年 2 期,《人大研究》领导层道德建设问题

1997 年 2 期,《兰州学刊》传统文化的真谛

1997 年 3 期,《兰州学刊》邓小平的求实与创造风范

1997 年 4 期,《开拓与发展》"一国两制"的理论价值及实践意义

1997 年 4 期,《兰州学刊》从政治经济学到社会主义发展经济学——邓小平对马克思主义经济理论重大贡献之一

1997 年 5 期,《诤友》在所有制问题上的理论创新——学习党的十五大精神的体会

1997 年 5 期,《兰州学刊》邓小平的辩证治国方法

1997 年 6 期,《兰州学刊》认识邓小平理论的历史地位,高举邓小平理论的伟大旗帜

1998 年 2 期,《兰州学刊》亚洲金融危机引出的教训

1998 年 4 期,《兰州学刊》勤政廉政心经

1998 年 6 期,《诤友》三中全会与左倾路线的终结

1998 年 6 期,《兰州学刊》求实与创造是三中全会路线的基本特征

1999 年 1 期,《兰州学刊》孙中山评马克思

1999 年 1 期,《诤友》孙中山评马克思

1999 年 3 期,《兰州学刊》科索沃危机与国际紧张局势

1999 年 4 期,《诤友》科索沃危机的祸首:民族分裂主义与世界霸权主义

1999 年 4 期,《诤友》超级骗子李洪志

1999 年 5 期,《诤友》拉斯维加斯与美国的赌业

1999 年 5 期,《兰州学刊》兰州——我国西部资源开发的重要基地

2000 年 1 期,《兰州学刊》研究兰州城市形象的基本问题

2000 年 1 期,《诤友》漫话"最小的世界"与思维革命

2000 年 1 期,《兰州发展论坛》西部的优势、劣势及强势

2000 年 2 期,《诤友》人妖颠倒谬判决——评东史郎审判案

2000 年 2 期,《兰州发展论坛》世贸组织产生的基本因素

2000 年 2 期,《兰州发展论坛》世贸组织的规范与原则

2000 年 3 期,《诤友》我国西部开发的历史经验

2000 年 5 期,《诤友》戒酒檄

2000 年 6 期,《兰州学刊》贪官上马对选干工作的警示

2000 年 6 期,《诤友》六十年代灾荒考证与分析其他学术成果

1978 年,论"增益"代替"利润"

1979 年,价值规律问题讨论会纪要

1979 年,价值规律在社会主义价格形成中的作用

1980 年,西北五省区人口问题第一次讨论会总结

1980 年, 于现阶段个体经济的几个问题

1981 年, 关于资本主义非法活动的调查

1981 年, 关于环境经济学的方法论

1982 年, 关于人口统计学的几个问题

1982 年, 经济范畴的运动形式研究——读《资本论》札记

1982 年, 马克思的再生产理论与社会主义经济工作

1983 年, 第二次全国中心城市经济问题讨论会侧记

1983 年, 中心城市的发展战略及其体制改革

1983 年, 论社会主义时期《资本论》的普及工作

1983 年, 环境保护投资的经济效益评价

1983 年, 马克思主义的珍贵文献, 现代化建设的正确纲领

1984 年, 《资本论》法文版《商品》篇引渡

1984 年, 长江大流域战略性的改革

1984 年, 全国第五次按劳分配讨论会侧记

1984 年, 改革中的城市劳动就业问题

1985 年, 试论兰州的中心城市地位与开发对策

1986 年, 美国的开发政策与美国的现代化

1986 年, 建国后我国干部工作上的主要经济教训

1986 年, 学习《关于费尔巴哈的提纲》的提示

1986 年, 甘肃干部“土”的科学涵义是什么

1986 年, 甘肃干部治“土”方略

1987 年, 《兰州市精神文明建设发展规划》(讨论稿)的说明

1987 年, 当代青年精神文明发展的目标和方法

1987 年, 兰州市精神文明建设的发展规划应当如何制定

1986 年, 对兰州开发的再认识

1987 年, 兰州的三大系列景观

1988 年,三中全会后我国农村生产力解放的新路子

1988 年,甘肃人才与劳动力资源的开发战略

1988 年,人的真正价值在于人的创造性

1989 年,斯大林教条主义解析

1989 年,当代中国教条思维的主要特征

1989 年,当代中国教条主义探源

1989 年,改革时期的教条主义遗风

1989 年,拜金主义的过去与现在——对"一切向钱看"的历史考察

1990 年,中共兰州市委宣传部副部长、市社科所所长武文军同志在兰州市税务学会第二届会员代表大会暨第二次理论研讨讲话

1991 年,我国预防"和平演变"的有利因素

1991 年,东欧社会主义国家的"和平演变"及其历史教训

1993 年,论发扬毛泽东的马克思主义学风

1994 年,马克思的企业观及其运用(《现代企业制度研究报告》)

1994 年,西方经济学流派的现代企业观(《现代企业制度研究报告》)

1994 年,企业亏损的成因及出路(《现代企业制度研究报告》)

1994 年,我国企业产权制度的创新(《现代企业制度研究报告》)

1994 年,论致富之路——学习邓小平同志关于"贫穷不是社会主义"的著名论断 20 世纪 70—80 年代论话风

社会主义的家庭经济

唐太宗的治国之长——读史有感

重新认识巴黎公社的基本经验

政治经济学的研究对象和方法

我国城市居民住宅研究

社会生产力在我国的命运——学术报告题要
马克思的剩余价值理论过时了吗？
马克思主义的家庭起源理论研究
美国学者与马克思的剩余价值理论

《陇上学人文存》已出版书目

· 第一辑 ·

《马　通卷》马亚萍编选　　《支克坚卷》刘春生编选

《王沂暖卷》张广裕编选　　《刘文英卷》孔　敏编选

《吴文翰卷》杨文德编选　　《段文杰卷》杜琪　赵声良编选

《赵俪生卷》王玉祥编选　　《赵逵夫卷》韩高年编选

《洪毅然卷》李　骅编选　　《颜廷亮卷》巨　虹编选

· 第二辑 ·

《史苇湘卷》马　德编选　　《齐陈骏卷》买小英编选

《李秉德卷》李瑾瑜编选　　《杨建新卷》杨文炯编选

《金宝祥卷》杨秀清编选　　《郑　文卷》尹占华编选

《黄伯荣卷》马小萍编选　　《郭晋稀卷》赵逵夫编选

《喻博文卷》颜华东编选　　《穆纪光卷》孔　敏编选

· 第三辑 ·

《刘让言卷》王尚寿编选　　《刘家声卷》何　苑编选

《刘瑞明卷》马步升编选　　《匡　扶卷》张　堡编选

《李鼎文卷》伏俊琏编选　　《林径一卷》颜华东编选

《胡德海卷》张永祥编选　　《彭　铎卷》韩高年编选

《樊锦诗卷》赵声良编选　　《郝苏民卷》马东平编选

第四辑

《刘天怡卷》赵　伟编选　　《韩学本卷》孔　敏编选
《吴小美卷》魏韶华编选　　《初世宾卷》李勇锋编选
《张鸿勋卷》伏俊琏编选　　《陈　涌卷》郭国昌编选
《柯　杨卷》马步升编选　　《赵荫棠卷》周玉秀编选
《多识·洛桑图丹琼排卷》杨士宏编选
《才旦夏茸卷》杨士宏编选

第五辑

《丁汉儒卷》虎有泽编选　　《王步贵卷》孔　敏编选
《杨子明卷》史玉成编选　　《尤炳圻卷》李晓卫编选
《张文熊卷》李敬国编选　　《李　恭卷》莫　超编选
《郑汝中卷》马　德编选　　《陶景侃卷》颜华东　闫晓勇编选
《张学军卷》李朝东编选　　《刘光华卷》郝树声　侯宗辉编选

第六辑

《胡大浚卷》王志鹏编选　　《李国香卷》艾买提编选
《孙克恒卷》孙　强编选　　《范汉森卷》李君才　刘银军编选
《唐　祈卷》郭国昌编选　　《林家英卷》杨许波　庆振轩编选
《霍旭东卷》丁宏武编选　　《张孟伦卷》汪受宽　赵梅春编选
《李定仁卷》李瑾瑜编选　　《赛仓·罗桑华丹卷》丹　曲编选